D1341899

La cuisine aux fruits

Marc Ginies

La cuisine aux fruits

Editions Ramsay
27 rue de Fleurus, 75006 Paris

© Éditions Ramsay, 1978
ISBN 2-85956-082-3

*A Annie Ginies, ma femme, excellente cuisinière et collabora-
trice efficace grâce à qui cet ouvrage a pu être mené à bien.*

Dans notre grande cuisine traditionnelle, comme dans nos cuisines régionales, les fruits ont autrefois occupé une large place.

Aujourd'hui, un peu délaissés, nous les utilisons volontiers en desserts plutôt qu'en plats cuisinés.

Récemment les créateurs de la Nouvelle Cuisine les ont quelque peu réintroduits dans leurs préparations.

Notre pays produit une grande variété de fruits et les recettes qui les utilisent ne manquent pas d'ingéniosité ni de saveur.

C'est pourquoi, dans ce recueil, nous nous sommes efforcés de rechercher, chez nous comme à l'étranger, des recettes de plats où le fruit ne sert pas de décoration ou d'accompagnement mais où il s'intègre délicieusement et harmonieusement aux mets.

De ce fait nous avons donné une place un peu secondaire aux recettes d'entremets sucrés que l'on pourrait trouver plus aisément par ailleurs.

Il nous a paru important de rappeler les différentes manières de conserver les fruits, d'en faire des confitures, des boissons, et des condiments.

Nous pensons ainsi offrir à ceux qui sont tentés de rompre avec la monotonie de la cuisine quotidienne quelques recettes dans lesquelles la saveur inhabituelle des fruits leur apportera un plaisir nouveau.

M.G.

LES FRUITS ET LES SAISONS

Il y a pour les fruits une époque optima où ils se récoltent dans les vergers, mûris naturellement par le soleil et non dans les mûrisseries industrielles.

Par exemple, si les oranges et les pamplemousses ne disparaissent jamais complètement des étalages, ces fruits sont meilleurs en hiver.

Mais grâce à de nouvelles méthodes de production, de culture et de conservation, alliées à la rapidité des transports, on peut trouver la plupart des fruits en toutes saisons.

FRUITS A NOYAUX

Abricots	Juillet-août
Pêches	
Brugnons	Fin juin à début septembre
Nectarines	
Prunes de Damas	Juillet à septembre
Reines-Claudes	Août
Mirabelles	Août à septembre
Quetsches	Mi-septembre

FRUITS A PÉPINS ET A GRAINES

Coings   Septembre à fin octobre

Poires
Guyot   Juillet-août
Williams   Août-septembre
Louise-Bonne   Septembre à décembre
Beurré-Hardi et Conférence   Mi-septembre à novembre
Doyenne et Comice   Octobre à novembre
Passe-Crassane   Novembre à janvier

Pommes
Calville   Janvier-février
Pommes d'Api
et Reinettes du Mans   Janvier-avril
Cardinal   Juillet
Richard   Septembre
Golden   Septembre-octobre
Canada
Reinettes Clochard   Octobre
Reinettes Grises
Boskoop   Novembre à février

Figues
1re récolte   Mai
2e récolte   Novembre

Melons et Pastèques   Fin juin à août

FRUITS ROUGES ET BAIES

Fraises
Variété des 4 saisons   Mai à juillet
Variétés à gros fruits remontants Mai à septembre

Framboises   Juin à août

Groseilles
Groseilles rouges et blanches   Juillet-août

Groseilles à maquereau	Août-septembre
Cassis	Juillet-août

Raisins de table (variétés de plein air et non de serre)

Chasselas	Mi-septembre à fin octobre
Madeleine noir et blanc	Fin-août à octobre
(Noir) Muscat de Hambourg	Septembre à novembre
(Blanc) Muscat d'Alexandrie	Octobre

FRUITS A COQUES ET A BOGUES

Amandes

Amandes vertes fraîches	Juillet
Amandes séchées	Récolte en octobre, en vente toute l'année
Noisettes	Récolte en septembre et octobre, en vente toute l'année
Noix	Récolte en octobre et en novembre, en vente toute l'année
Châtaignes	Octobre-novembre

FRUITS A NOYAUX

ABRICOTS – CERISES – PECHES – PRUNES

Le berceau de tous ces fruits se trouve en Asie Mineure. Ils ont été introduits en Europe dès la plus haute Antiquité, à l'exception du prunier dont il existait des variétés croissant naturellement sur notre continent.

L'ABRICOTIER (Armeniaca vulgaris)

Il vient comme son nom l'indique d'Arménie, des régions situées entre la mer d'Aral et la mer Caspienne s'étendant jusqu'aux contreforts du Caucase.

Il existe des abricotiers sauvages dans ces pays. C'est à Alexandre le Grand que revient le mérite d'en avoir introduit la culture en Europe.

Le mot abricot a une éthymologie compliquée : c'est une déformation du mort *al barcouq* que les Portugais transformèrent en *albricoque*. Et il semble que les Arabes aient emprunté ce mot au latin *praecoquus* (le fruit de l'arbre précoce) peut-être à l'époque carthaginoise*. Les Perses l'avaient baptisé poétiquement « œufs d'or du soleil ».

Très sensible au froid en raison de sa floraison précoce, l'abricotier ne dépasse pas en France les régions du Roussillon et de la Vallée du Rhône.

---

* Les Carthaginois, ennemis héréditaires des Romains, occupaient la Tunisie et une grande partie de l'Afrique du Nord.

L'abricot est particulièrement riche en vitamine A. Il contient également des vitamines B et C et des minéraux en abondance. C'est un fruit très nourrissant et délicieux consommé mûr. Séché, c'est un aliment complet et qu'il faut conseiller aux personnes ayant une activité entraînant une grande tension nerveuse, car ce fruit contient des éléments régénérateurs pour le système nerveux.

Les noyaux d'abricots contiennent une amande comestible de goût agréable. Il est d'usage d'en mettre quelques-unes dans les confitures. On en extrait également une huile qui passe pour calmer les maux d'oreilles.

LES CERISIERS

Originaires d'Asie Mineure, ils se divisent en deux grandes familles : le *Cerasus avium* ou merisier, et le *Cerasus acida* ou griottier. Du premier sont issues les variétés dites guignes et bigarreaux, du second les variétés acides Montmorency ou anglaises.

Les merisiers existaient naturellement en Anatolie, région qui couvrait le territoire de l'actuelle Turquie, jusqu'aux rivages de la mer Caspienne. Ils se sont depuis longtemps acclimatés en Europe, et leur bois est utilisé en ébénisterie.

On trouve mention des merisiers chez les Égyptiens dix-huit siècles avant J.C., sous la dynastie des Hyskos. En Grèce le philosophe et botaniste Théophraste, disciple de Platon, le décrit dans son *Traité des Plantes*.

Les griottiers sont également originaires d'Asie Mineure, mais de régions plus septentrionales, dans l'ancienne Colchide, sur les contreforts du Caucase. Lucullus, général et célèbre gastronome romain, après ses campagnes contre Mithridate, ramena à Rome les premiers griottiers. Cet arbre figure sur des fresques à Pompéï, et Virgile en parle dans les *Géorgiques*.

Les cerises issues du merisier ont une chair juteuse et abondante entourant un petit noyau rond et lisse. Leur coloration va du jaune au rouge très foncé. Fruits de table par excellence ce sont les Bigarreaux, Moreau, Reverchon, Gorge de Pigeon, Marmotte et Burlat, ainsi que les guignes, variété à fruits moins gros mais très parfumés, dont on tire le fameux « Guignolet ».

Les cerises issues du griottier sont de petit volume, leur chair dense entoure un gros noyau de forme allongée. Elles sont parfumées mais très acides. Ce sont les variétés Montmorency, anglaises, griottes du nord que l'on utilise de préférence pour les conserves et la préparation des plats cuisinés.

Les cerises de l'une ou de l'autre famille possèdent de nombreuses vertus curatives. Outre les vitamines A, B et C, elles contiennent des sels minéraux en abondance. Leur alcalinité facilite la digestion.

Les vertus diurétiques de l'infusion de queues de cerises sont bien connues. Les fleurs de cerisiers séchées prises en infusion ont des propriétés pectorales.

On peut ajouter que la pulpe de cerises écrasée constitue un masque de beauté régénérateur des tissus fatigués.

LES PECHERS

Ils sont probablement venus de Chine où ils croissaient naturellement dans certaines régions, mais les botanistes latins leur ont donné une origine persane (*Persica Vulgaris*).

Le fruit est connu depuis la plus haute antiquité. Pline distinguait déjà les variétés gauloises et asiatiques parmi les pêches communes. On nommait les brugnons Pêches Duracines (*Duracinum*), variété dont la chair adhère au noyau. Apicius nous livre plusieurs recettes pour conserver ou cuisiner les pêches.

La grande culture des pêchers ne requiert guère de soins au sud de la Loire; plus au nord, elle demande une certaine attention, et les arbres doivent être plantés en espaliers contre des murs bien ensoleillés.

Dans la région parisienne, la réputation des pêches de Montreuil date de Louis XIV. Un certain Girardot, mousquetaire en retraite et ami de La Quintinie, le directeur des jardins du Roi, cultivait de très belles pêches dans un petit domaine des environs de Montreuil. Ayant une requête à présenter au Roi, il lui fit porter une corbeille de fruits de son jardin. Louis XIV apprécia tant ces fruits, qu'il rendit visite à Girardot pour admirer son verger. Dès lors les pêches de Montreuil connurent un grand renom, et chaque année jusqu'à la Révolution, les cultivateurs de Montreuil firent porter une corbeille de pêches à Versailles.

Les pêches sont classées en deux catégories suivant la nature de leur peau, la couleur de leur chair et de leur noyau.

La famille des « Pavies » : elles ont une peau duveteuse et leur chair adhère au noyau; ce sont des pêches blanches très savoureuses. Leur fragilité rend leur commercialisation plus délicate. Les brugnons appartiennent à cette catégorie. Ce sont des fruits de table généralement chers. (Les variétés de pêches blanches les plus répandues sont : les « Amsden », les « Charles Ingouf », et « Charles Roux ».)

Les pêches à chair jaune sont moins fragiles. Elles ont un noyau détaché de la pulpe. Les nectarines appartiennent à cette catégorie. Leur peau est plus lisse. Elles connaissent la faveur des arboriculteurs car elles se transportent plus facilement. Leur chair est plus sèche, et elles sont moins juteuses. Ces pêches se prêtent à la conservation et à la préparation des plats cuisinés. (Les variétés les plus courantes sont les « Dixired », les « Cardinal » et les « Red Haven ».)

Les pêches fraîches se gardent difficilement plus de quarante-huit heures.

La pêche est un fruit qui contient beaucoup de vitamines A, B et C dans sa pulpe, mais plus encore dans sa peau. Aussi, plutôt que de les éplucher, mieux vaut les laver avec soin. La pêche est légèrement laxative et diurétique. Les infusions de fleurs de pêcher séchées sont calmantes (une pincée pour une tasse d'eau). Il suffit au moment de la floraison de récolter les fleurs tombées.

LES PRUNIERS (Prunus)

Ils sont originaires d'Asie et également d'Europe, où ils sont rustiques même dans des régions assez froides. Les Romains cultivaient les pruniers qu'ils greffaient sur des amandiers ou des pommiers. Ils faisaient une grande consommation de prunes de Damas qu'ils recevaient séchées de leur pays d'origine. Ils avaient tenté de les acclimater en Italie, mais Pline note qu'elles y étaient plus petites, moins sucrées, et se conservaient moins bien. Les Romains cultivaient également les prunes violettes et les mirabelles. Il fallut attendre le XVIe siècle pour que la culture du prunier prenne de l'extension en France. Les variétés hybrides se sont tellement multipliées qu'il est maintenant difficile de différencier les variétés asiatiques des européennes.

Il existe trois grandes familles de prunes :

Les mirabelles rondes ou allongées, à peau et à chair dorée, surtout utilisées en pâtisserie et en confiture.

Les reines-claudes, à peau verdâtre souvent tachée de rouge, à chair verte, très sucrée, très parfumée. Ce sont des fruits de table.

Les quetsches, de forme oblongue, de couleur violette, sont les prunes les plus utilisées en cuisine et pour sécher.

Les prunes sont riches en vitamines B et C et en sucre, ainsi qu'en divers minéraux essentiels à notre santé. Fraîches, cuites ou séchées, elles sont recommandées aux personnes souffrant de paresse intestinale.

Le pruneau est un aliment d'une grande valeur énergétique. Les sportifs et les enfants qui se dépensent beaucoup peuvent trouver un supplément de forces en mangeant des pruneaux secs comme des bonbons.

On remarque que tous ces fruits délicieux sont originaires des régions situées entre la mer Caspienne et le Caucase.

Ce n'est peut-être pas à tort que certains historiens ont cru pouvoir situer le paradis terrestre dans cette contrée, et prétendre que la pomme d'Eve était probablement une pêche.

ABRICOTS

POULET A L'ASIATIQUE

Pour 4 personnes

Réhydratation des fruits : 2 h
Préparation : 20 minutes
Cuisson : 1 h

Ingrédients

1 poulet d'1,5 kg environ
400 g d'abricots secs
2 paquets de champignons parfums chinois*
1 flacon de cinq épices chinoises
1 cuillerée à café de sucre roux
1 cuillère à soupe d'alcool de rose (à défaut, de Cognac)
2 cuillères à soupe de beurre
2 cuillères à soupe d'huile
sel
poivre.

Deux heures avant de préparer le plat faites tremper les abricots. Dix minutes avant de commencer la cuisson, faites gonfler à l'eau tiède les champignons parfumés. Dans une cocotte faites chauffer le beurre et l'huile. Mettez le poulet à dorer.

Égouttez les champignons parfumés et les abricots dont vous réserverez l'eau de trempage. Lorsque le poulet a pris une belle couleur, saupoudrez-le d'une cuillerée à soupe de cinq épices chinoises, de sucre roux, ajoutez les champignons et les abricots, salez et poivrez, mouillez d'une cuillerée d'alcool de rose, à défaut de cognac, et d'1/2 verre d'eau de trempage des abricots. Couvrez la cocotte et laissez cuire à feu moyen 1 heure environ. Salez et poivrez. S'il y a trop d'évaporation ajoutez un peu d'eau des abricots.

Servez le poulet entouré de sa garniture d'abricots et de champignons. Présentez la sauce à part.

*   Les champignons parfumés chinois et les cinq épices se trouvent dans les magasins de produits exotiques.

TOURNEDOS AUX ABRICOTS SECS

Pour 4 personnes

Réhydratation des fruits : 2 h
Préparation : 5 minutes
Cuisson : à votre goût

Ingrédients

4 tournedos
200 g d'abricots secs
4 cuillères à soupe de beurre
sel
poivre.

Faites tremper les abricots secs 2 heures à l'eau tiède. Cuire à la poêle 4 tournedos. Salez, poivrez. Leur cuisson terminée mettez-les avec leur jus sur le plat de service chaud. Remettez 1 ou 2 cuillerées de beurre dans la poêle et faites revenir les abricots soigneusement égouttés. Dressez-les autour des tournedos, servez.

ROTI DE VEAU AUX ABRICOTS

Pour 4 personnes

Préparation : 10 minutes
Cuisson : 45 minutes

Ingrédients

1 kg de noix de veau
1 bocal d'oreillons d'abricots en conserve
1 cuillère à soupe de gros sel
1 cuillère à café de paprika
1 cuillère à café de rhum
1 laitue
2 cuillères à soupe de poudre d'amandes
sel
poivre.

Dans un bol mélangez le gros sel et le paprika, mouillez avec le rhum. Salez légèrement et poivrez la noix de veau. Enduisez-la à votre choix de beurre ou d'huile puis de la préparation précédente, avant de la placer dans un plat allant au four.

Ouvrez un bocal d'oreillons d'abricots au sirop. Égouttez-les en recueillant le jus. Versez dans le plat deux grosses cuillerées à soupe de sirop d'abricot et deux cuillerées à soupe d'eau tiède. Mettez à cuire à four chaud en arrosant souvent du jus de cuisson. Salez et poivrez. S'il y a trop d'évaporation, ajoutez du jus d'abricot délayé d'eau tiède.

Laissez cuire 1 h environ. Pendant ce temps faites réchauffer au bain-marie les oreillons d'abricots. Lavez la laitue, tapissez le plat de service des plus belles feuilles sur lesquelles vous poserez le rôti entouré des abricots réchauffés. Avant de servir saupoudrez les fruits avec de la poudre d'amandes. Servez bien chaud.

KNÖDELS AUX ABRICOTS

Pour 6 personnes

Préparation : 30 minutes
Cuisson : 10 minutes

Ingrédients

1 kg d'abricots bien mûrs
150 g de beurre
250 g de fromage blanc
2 œufs entiers
120 g de farine
120 g de chapelure
1 cuillère à soupe de sucre farine
+ sucre en morceaux

Dénoyautez les abricots sans les ouvrir complètement.

Faites ramollir 60 grammes de beurre, auquel vous incorporerez le fromage blanc, la farine, et une pincée de sel. Travaillez parfaitement la pâte. Farinez une planche à pâtisserie, étalez la pâte jusqu'à une épaisseur de 1 centimètre, divisez-la en carrés de 5 centimètres de côté.

Fourrez d'un morceau de sucre chaque fruit, à la place du noyau. Chaque abricot ainsi fourré, posez-le sur un carré de pâte, enfermez-le, serrez bien afin qu'il ne reste pas d'air à l'intérieur.

Mettez de l'eau dans un faitout. Faites bouillir, puis réduisez la chaleur pour que l'eau frémisse simplement. Pochez les knödels 8 à 10 minutes.

Pendant ce temps faites fondre les 80 grammes de beurre restant dans une poêle, ajoutez autant de chapelure et la cuillerée de sucre farine. Laissez brunir puis tenez au chaud. Lorsque les knödels sont cuits, égouttez-les quelques instants, puis faites-les sauter dans la poêle pour les enrober de chapelure caramélisée.

Servez chaud.

PATE D'ABRICOTS

Préparation : 20 minutes
Cuisson : environ 30 minutes

Ingrédients

1,2 kg d'abricots
1 kg de sucre cristallisé.

Pesez le récipient de cuisson. Lavez et séchez des abricots bien mûrs. Ouvrez-les et ôtez-en les noyaux.

Versez-les dans la bassine avec juste assez d'eau pour qu'ils n'attachent pas en début de cuisson. Couvrez le récipient et laissez cuire à petit feu jusqu'à ce que les abricots soient bien tendres.

Sortez-les, et passez-les au moulin à légumes pour les réduire en purée. Remettez-les dans le récipient de cuisson, pesez, déduisez le poids du récipient, et ajoutez le même poids de sucre cristallisé que de purée de fruits. Mélangez bien, remettez sur le feu, tournez constamment à la cuillère de bois. Faites réduire jusqu'à obtenir une consistance assez épaisse.

Lorsque une cuillerée de pâte, prélevée avec la cuillère, s'en détache d'une seule masse, la cuisson est suffisante.

Beurrez une plaque de marbre, étendez la pâte de sorte qu'elle ait une épaisseur uniforme de 2 centimètres environ. Laissez refroidir puis découpez en bâtons de 2 centimètres sur 6 environ. Roulez ces bâtons dans du sucre cristallisé.

Conservez au sec dans une boîte métallique bien close.

CERISES

SOUPE AUX CERISES

Pour 4 personnes

Préparation : 20 minutes
Cuisson : 10 minutes

Ingrédients

500 grammes de cerises
50 grammes de beurre
1 cuillère à soupe de farine
1 verre à Bordeaux de kirsch
1 litre d'eau
4 tranches de pain de mie
sucre.

Dénoyautez les cerises. Mettez-les dans un saladier pour ne pas en perdre le jus. Faites tiédir l'eau.

Dans une casserole faites fondre le beurre, saupoudrez de la farine, délayez en évitant les grumeaux avec l'eau tiède. Ajoutez les cerises dénoyautées, le jus qu'elles ont rendu, un verre à Bordeaux de kirsch, sucrez à votre goût, couvrez et laissez cuire une dizaine de minutes.

Pendant ce temps détaillez en triangles le pain de mie. Faites-les revenir au beurre dans une poêle. Versez la soupe de cerises dans la soupière, décorez avec les croûtons frits, et servez.

SOUPE AUX CERISES (autre recette)

Pour 4 personnes

Préparation : 30 minutes
Cuisson : 20 minutes

Ingrédients

750 grammes de cerises
2 cuillères à soupe de fécule
1 bâtonnet d'écorce de cannelle
2 verres d'un bon vin rouge corsé
1 citron
1 litre d'eau
8 biscuits à la cuillère.

Dénoyautez les cerises. Portez à ébullition l'eau avec le zeste du citron et le bâtonnet d'écorce de cannelle. Quand l'eau bout, ajoutez les cerises. Laissez cuire 10 minutes à feu vif.

Pendant ce temps, pilez grossièrement une vingtaine de noyaux de cerises. Mettez-les dans une petite casserole, mouillez avec le vin rouge. Faites bouillir 10 minutes également.

Sortez les cerises du liquide de cuisson en réservant ce dernier. Délayez la fécule dans un 1/2 verre d'eau froide, versez dans le liquide de cuisson en tournant constamment pour bien lier le bouillon. Passez les noyaux au chinois. Versez le vin dans la soupe. Remettez les cerises, sucrez à votre goût.

Placez 2 biscuits à la cuillère dans chaque assiette. Versez la soupe dessus, servez. En Allemagne, la soupe aux cerises se sert au début du repas. En France, certains la préfèrent au dessert.

CANARD MONTMORENCY

Pour 6 personnes

Préparation : 30 minutes
Cuisson : 1 heure

Ingrédients

1 canard d'1,8 kg
1 cuillère de beurre
2 cuillères d'huile
1 verre de vin blanc sec
1 verre d'Armagnac (à défaut, de Cognac)
1 feuille de laurier
1 branche de thym
1 oignon
1 pointe de cannelle
1 kilo de cerises de Montmorency
sel
poivre.

Coupez l'oignon en rondelles. Dans une cocotte faites chauffer le beurre et l'huile. Mettez en même temps l'oignon et le canard. Quand le canard est bien doré flambez-le avec un petit verre d'Armagnac, mouillez avec le vin blanc, ajoutez le thym, le laurier, le persil. Salez, poivrez. Couvrez la cocotte et laissez cuire 45 minutes environ à feu doux. Le canard doit rester légèrement rosé.

Dénoyautez les cerises. Cinq minutes environ avant la fin de la cuisson du canard, ajoutez les fruits ainsi que leur jus dans la cocotte. Epicez d'une pointe de cannelle. Otez le bouquet garni et les rondelles d'oignon, salez à nouveau et poivrez abondamment. Couvrez la cocotte et laissez la cuisson se terminer. Servez le canard entouré de sa garniture de cerises.

CANARD AUX GRIOTTES

Pour 6 personnes   Préparation : 30 minutes
                                    Cuisson : 50 minutes

Ingrédients

1 canard de 1,8 kg environ
1 kg de cerises (Griottes de préférence)
150 grammes de beurre
1 verre de Fine Champagne
1 bol de bouillon de pot-au-feu
4 œufs
1 bouteille de bon vin de Bordeaux
3 carottes
2 oignons
1 branche de thym
1 feuille de laurier
1 bouquet de persil
sel
poivre.

Coupez les carottes et les oignons en fines rondelles, tapissez-en le fond d'une daubière, parsemez de quelques noisettes de beurre. Sur ce lit, posez le canard salé et poivré. Ajoutez le thym, le laurier, le persil. Couvrez la daubière et faites cuire à feu moyen 45 minutes environ en arrosant souvent du jus de cuisson. Vérifiez l'assaisonnement. Pendant ce temps, dénoyautez les cerises. Versez le vin dans une casserole, portez à ébullition et pochez-y les cerises quelques instants. Arrêtez l'ébullition et gardez au chaud. Faites durcir les œufs.

Dès que le canard est cuit (le canard doit être servi légèrement rosé), découpez-le et tenez-le au chaud sur le plat de service.

Déglacez la daubière avec le verre de Fine Champagne, mouillez d'un bol de bouillon de pot-au-feu, faites réduire à feu vif. Passez la sauce au chinois. Nappez le canard de cette sauce, décorez le plat avec les cerises pochées et les œufs durs coupés en rondelles.

DINDE AUX CERISES A L'EAU-DE-VIE

Pour 10 à 12 personnes

Préparation : 30 minutes
Cuisson : 2 heures

Ingrédients

1 dinde de 4 kg environ
1 kg de cerises conservées au naturel
6 petits suisses « double crème »
1/2 verre de vinaigre de vin
50 grammes de crème fraîche
2 cuillères à soupe de sucre en poudre
30 cerises à l'eau-de-vie
sel
poivre.

Salez et poivrez l'intérieur et l'extérieur de la dinde.

Dans une terrine mêlez 6 petits suisses double crème, 30 cerises à l'eau-de-vie préalablement dénoyautées, salez légèrement, poivrez abondamment. Farcissez la dinde de cette préparation. Posez la bête dans un grand plat, enfournez à four froid (thermostat 6).

Dénoyautez les cerises conservées au naturel. Écrasez ensuite environ 300 grammes de ces cerises avant de les mettre dans une étamine et de les tordre énergiquement pour en exprimer tout le jus que vous ajouterez à celui du bocal.

En cours de cuisson, huilez légèrement la dinde. Arrosez-la fréquemment avec le jus rendu, auquel vous ajouterez petit à petit celui des cerises. 1/4 d'heure avant la fin de la cuisson, faites fondre le sucre dans le vinaigre. Versez dans la sauce. Mettez les cerises dans le plat. Laissez cuire encore une dizaine de minutes.

Dressez la dinde sur le plat de service entourée des cerises. Déglacez le jus de cuisson avec 2 cuillères à soupe de l'alcool des cerises et 50 grammes de crème fraîche. Servez la sauce à part. Une purée de céleri accompagne merveilleusement ce plat.

FOIE DE VEAU LARDÉ AUX CERISES

Pour 4 personnes

Préparation : 30 minutes
Cuisson : 20 minutes
+ 10 minutes

Ingrédients

600 grammes de foie de veau
300 grammes de cerises (« Moreau » si possible)
2 cuillères à soupe de beurre
1 citron
2 échalotes
1 bouquet de persil
lardons et crépine de porc
sel
poivre.

Achetez 600 grammes de foie de veau en un seul morceau. Lardez-le*. Épluchez et hachez les échalotes et le persil. Dénoyautez les cerises. Réservez-les avec leur jus. D'autre part exprimez le jus du citron.

Sur une planche, étalez la crépine de porc. Posez le foie lardé dessus, saupoudrez-le sur toutes ses faces du hachis de persil et d'échalotes, salez, poivrez, beurrez-le légèrement sur ses deux faces. Enveloppez-le dans la crépine, posez le tout dans un plat beurré, enfournez à four chaud une vingtaine de minutes.

Le foie cuit, sortez-le du plat. Otez la crépine et tenez-le au chaud sur le plat de service. Déglacez le plat de cuisson avec le jus du citron, ajoutez les cerises et leur jus, remettez au feu 10 minutes.

Rectifiez l'assaisonnement de la sauce, servez le foie entouré des cerises et nappé du jus de cuisson.

* Larder : piquer de lard.

CERVELLES AUX CERISES

Pour 4 personnes

Préparation : 20 minutes
Cuisson : 20 minutes

Ingrédients

8 cervelles
1 boîte de 250 grammes de cerises au naturel
1 oignon coupé en quatre
1 bouquet de thym
1 feuille de laurier
2 cuillères à soupe de crème fraîche
2 cuillères à soupe de beurre
1 cuillère à soupe de crème de maïs
1/2 verre de Vermouth blanc
sel
poivre.

Mettez les aromates dans une casserole d'eau salée. Portez à ébullition puis pochez-y les cervelles 10 minutes, en laissant le bouillon frémir très doucement.

Égouttez les cervelles et coupez-les en tranches.

Faites chauffer le beurre dans un poêlon creux. Délayez la crème de maïs dans un 1/2 verre d'eau; versez sur le beurre, ajoutez le Vermouth en tournant sans cesse, puis la crème fraîche. Salez, poivrez. Éclaircissez la sauce avec un peu d'eau de cuisson des cervelles si cela est nécessaire. Égouttez les cerises et ajoutez-les dans le poêlon.

Mettez le reste du beurre dans une sauteuse et faites dorer les tranches de cervelles des deux côtés. Nappez les cervelles de la sauce aux cerises et servez. Un riz blanc accompagne parfaitement ce plat.

ESCALOPES DE VEAU A LA HOLLANDAISE

Pour 4 personnes

Réhydratation des fruits : 1 h
Préparation : 15 minutes
Cuisson : 10 minutes

Ingrédients

4 escalopes de 140 grammes chacune
1 poivron rouge
1 poivron vert
1/2 boîte de cerises au naturel
4 cuillères à soupe de raisins de Corinthe
4 cuillères à soupe de crème fraîche
1 cuillère à soupe de paprika
1 cuillère à soupe de beurre
4 mandarines
sel
poivre.

Faites tremper à l'eau tiède les raisins de Corinthe une heure avant la préparation du plat. Coupez en dés les poivrons.

Salez et poivrez les escalopes avant de les faire revenir au beurre, dans une poêle à feu vif. Lorsqu'elles ont pris une belle couleur, ajoutez les dés de poivrons. Laissez rissoler à feu doux quelques minutes.

Quand les poivrons sont devenus tendres, ajoutez les cerises et les raisins ainsi que la crème fraîche. Salez, poivrez. Laissez mijoter à feu doux 5 minutes, rectifiez l'assaisonnement si besoin est.

Servez les escalopes dans un plat chaud, accompagnées de pommes paille, ou mieux encore de riz blanc, décoré de quartiers de mandarines revenus légèrement au beurre, et des cerises.

CAILLES AUX CERISES A L'EAU-DE-VIE

Pour 4 personnes

Préparation : 10 minutes
Cuisson : 20 minutes environ

Ingrédients

8 cailles
8 pincées de thym en poudre
8 feuilles de sauge
8 cerises à l'eau-de-vie
1 verre à liqueur de kirsch
4 feuilles de laurier
4 petits suisses
16 cuillères à soupe de bouillon de viande
8 cuillères à soupe de beurre
8 cuillères à soupe d'huile
8 bardes de lard
sel
poivre.

Prenez deux cailles par personne. Réservez les foies. Hachez-les avec le thym, la sauge et le laurier. Incorporez à ce hachis les petits suisses. Farcissez l'intérieur des oiseaux de cette préparation, introduisez également 1 cerise à l'eau-de-vie dans chacune des cailles. Salez, poivrez, bardez et ficelez les bêtes.

Dans une cocotte faites chauffer l'huile et le beurre. Faites dorer les oiseaux, puis baissez le feu, couvrez et laissez cuire 20 minutes environ.

Quand les cailles sont cuites, flambez-les avec le kirsch. Déglacez la sauce avec le bouillon de viande (ou mieux du fumet de gibier). Ajoutez quelques cerises à l'eau-de-vie et servez.

CAILLES AUX CERISES

Pour 2 personnes

Préparation : 10 minutes
Cuisson : 20 minutes

Ingrédients

4 cailles
4 bardes de lard
1 verre de vin de Porto
3 cuillères à soupe de bouillon
1 bocal de cerises au sirop
1 citron
1 pincée de cannelle
1 cuillère à soupe de gelée de groseilles
sel
poivre.

Bardez et ficelez 4 cailles. Faites-les cuire 20 minutes au beurre dans une cocotte. Salez, poivrez, et tenez au chaud.

D'autre part, faites réduire dans un autre récipient le Porto, le bouillon et autant du jus d'un bocal de cerises au sirop, assaisonnés du zeste du citron et de la cannelle. Faites réduire de moitié. Liez avec la gelée de groseilles, donnez quelques secondes d'ébullition et ajoutez une trentaine de cerises au sirop. Laissez bouillir quelques instants. Versez sur les cailles, servez dans la cocotte, après avoir mélangé le tout.

COTELETTES DE CHEVREUIL SAUCE CERISES

Pour 6 personnes

Préparation : 30 minutes
Cuisson : 25 minutes

Ingrédients

2 côtelettes par personne
2 cuillères à soupe d'huile
1 cuillère à soupe de beurre
1 cuillère à café d'épices anglaises
4 cuillères à soupe de gelée de groseilles
1 boîte de cerises au sirop
1 orange
1/2 verre de Porto
1 pain de mie
sel
poivre.

Dans une casserole faites réduire le vin de Porto, les épices anglaises, le jus de l'orange, ainsi qu'une cuillère à café de son zeste râpé. Après 5 à 6 minutes, versez la gelée de groseille. Quand elle est fondue ajoutez les cerises au sirop. Tenez au chaud.

Dans une poêle faites chauffer l'huile et le beurre et cuisez vivement vos côtelettes. Quand elles sont prêtes, déposez-les sur un plat en intercalant des tranches de pain de mie frites au beurre.

Dans la poêle mélangez trois cuillères à soupe de crème fraîche, 2 cuillères à café bien pleines de moutarde, donnez quatre tours de moulin à poivre et tournez afin d'obtenir une crème homogène. Recouvrez-les de sauce, et servez les cotelettes cerises séparément.

COMPOTE DE CERISES AU VIN ROUGE

Pour 4 personnes

Préparation : 30 minutes
Cuisson : 30 minutes

Ingrédients

1 kg de cerises (anglaises de préférence)
1/2 litre de Châteauneuf du Pape
400 grammes de sucre
1 pincée de cannelle en poudre
1 verre à liqueur de kirsch.

Dénoyautez les cerises. Réservez-les dans un saladier. Dans une casserole faites fondre un poids égal de sucre et de vin, soit environ 400 grammes de sucre et 1/2 litre de Châteauneuf du Pape. Aromatisez d'une pincée de cannelle, portez progressivement à ébullition en tournant fréquemment.

Laissez réduire le liquide de moitié avant d'y ajouter les cerises et leur jus. Versez le kirsch, laissez cuire ainsi 5 à 6 minutes.

Versez les cerises dans un saladier, servez chaud ou froid.

Une excellente variante de ce plat consiste à ne pas mettre le kirsch dans la casserole, et à servir dans des « mazagrans » de porcelaine la compote de cerises très chaude, sur laquelle vous aurez versé une cuillerée à dessert de kirsch, à allumer l'alcool, et à les flamber à table.

FLAN DE CŒURS DE PIGEON

Pour 4 à 6 personnes

Préparation : 20 minutes
Cuisson : 25 minutes

Ingrédients

250 à 300 grammes de pâte brisée (voir recette page 377)
700 grammes de cerises (variété « Cœurs de Pigeon »)
3 cuillères à soupe de beurre
3 cuillères à soupe de poudre d'amandes

2 œufs
1 cuillère à soupe de sucre en poudre
4 cuillères à soupe de gelée de groseilles.

Dénoyautez les cerises. Abaissez la pâte à une épaisseur de 5 mm environ dont vous garnirez un moule à tarte beurré. Disposez les cerises bien serrées les unes contre les autres.

Travaillez ensemble, dans une terrine, le beurre ramolli, les œufs, le sucre et la poudre d'amandes. Versez cette préparation sur les cerises.

Portez à four moyen (thermostat 6) 25 minutes environ. Laissez refroidir.

Au moment de servir faites fondre la gelée de groseilles en la réchauffant légèrement dans une petite casserole. Nappez le flan de cette gelée liquide et servez.

RISSOLES DE CERISES

Pour 4 personnes   Préparation : 1 heure environ
                                    Cuisson : 20 minutes

Ingrédients

500 grammes de cerises acides
300 grammes de pâte feuilletée
4 cuillères à soupe de sucre en poudre.

Dénoyautez les cerises. Étalez la pâte sur une planche farinée, pour obtenir une abaisse d'environ 5 mm d'épaisseur.

Découpez des cercles de pâte à l'aide d'un verre. Placez 3 cerises sur chacun de ces cercles, saupoudrez de sucre. Humectez les bords de la pâte avec un doigt trempé dans de l'eau. Repliez en deux et soudez hermétiquement. Rassemblez la pâte restante, reformez une boule, et recommencez l'opération jusqu'à utilisation complète de la pâte.

Faites chauffer une bassine à friture. Dès que l'huile est fumante, faites frire les rissoles. Égouttez-les sur un papier absorbant. Saupoudrez-les de sucre. Servez-les très chaudes.

CHARLOTTE AUX CERISES

Pour 6 personnes

Préparation : 40 minutes
Cuisson : 1 h

Ingrédients

18 biscuits à la cuillère
1 kg de cerises
300 grammes de sucre
1 verre à liqueur de kirsch
1/2 litre de lait
3 œufs
1 gousse de vanille.

Dans une assiette creuse versez le kirsch. Trempez un à un les biscuits, puis égouttez-les sur du papier absorbant.

Dénoyautez les cerises. Mettez-les dans une casserole avec 150 grammes de sucre. Faites-les cuire 20 minutes environ pour obtenir une compote.

Beurrez un moule à charlotte. Disposez une couche de biscuits, recouvrez d'une couche de compote, ainsi de suite, en terminant par une couche de biscuits. Faites cuire à four moyen 30 minutes. Démoulez aussitôt.

Préparez une crème avec le lait, les jaunes d'œufs, le sucre restant et la vanille.

Faites bouillir le lait avec le sucre et la vanille. Versez doucement sur les œufs. Remettez dans la casserole, et faites cuire à feu très doux sans cesser de remuer pendant 20 minutes environ. Versez tiède sur le gâteau.

KNÖDELS AUX CERISES A LA VIENNOISE

Pour 6 personnes

Préparation : 45 minutes
Cuisson : 12 minutes

Ingrédients

1 kg de cerises
10 grammes de levure de boulanger
1/4 de litre de lait
30 grammes de sucre
1 œuf
2 cuillères à soupe de beurre
450 grammes de farine
1 pointe de cannelle
100 grammes de sucre en poudre.

Dénoyautez des cerises bien mûres. Versez dans un bol le lait tiède, ajoutez le sucre et la levure de boulanger. Faites dissoudre et laissez reposer 10 minutes au coin du feu sans bouillir.

Versez la farine sur une planche, creusez une fontaine, ajoutez l'œuf entier, une pincée de sel et de cannelle et le lait tiède. Pétrissez la pâte qui doit être consistante et bien lisse. Formez un long rouleau et laissez reposer quelques instants.

Sur la planche toujours bien farinée, divisez le rouleau de pâte en 24 portions. Aplatissez-les jusqu'à l'épaisseur d'un crayon. Posez 4 cerises sur chaque portion, refermez hermétiquement en formant de petites boulettes.

Faites bouillir un faitout d'eau chaude légèrement salée. Réduisez le feu, l'eau doit seulement frémir. Pochez les Knödels par petites quantités durant 6 minutes; piquez-les avec une aiguille à tricoter pour les retourner. Laissez encore pocher 6 minutes.

Dans une coupe, mélangez une bonne pincée de cannelle et le sucre en poudre dont on saupoudrera les Knödels.

PÊCHES

PECHES AU CRABE

Pour 4 personnes   Préparation : 10 minutes

Ingrédients

4 belles pêches jaunes mûres mais fermes
1 boîte de crabe en conserve
4 cuillères à soupe de crème fraîche
1/2 cuillère à café de paprika
1 trait de Tabasco.

Ouvrez et égouttez la boîte de crabe. Emiettez finement la chair en enlevant très soigneusement les filaments et le cartilage.

Coupez chaque pêche au 1/3 de leur hauteur. Dénoyautez-les, puis à l'aide d'une petite cuillère, agrandissez légèrement la cavité.

Ecrasez la pulpe des pêches à la fourchette avant de la mélanger à la chair du crabe. Ajoutez la crème fraîche, le paprika, le Tabasco, salez et poivrez.

Garnissez les pêches de cette préparation. Rafraîchissez 1 heure au réfrigérateur avant de servir.

PINTADE AUX PECHES JAUNES

Pour 4 personnes

Préparation : 10 minutes
Cuisson : 35 minutes environ

Ingrédients

1 pintade
6 grosses pêches jaunes
1 bouquet de thym
1 feuille de laurier
2 cuillères à soupe de beurre
2 cuillères à soupe d'huile d'arachide
2 verres à liqueur de Cognac
2 cuillères à soupe de sucre en poudre
sel
poivre

Bardez la pintade. Garnissez l'intérieur du thym et du laurier, salez et poivrez. Posez-la dans un plat sans matière grasse, enfournez à four froid (thermostat 7).

Pendant ce temps, faites bouillir une casserole d'eau. Plongez les pêches une minute dans l'eau bouillante afin de les peler plus aisément. Partagez les fruits en deux, dénoyautez-les.

Faites fondre à feu doux le beurre dans une poêle pour rissoler les demi-pêches en les retournant fréquemment.

Surveillez la cuisson de la pintade en l'arrosant fréquemment d'huile et d'une cuillerée d'eau.

La cuisson de la volaille terminée, placez-la sur le plat de service et disposez les pêches tout autour. Enlevez la moitié du jus de cuisson, déglacez le plat avec le jus de cuisson des pêches, le Cognac, le sucre en poudre et 1/2 verre d'eau. Poivrez abondamment la sauce avant d'en napper la pintade.

CANARD AUX PECHES

Pour 6 personnes

Préparation : 20 minutes
Cuisson : 1 h 50

Ingrédients

1 canard de 3 kg environ
2 kg de pêches jaunes
4 cuillères de beurre
3 cuillères à soupe d'huile
1/2 verre d'alcool de pêche (à défaut, de mirabelle
ou de quetsche)
1/2 verre de vinaigre de vin
1 cuillère à soupe de sucre en poudre
4 clous de girofle
1 cuillère à café de gingembre en poudre
sel
poivre.

Posez le canard dans un plat arrosé d'huile et faites-le cuire à four chaud 20 minutes. Sortez-le et jetez la graisse.

Faites chauffer 2 cuillerées de beurre et une cuillerée d'huile dans une cocotte. Mettez-y le canard ; salez, poivrez, saupoudrez de gingembre, jetez-y les clous de girofle. Portez à four moyen 1 heure 30.

Pelez les pêches, coupez-les par moitié et dénoyautez-les. Dans une autre cocotte faites fondre le beurre restant. Réservez six moitiés de pêches, mettez les autres à cuire à feu très doux. Au bout de quelques minutes retournez-les et poivrez abondamment.

Lorsque le canard est cuit, débarrassez-vous à nouveau de la graisse de cuisson. Versez l'alcool de votre choix, flambez, ajoutez le vinaigre, les pêches et le sucre en poudre. Laissez réduire 10 minutes puis ajoutez les demi-pêches crues et le jus des pêches cuites. Laissez chauffer deux minutes. Découpez le canard. Dressez-le sur le plat de service entouré des pêches. Servez la sauce en saucière.

BŒUF A LA MODE DE TARRAGONE

Pour 4 personnes

Préparation : 30 minutes
Cuisson : 45 minutes

Ingrédients

800 grammes de rumsteck
1 tranche épaisse de jambon cru (100 grammes environ)
5 pêches
3 poires
4 tomates
4 cuillères à soupe d'huile d'olive
1 oignon
1 pointe de cannelle + autant d'origan en poudre
3 clous de girofle
1 petit bouquet de thym
1 verre de très bon vin rouge
1 verre à liqueur d'eau-de-vie de marc
sel
poivre.

Epépinez les tomates et coupez-les en quartiers. Hachez finement l'oignon. Détaillez en dés le jambon cru.

Versez l'huile dans une cocotte ; faites blondir l'oignon haché et les dés de jambon. Placez ensuite dans la cocotte le rôti salé et poivré. Saupoudrez-le de la cannelle et de l'origan. Ajoutez le thym et les tomates ; arrosez du verre de vin rouge et de l'eau-de-vie de marc. Couvrez et laissez cuire 30 minutes.

Pendant ce temps, pelez les poires. Coupez-les en quartiers, ôtez la partie dure du centre et les pépins. Épluchez et coupez en deux les pêches : ôtez les noyaux. Au bout de 30 minutes, ajoutez les fruits au rôti et laissez cuire encore 15 minutes à feu doux sans couvrir la cocotte.

Servez le rôti et sa sauce bien chauds, entourés des fruits.

COTELETTES DE PORC AUX PECHES

Pour 4 personnes

Préparation : 10 minutes
Cuisson : 40 minutes

Ingrédients

4 côtelettes de porc
1 bocal de pêches au naturel
2 cuillères à soupe d'huile
1 poireau
4 tomates
2 verres de riz
1 oignon
sel
poivre.

Dans une cocotte faites revenir les côtelettes à l'huile. Une fois bien dorées, réservez-les au chaud.

Ajoutez un peu d'huile dans la cocotte si cela est nécessaire. Épépinez les tomates, coupez-les en quartiers et faites-les revenir avec l'oignon haché. Versez le riz non lavé dans la cocotte. Quand le riz commence à cuire, mouillez de 2 verres d'eau, salez et poivrez ; mettez les côtes de porc sur le riz, couvrez et laissez mijoter 18 minutes.

Coupez le poireau en fines rondelles et faites-le fondre dans une petite casserole avec un peu d'huile. Ajoutez les quartiers de pêches, laissez-les se réchauffer quelques instants.

Servez le riz dans un plat creux entouré des pêches, les côtelettes posées dessus. Nappez le tout du jus de cuisson.

ROTI DE PORC AUX PECHES

Pour 6 personnes

Préparation : 25 minutes
Cuisson : 1 h 30

Ingrédients

1,5 kg de filet de porc
1,5 kg de pêches jaunes
100 grammes de beurre
1 verre de vinaigre de vin
2 cuillères à café de gingembre en poudre
1 feuille de laurier
2 brindilles de thym
4 feuilles de sauge
4 clous de girofle
1 pointe de cannelle
1 cuillère à café de Tabasco
3 cuillères à café de sucre en poudre
sel
poivre.

Enrobez le rôti du gingembre en poudre. Posez un gril sur la lèchefrite du four. Faites cuire 30 minutes (thermostat 7).

Versez le vinaigre dans une petite casserole, ajoutez le sucre en poudre, les clous de girofle, le laurier, le thym, la sauge et la cannelle. Portez à ébullition et laissez prendre goût 15 minutes, puis passez le vinaigre.

Sortez la viande du four. Réservez la graisse tombée dans la lèchefrite pour un autre usage. Posez le rôti enduit de beurre dans un plat, salez et poivrez, arrosez-le de la sauce et de la moitié du vinaigre. Remettez à four moyen et laissez cuire encore 1 heure.

Faites bouillir de l'eau. Trempez-y vivement les pêches afin de mieux les éplucher. Coupez-les en deux et ôtez-en les noyaux. Faites fondre 3 cuillerées de beurre dans une grande poêle et ajoutez le reste du vinaigre. Versez les pêches, poivrez abondamment sans les saler. Laissez blondir sur une face et retournez-les.

Quand le rôti est cuit, divisez-le en tranches. Placez celles-ci sur le plat de service entourées des pêches. Réservez au chaud. Versez le jus de cuisson du porc dans la poêle avec celui des pêches. Faites réduire à feu vif, puis arrosez les tranches de viande et de fruits avant de servir.

PECHES FOURRÉES

Pour 4 personnes   Préparation : 15 minutes
                                    Cuisson : 15 minutes

Ingrédients

4 grosses pêches jaunes
4 macarons
1 œuf
1 verre à liqueur de kirsch
2 cuillères à soupe de sucre en poudre
papier aluminium.

Faites bouillir une casserole d'eau. Plongez les pêches une minute dans l'eau pour les peler plus facilement.

Ouvrez les fruits en deux. Dénoyautez-les. Écrasez les macarons ou passez-les à la moulinette. Mettez la poudre obtenue dans un bol. Ajoutez le jaune d'œuf, le sucre et le kirsch. Travaillez bien cette préparation pour obtenir une pâte assez épaisse.

Remplissez les cavités des pêches de cette préparation. Ajustez les moitiés ensemble.

Découpez 4 carrés d'aluminium d'environ 20 cm de côté. Posez une pêche sur chacun d'entre eux. Refermez hermétiquement. Mettez les pêches enveloppées dans un plat à four moyen (thermostat 6) 15 minutes. Servez tiède ou laissez entièrement refroidir.

PECHES CARDINAL

Pour 6 personnes   Temps de réalisation : 4 h
                                    Préparation : 1 h.
                                    Pas de cuisson

46

12 pêches blanches
500 grammes de groseilles
500 grammes de sucre en poudre.

Egrainez les groseilles dans une casserole émaillée. Sur feu très doux faites crever les fruits. Mettez les groseilles dans un linge et tordez énergiquement au-dessus d'une terrine pour en recueillir tout le jus. Versez en pluie le sucre dans le jus. Battez énergiquement au fouet.

Plongez les pêches 1 minute dans de l'eau très chaude pour les peler sans les abîmer. Coupez-les en deux, ôtez les noyaux.

Rangez les demi-pêches sur un plat. Recouvrez-les de groseilles. Mettez au réfrigérateur 3 heures. Servez glacé avec des tuiles aux amandes comme accompagnement.

PECHES GLACÉES AU MIEL

Pour 6 personnes

Préparation : 20 minutes
Pas de cuisson

Ingrédients

9 pêches bien mûres
6 cuillères à soupe de miel d'acacia.

Faites bouillir une casserole d'eau. Plongez les pêches une minute dans l'eau bouillante afin de les peler plus facilement.

Coupez les pêches en morceaux dans un plat profond. Ajoutez le miel.

Sur votre batteur électrique, montez l'accessoire destiné à broyer les légumes de vos potages. Plongez le batteur dans le plat, et brassez les pêches et le miel, pour les réduire à la consistance d'une crème mousseuse. Mettez au réfrigérateur et servez glacé.

GATEAU GLACÉ AUX PECHES

Pour 6 personnes

Temps de réalisation : 24 h
Préparation : 1 h
Pas de cuisson

Ingrédients

8 pêches
1 verre à liqueur de Cognac
2 poignées de corn-flakes
200 grammes de sucre en poudre
125 grammes de beurre
250 grammes de fromage blanc
250 grammes de crème Chantilly
1 citron
1/2 tasse de lait
3 cuillères à soupe de gelée de groseille.

Plongez les pêches dans de l'eau très chaude afin de les peler facilement sans les abîmer. Coupez-les en deux, ôtez les noyaux. Placez ces demi-pêches sur un plat, saupoudrées de sucre et arrosées de cognac. Réservez au frais.

Dans une terrine mélangez à la fourchette le beurre ramolli, 3 cuillerées à soupe de sucre. Beurrez un moule rond d'une vingtaine de centimètres de diamètre. Émiettez dans le fond les corn-flakes, recouvrez-les du beurre sucré, tassez bien et placez au réfrigérateur. Pendant que le fond durcit, mettez dans une grande terrine le fromage blanc, le lait et 150 grammes de sucre, mélangez bien. Ajoutez le jus du citron et la crème Chantilly. Sortez le moule du réfrigérateur. Versez la préparation dans le moule et mettez au congélateur 3 heures (au freezer d'un réfrigérateur 5 heures). Après ce temps, démoulez le gâteau en trempant le moule dans l'eau chaude. Décorez avec les demi-pêches. Délayez dans un peu d'eau la gelée de groseilles. Recouvrez les pêches de cette préparation.

Mettez le gâteau 12 heures dans le bas du réfrigérateur avant de servir.

COCKTAIL DE PECHES AU CHAMPAGNE *à faire*

Pour 4 personnes

Temps de réalisation : 2 h
Préparation : 15 minutes
Pas de cuisson

Ingrédients

12 pêches blanches
1/2 bouteille de Champagne brut*
4 cuillères à soupe de sucre en poudre
1 citron
12 feuilles de menthe fraîche.

Faites bouillir une grande casserole d'eau. Plongez les pêches 1 minute dans cette eau pour les peler plus aisément.

Coupez les fruits en deux, ôtez les noyaux. Réservez 12 moitiés au frais.

Passez les douze moitiés restantes au mixer. Versez la purée de pêches ainsi obtenue dans un saladier de verre. Ajoutez le jus du citron, le sucre en poudre et le Champagne. Mettez au réfrigérateur 2 heures. Au moment de servir, disposez les moitiés de pêches que vous avez réservées dans le saladier. Décorez le plat avec les feuilles de menthe.

* On peut remplacer le Champagne par un excellent vin blanc.

PRUNES

SOUPE AUX PRUNEAUX

Pour 6 personnes

Temps de réalisation : 8 h*
Préparation : 10 minutes
Cuisson : 1 h

Ingrédients

200 grammes de pruneaux d'Agen
75 grammes d'orge mondé
2 cuillères à soupe de sucre en poudre
2 cuillères à soupe de beurre
sel.

La veille, ou au moins 8 heures avant de préparer la soupe, versez l'orge mondé dans 1 litre et demi d'eau froide et laissez-le gonfler.

Portez ensuite vivement à ébullition, puis réduisez la chaleur et laissez cuire à feu doux 20 minutes.

Ajoutez alors les pruneaux, salez légèrement, versez le sucre en poudre, laissez cuire encore 40 minutes.

Au moment de servir, liez la soupe avec le beurre.

* L'orge doit gonfler 8 heures dans l'eau froide, avant de commencer la cuisson.

PRUNEAUX FOURRÉS AUX FOIES DE VOLAILLES

Pour 4 personnes   Temps de réalisation : 12 h
                                    Préparation : 20 minutes
                                    Cuisson : 10 minutes

Ingrédients

20 gros pruneaux d'Agen
3 foies de volailles
20 tranches de lard fumé, très fines
1 cuillère à soupe de beurre
20 cure-dents de bois
sel
poivre.

Faites tremper 12 heures les pruneaux dans un saladier.
Égouttez-les, dénoyautez-les.

Hachez grossièrement les foies de volailles. Faites-les raidir au beurre 5 minutes dans une poêle. Assaisonnez-les avant de fourrer les pruneaux de cette farce.

Enroulez chaque fruit d'une tranche très fine de lard fumé fixée avec un cure-dent de bois.

Découpez 4 carrés de papier d'aluminium de 20 cm de côté. Placez 5 pruneaux sur chacun d'eux. Repliez et fermez hermétiquement. Portez à four chaud 10 minutes avant de servir.

SOUPE SUÉDOISE AUX PRUNEAUX

Pour 6 personnes

Préparation : 30 minutes
Cuisson : 2 h 30

Ingrédients

Les abattis d'une oie
1/2 litre de bouillon d'abats
2 verres de sang d'oie ou de porc
1 litre 1/2 de bouillon de pot-au-feu
250 grammes de pruneaux
500 grammes de pommes
100 grammes de sucre
1 cuillère à soupe de farine
1 cuillère à café de poivre gris et blanc mélangé
4 clous de girofle
1 cuillère à café de gingembre en poudre
2 cuillères à soupe de graisse d'oie
1 saucisse de foie
sel
poivre.

Préparez un bouillon avec 1 litre d'eau, les abattis de l'oie, le poivre, les clous de girofle, une pincée de gros sel, couvrez et laissez cuire 1 heure 30.

Pendant ce temps, lavez les pruneaux, mettez-les dans une casserole recouverts d'eau froide, faites-les cuire. Passez leur eau de cuisson et réservez-la.

Epluchez les pommes, coupez-les en assez gros morceaux, faites-les cuire dans le jus de cuisson des pruneaux. Réservez également ce jus.

Versez le verre de sang d'oie ou de porc dans un bol ; saupoudrez d'une cuillère de farine, mélangez bien. Incorporez en fouettant un verre de bouillon de pot-au-feu froid. Laissez reposer 1 heure au frais.

Dans le bouillon d'abattis, ajoutez le bouillon de pot-au-feu restant, portez au feu. Quand l'ébullition commence, retirez la casserole. Versez le mélange de sang et de farine en battant vivement au fouet. Remettez au feu sans faire bouillir dix minutes environ, en fouettant sans cesse. Ajoutez le gingembre, les abattis d'oie, les pruneaux, les pommes, et au dernier moment la graisse d'oie.

Posez dans les assiettes deux tranches de saucisse de foie. Versez la soupe chaude dessus.

MAQUEREAUX AUX MIRABELLES

Pour 4 personnes   Préparation : 35 minutes
                                    Cuisson : 20 minutes

Ingrédients

4 maquereaux
400 grammes de mirabelles pas trop mûres
1 cuillerée à café de graines d'anis vert
3 cuillerées à soupe de beurre
sel
poivre.

Emplissez d'eau une poissonnière. Salez et poivrez l'eau et ajoutez l'anis vert. Portez à ébullition. Laissez prendre goût 10 minutes.

Dénoyautez les mirabelles. Mettez-les dans la casserole avec le beurre et un demi-verre d'eau. Faites-les cuire à feu doux pour les réduire en compote.

Réduisez la chaleur sous la poissonnière jusqu'au frémissement. Pochez les maquereaux 10 minutes.

Passez la compote de mirabelles à la moulinette et réservez au chaud.

Égouttez les poissons. Disposez-les sur un plat de service. Nappez-les de la compote de mirabelles.

LAMPROIE AUX PRUNEAUX

Pour 4 personnes

Préparation : 2 h
Cuisson : 40 minutes

Ingrédients

1 lamproie de 1 kg 200
2 verres d'huile d'olive
1 citron vert
1 bouteille de bon vin blanc sec
1 feuille de laurier
1 petit bouquet de thym
1 petit bouquet de persil
1 verre de crème fraîche
1 verre à liqueur de Cognac
1 pointe de muscade râpée
50 grammes de beurre
12 beaux pruneaux d'Agen
100 grammes de champignons de Paris
2 cuillères à soupe de farine
sel
poivre.

Coupez la gorge de la lamproie et recueillez son sang. Ébouillantez le poisson et divisez-le en tronçons. Mettez-les dans un plat creux arrosés du Cognac et de l'huile d'olive, ajoutez le citron vert coupé en fines tranches. Couvrez et laissez mariner 2 heures au moins au frais.

Faites tremper durant ce temps les pruneaux à l'eau tiède.

La lamproie marinée, égouttez les tronçons et faites-les revenir avec le beurre dans une casserole. Salez et poivrez, mouillez du vin blanc, assaisonnez avec la muscade, le laurier, le thym et le persil. Couvrez et portez à ébullition.

Après 20 minutes de cuisson, ajoutez dans la casserole les champignons coupés en fines lamelles, et les pruneaux. Laissez mijoter encore 20 minutes à feu doux.

Délayez la crème fraîche dans le sang de la lamproie hors du feu. Avant de servir, liez la sauce avec ce mélange.

CANARD EN GELÉE DU PÉRIGORD

Pour 4 personnes

Temps de réalisation : 3 h
Préparation : 1 h
Cuisson : 1 h 15

Ingrédients

1 canard de 2,5 kg environ
24 gros pruneaux d'Agen
1 grosse truffe
1 petite boîte de mousse de foie gras
2 cuillères à soupe de Porto
24 cerneaux de noix
1 litre de gelée*
2 cuillères à soupe de beurre
sel
poivre.

Coupez la truffe en fines lamelles. Truffez les filets et les cuisses du canard de quelques morceaux, mettez le reste à l'intérieur avant de le brider. Enduisez le canard de beurre, et faites-le cuire en cocotte 1 heure 15 environ, en l'arrosant fréquemment.

Faites gonfler à l'eau tiède les pruneaux 1 heure durant, puis faites-les cuire 10 minutes dans une casserole d'eau salée.

Quand le canard est cuit, dressez-le sur le plat de service, et laissez-le se refroidir.

Égouttez les pruneaux. Dénoyautez-en 18 à l'aide d'un couteau pointu, sans les ouvrir entièrement. Coupez les 6 autres en deux en ôtant également les noyaux.

Travaillez la mousse de foie gras à la fourchette pour bien la ramollir, et garnissez-en l'intérieur des 18 pruneaux.

Décorez le canard bien froid avec les moitiés des 6 pruneaux.

Préparez une gelée (voir ci-dessous).

Arrosez le canard et les pruneaux de gelée encore liquide et prête à prendre. Mettez quelques minutes au réfrigérateur. Arrosez encore de gelée, laissez prendre et recommencez encore une fois l'opération.

* Voir page suivante.

Au moment de servir, hachez menu la gelée restante, mettez-la autour du plat, décorez également celui-ci des cerneaux de noix.

*PRÉPARATION DE LA GELÉE

Mettez dans un faitout :

> *une crosse de veau*
> *un pied de veau*
> *250 grammes de couenne de lard*
> *1 oignon*
> *une carotte*
> *du poivre en grains*
> *une petite poignée de gros sel*
> *un petit bouquet de persil*
> *sel*
> *poivre*

Recouvrir le tout de 2 litres d'eau. Faites bouillir 2 heures.
Passez le tout. Filtrez plusieurs fois. Vous pouvez éventuellement parfumer votre gelée au Porto.

POULARDE A L'AGENAISE

Pour 6 personnes

Temps de réalisation : 12 h
Préparation : 30 minutes
Cuisson : 1 h 30

Ingrédients

> *1 grosse poularde (3 kg environ)*
> *700 grammes de pruneaux d'Agen*
> *1 bouteille de vin de Montbazillac*
> *1 oignon*
> *4 feuilles de laitue*
> *4 cuillères à soupe de beurre*
> *1,5 kg de petits pois*
> *sel*
> *poivre.*

La veille faites gonfler les pruneaux dans le vin de Montbazillac.

Farcissez la poularde de quelques pruneaux. Écossez les petits pois.

Faites fondre 2 cuillerées à soupe de beurre dans une cocotte. Mettez les petits pois à cuire avec les feuilles de laitue et l'oignon coupé en rondelles. Salez et poivrez, ajoutez un verre d'eau, couvrez et laissez cuire à feu doux.

Dans une autre cocotte, faites revenir la poularde farcie dans le beurre restant. Égouttez les pruneaux, versez le vin dans la cocotte, laissez-le réduire 15 minutes à découvert, puis ajoutez les pruneaux, couvrez et laissez mijoter 1 heure.

Dressez la poularde sur le plat de service, entourée de quelques pruneaux. Présentez le jus de cuisson en saucière. Servez à part les petits pois et le restant des pruneaux.

POULET A LA MAROCAINE (Tagine)

Pour 4 personnes

Temps de réalisation : 12 h
Préparation : 15 minutes
Cuisson : 1 h 20

Ingrédients

1 poulet de 1,3 kg
300 grammes de pruneaux
3 cuillères à soupe d'huile d'olive
1 petite cuillère à café de piment rouge en poudre
3 gros oignons
sel
poivre.

12 heures avant de préparer le plat, faites gonfler les pruneaux. Épluchez et coupez les oignons en gros quartiers.

Découpez le poulet en morceaux. Faites chauffer l'huile d'olive dans un poêlon de terre, puis mettez les morceaux de poulet à dorer quelques instants. Salez et poivrez, saupoudrez de piment rouge en poudre, recouvrez les morceaux de poulet des quartiers d'oignons. Couvrez les poêlons et laissez cuire à feu moyen 40 minutes.

Ajoutez les pruneaux. Recouvrez le plat et laissez encore mijoter à feu très doux 40 minutes.

Servez avec du riz blanc ou du couscous cuit à la vapeur.

LAPIN AUX PRUNEAUX

Pour 6 personnes

Temps de réalisation : 12 h
Préparation : 10 minutes
Cuisson : 1 h

Ingrédients

1 lapin (garenne ou domestique)
250 grammes de pruneaux
2 cuillères à soupe de saindoux
100 grammes de lard fumé
2 oignons
1 feuille de laurier
1 petit bouquet de thym
1 branche de sarriette
1 verre de Mâcon blanc
1 cuillère à café de fécule
1 verre de bouillon de pot-au-feu (facultatif)
sel
poivre.

12 heures avant de préparer le plat, faites gonfler les pruneaux dans de l'eau.

Coupez le lapin en morceaux.

Épluchez les oignons, coupez-les en fines rondelles, coupez en dés le lard fumé.

Dans une cocotte faites chauffer le saindoux. Mettez les morceaux de lapin, faites-leur prendre couleur, puis ajoutez le lard et les oignons. Salez, poivrez, aromatisez de thym, de laurier, de sarriette, mouillez du verre de Mâcon blanc et du bouillon de pot-au-feu, ou à défaut, d'un verre d'eau. Couvrez la cocotte, laissez mijoter à feu très doux 30 minutes. Ajoutez les pruneaux, et laissez cuire encore 30 minutes.

Au moment de servir, liez la sauce avec la fécule délayée dans un peu d'eau froide. Servez avec des pommes de terre.

ROASTBEEF AUX PRUNEAUX

Pour 4 personnes

Temps de réalisation : 12 h
Préparation : 20 minutes
Cuisson : 25 minutes

Ingrédients

1 kg de roastbeef
25 gros pruneaux d'Agen
1 boîte de mousse de foie gras
1 verre de Porto
1 carotte
1 oignon
1 litre de thé très fort (à préparer la veille)
beurre ou huile à votre convenance
sel
poivre.

La veille, faites gonfler les pruneaux dans le thé.

Dans un plat beurré ou huilé, faites un lit de légumes avec la carotte et l'oignon coupés en rondelles. Posez le rôti dessus salé et poivré, arrosez-le du Porto, et cuisez 25 minutes à four chaud.

Dénoyautez les pruneaux sans les briser; remplacez les noyaux par la mousse de foie gras.

Le rôti cuit, sortez-le du plat, et découpez-le en tranches. Faites réchauffer quelques minutes les pruneaux dans le jus de cuisson.

Servez les tranches de viande entourées des pruneaux.

DAUBE DE BŒUF AUX PRUNEAUX

Pour 4 personnes

Préparation : 15 minutes
Cuisson : 1 h 30

Ingrédients

1 kg de daube de bœuf
1 poireau
1 gros oignon
100 grammes de couenne de lard
2 verres de bon vin rouge
300 grammes de pruneaux d'Agen
1 feuille de laurier
1 petit bouquet de thym
1 petit bouquet de persil
1 verre de Cognac
2 cuillères à soupe d'huile d'olive
sel
poivre.

Épluchez et émincez l'oignon et le poireau. Faites chauffer l'huile dans une cocotte, et revenir l'oignon, le poireau, les couennes de lard, la daube coupée en morceaux de 5 centimètres environ. Lorsque tout commence à prendre couleur, salez et poivrez, ajoutez le laurier, le thym, le persil, mouillez avec le vin rouge. Couvrez la cocotte et faites cuire à feu très doux 1 heure 15 environ.

Dénoyautez les pruneaux, mettez-les dans un plat creux et arrosez-les du verre de Cognac. Ajoutez pruneaux et Cognac dans la cocotte. Couvrez à nouveau et laissez mijoter 25 minutes.

Servez ce plat avec, en accompagnement, des pommes vapeur ou de gros macaroni.

CARRÉ DE PORC FARCI A L'ALLEMANDE

Pour 6 personnes

Temps de réalisation : 12 h
Préparation : 30 minutes
Cuisson : 2 h

Ingrédients

1 morceau de carré de porc de 1,5 kg environ
300 grammes de pruneaux d'Agen
3 pommes acides
2 cuillères à soupe de farine
1 cuillère à soupe de sucre en poudre
gros sel
sel
poivre.

12 heures avant de préparer le plat, faites gonfler les pruneaux dans de l'eau froide.

Fendez le carré de porc en deux, dans le sens de l'épaisseur, sans toutefois séparer entièrement les deux moitiés.

Épluchez les pommes; coupez-les en petits morceaux.

Dénoyautez les pruneaux. Ouvrez-les en deux.

Mettez les fruits saupoudrés du sucre en poudre et de la farine dans une terrine. Salez et poivrez légèrement. Mélangez bien.

Frottez de gros sel l'extérieur et l'intérieur du carré de porc, avant de le garnir de la farce. Recousez le rôti.

Huilez ou beurrez un plat allant au four. Placez le rôti dedans et mettez à cuire à four chaud. Après quelques minutes (15 environ), quand la viande commence à prendre couleur, arrosez-la de son jus de cuisson, réduisez un peu la chaleur, et laissez cuire à four moyen 2 heures.

Dressez le rôti sur le plat de service. Déglacez vivement le jus avec 1/4 de verre d'eau chaude, arrosez le rôti et servez.

NOIX DE PORC A LA TOURANGELLE

Pour 4 personnes

Temps de réalisation : 12 h
Préparation : 15 minutes
Cuisson : 25 minutes

Ingrédients

8 tranches de filet de porc parfaitement dégraissées
24 pruneaux
2 cuillères à soupe de farine
1 bouteille de vin de Vouvray
1 cuillère à soupe de gelée de groseilles
4 cuillères à soupe de crème fraîche
1 cuillère à soupe de beurre
1 cuillère à soupe d'huile
sel
poivre.

La veille, faites gonfler les pruneaux dans une terrine, largement recouverts de vin de Vouvray.

Roulez les tranches de filet de porc dans de la farine. Faites chauffer le beurre et l'huile dans une poêle, et cuisez la viande environ 5 minutes de chaque côté. Puis conservez au chaud.

Faites cuire 1/4 d'heure les pruneaux dans le vin, égouttez-les, puis faites réduire le vin à feu vif, ajoutez la gelée de groseilles, et au dernier moment liez la sauce avec la crème fraîche.

Nappez la viande et les pruneaux de cette sauce.

FILET DE PORC A LA LORRAINE

Pour 6 personnes

Préparation : 20 minutes
Cuisson : 1 h 30

Ingrédients

1,5 kg de filet de porc
1 kg de quetsches
12 pommes de terre moyennes
2 petits choux blancs
4 cuillères à soupe de saindoux
6 feuilles de sauge
1 branche de romarin
sel
poivre.

Avant de cuire votre rôti, incisez-le et glissez à l'intérieur les feuilles de sauge et les brindilles de romarin. Portez à four chaud 1 h 30 environ.

Pendant ce temps, faites cuire les pommes de terre en robe des champs, et bouillir un faitout d'eau salée. Plongez-y les choux. Faites-les blanchir 1/4 d'heure, puis égouttez-les parfaitement.

Faites revenir ensuite les choux salés et poivrés dans le saindoux.

Dénoyautez les quetsches. Faites bouillir une casserole d'eau et pochez-y les fruits, 4 minutes. Les quetsches doivent rester entières.

Dressez le rôti sur le plat de service, entouré des pommes de terre pelées, des choux braisés coupés en quartier, arrosé de son jus déglacé de 4 cuillerées à soupe d'eau de cuisson des quetsches. Servez ces dernières à part.

LIEVRE AUX PRUNEAUX

Pour 6 personnes

Temps de réalisation : 24 h
Préparation : 15 minutes
Cuisson : 1 h 45

Marinade

1 carotte
2 oignons
4 gousses d'ail
1 bouquet garni
1 cuillère à café de poivre en grains
1 verre à liqueur de Cognac
1 litre de vin rouge de Bourgogne
200 grammes de pruneaux

Ingrédients

1 lièvre
200 grammes de poitrine fumée
100 grammes de beurre
200 grammes de petits oignons
200 grammes de champignons de Paris
2 cuillères à soupe de farine
sel
poivre.

La veille, coupez le lièvre en morceaux, et mettez-le à mariner au frais dans une grande terrine, avec les éléments de la marinade.

Le lendemain, coupez la poitrine fumée en petits lardons. Faites-les fondre dans une cocotte avec le beurre, et revenir à feu doux les oignons et les champignons, 1/4 d'heure environ.

Pendant ce temps, épongez les morceaux de lièvre sur du papier absorbant avant de les faire dorer dans la cocotte. Sortez les pruneaux de la marinade, passez celle-ci et réservez-la.

Saupoudrez le lièvre de farine. Mouillez de la marinade, ajoutez les pruneaux, salez et poivrez. Couvrez et laissez cuire à feu doux 1 heure 30.

Escargots aux noix

Poires au roquefort

ORTOLANS AUX QUETSCHES

Pour 2 personnes

Préparation : 15 minutes
Cuisson : 20 minutes

Ingrédients

12 oiseaux
6 très grosses quetsches
100 grammes de beurre
12 feuilles de vigne
1 grappe de raisins verts
sel
poivre.

Partagez en deux de très grosses quetsches. Otez le noyau, remplacez-le par une noisette de beurre. Disposez les fruits sur une plaque. Mettez au four. Quand les fruits sont presque cuits, posez sur chacun d'eux un ortolan légèrement humecté d'eau et enveloppé d'une feuille de vigne. Passez-les 4 minutes à four très chaud. En sortant du four, salez légèrement, et arrosez-les du jus des raisins verts.

Servez-les tels quels. La prune ne se mange pas; elle sert uniquement de support à l'oiseau.

KNÖDELS BAVAROIS AUX QUETSCHES

Pour 6 personnes

Temps de réalisation : 12 h
Préparation : 2 h
Cuisson : 30 minutes

Ingrédients

4 cuillères à soupe de semoule
1 kg de quetsches
1,6 kg de pommes de terre farineuses (Bintje)
3 œufs
2 cuillères à soupe de chapelure
100 grammes de farine
2 cuillères à soupe de sucre en poudre
1 pointe de cannelle
sel.

Douze heures à l'avance, faites cuire les pommes de terre. Épluchez-les et écrasez-les au presse-purée. Mettez dans une terrine, et conservez au frais jusqu'au lendemain.

Dénoyautez les quetsches. Cassez et incorporez successivement les œufs à la purée de pommes de terre. Ajoutez ensuite la farine, la semoule, le sucre en poudre et la cannelle. Salez légèrement. Travaillez bien ces ingrédients pour obtenir une pâte homogène.

Farinez vos mains. Prenez chaque quetsche, enrobez-la de pâte, et façonnez des boulettes de la taille d'un œuf de pigeon.

Faites bouillir à petits bouillons un grand faitout rempli d'eau. Plongez quelques boulettes dans l'eau bouillante. Lorsqu'elles remontent à la surface, elles sont cuites. Sortez-les avec une écumoire. Pochez ainsi successivement toutes les boulettes. Tenez-les au chaud.

Faites fondre le beurre. Mettez-le dans une saucière chauffée, ajoutez la chapelure. Servez. Chaque convive arrosera ses Knödels d'une cuillerée de beurre fondu.

RISSOLES DE PRUNEAUX

Pour 4 personnes

Temps de réalisation : 12 h
Préparation : 1 h
Cuisson : 20 à 30 minutes

Ingrédients

200 grammes de pruneaux
300 grammes de pâte brisée*
5 morceaux de sucre
1 verre à liqueur de rhum
1 œuf
100 grammes d'amandes.

Faites tremper 12 heures les pruneaux avant de commencer vos rissoles. Préparez une pâte brisée.

Égouttez les pruneaux, faites-les cuire dans une casserole avec le sucre, le rhum et un verre d'eau avant de les dénoyauter.

Étalez la pâte sur une planche farinée. Abaissez-la au rouleau jusqu'à une épaisseur de 5 mm.

À l'aide d'un emporte-pièce (un verre à moutarde peut faire l'affaire), découpez des rondelles de pâte. Mettez une amande à la place des noyaux des pruneaux. Posez chaque fruit sur une rondelle de pâte, humectez légèrement les bords, repliez et serrez bien pour envelopper les pruneaux complètement dans la rissole.

Battez un œuf en omelette, à l'aide d'un pinceau, badigeonnez les rissoles. Posez-les sur une plaque beurrée. Faites cuire à four modéré, jusqu'à ce que la lame d'un couteau pointu, enfoncée dans une rissole, en ressorte sèche.

* Voir la recette de la pâte brisée page 377.

FRUITS A PEPINS ET A GRAINES

POIRES – POMMES – COINGS – MELONS – PASTEQUES

Pommiers et poiriers sont parmi les arbres fruitiers les plus anciennement cultivés. Les cognassiers par contre sont moins répandus au-delà de l'Europe méridionale.

Ces arbres, de la même famille, ont pour origine l'Asie Mineure, mais dès l'ère préhistorique ils croissaient naturellement partout en Europe, sinon dans le monde entier.

Le poirier (*Pyrus communis*) existait à l'état sauvage 40 siècles avant notre ère, ainsi qu'en témoignent des débris de végétaux retrouvés en Asie Mineure dans des couches très anciennes lors de fouilles paléontologiques.

Homère et Sapho ont chanté cet arbre et ses fruits dans leurs poèmes. Le botaniste grec Théophraste, disciple de Platon, 300 ans avant le Christ, décrivait les variétés sauvages et cultivées à son époque dans son *Traité des Plantes*.

A Rome Pline en énumère trente-huit variétés.

Les Romains consommaient les poires fraîches ou cuites. Ils les conservaient coupées en fine tranches, séchées au soleil ou dans des pots recouverts de miel.

Apicius nous donne la recette d'un ragoût de poires : « Ayez des poires bouillies dont vous aurez enlevé le cœur et les pépins. Broyez-les avec du miel, du poivre, du cumin, du vin et des raisins secs, du garum* et un peu d'huile d'olive. Faites une mar-

---

* Garum : Le garum était du jus de poisson décomposé dans de la saumure, analogue au nuoc-mâm que l'on fait au Viêt-nam et en Chine et qui peut le remplacer. Ce condiment entrait dans toutes les recettes anciennes. Le meilleur venait de Mauritanie et s'achetait au prix d'or.

melade à laquelle vous ajouterez des œufs. Faites cuire, saupoudrez de poivre et servez. » (Apicius : Livre IV *Le Répertoire*.)

Les Romains fabriquaient également du « Poiré », boisson rafraîchissante analogue au cidre et qui est toujours en usage de nos jours.

On compte à notre époque plus de 5 000 variétés cultivées dans le monde.

Les poires sont des fruits d'hiver qui viennent à maturité dès le mois de juillet et se succèdent jusqu'au mois d'avril.

Les variétés à chair dure comme les « Curé », « Conférence » sont des poires à cuire de préférence.

Les variétés à chair plus tendre et juteuse telles : « Beurré », « Comice », « Louise-Bonne », « Passe-Crassane », « Doyenné » sont plutôt des fruits de table.

La poire contient des vitamines A, B, C, ainsi que de nombreux minéraux, en particulier des sels de potasse qui dissolvent l'acide urique, et qui font de ce fruit un excellent remède contre l'arthritisme et les rhumatismes.

La peau des poires est diurétique.

Il faut en faire sécher les épluchures sur des ficelles tendues en un lieu chaud et sec. Une infusion dosée à raison d'une pincée d'épluchures séchées par 1/4 de litre d'eau bouillante donne d'excellents résultats.

LE POMMIER (*Malus*)

De même origine que le poirier dont il est très voisin, c'est un des arbres fruitiers les plus cultivés dans le monde.

Il existe deux grandes familles de pommiers : *« Malus acerba »* et *« Malus communis »* qui sont rustiques dans toute l'Europe depuis l'ère préhistorique.

Des vestiges de pommes ont été retrouvés à côté d'outils datant de l'Age de Pierre.

En Égypte, 1300 ans avant Jésus-Christ, les pommiers étaient cultivés dans le delta du Nil à l'époque de Sesostris.

Après celle d'Eve, la pomme la plus célèbre de l'histoire est certainement celle que le beau Pâris, fils de Priam, offrit à Vénus, choix qui dressa Minerve et Junon contre la ville de Troie.

Pline le naturaliste décrit vingt-trois variétés de pommiers connues à Rome. A son époque, et bien avant, les Romains cultivaient les pommiers, dont ils consommaient les fruits crus, ou cuits en marmelade avec du vin et des épices, ou au four enveloppés de pâte comme on le pratique encore dans nos provinces françaises.

Les variétés issues du « *Malus communis* » produisent les à jus dont on fait le cidre. Certaines portent des noms pittoresques : « Peau de chien », « Doux évêque jaune », « Noël des Champs ». Il en existe des centaines.

Les variétés issues du « *Malus Communis* » produisent les pommes de consommation courante que l'on trouve sur les marchés : « Golden », « Starking Crimson », « Reinettes grises », « Calville », « Reinettes du Mans » et « Canada ».

Les variétés « Granny Smith », « Boskoop », « Jonared » sont plus acides. Il existe dans le monde des milliers de variétés de pommes d'intérêt local, régional, national ou international.

Les pommes sont excellentes pour notre organisme. Riches en pectine, elles facilitent la digestion. Comme les poires elles contiennent des vitamines A, B, C, ainsi que de nombreux minéraux : fer, magnésium, potassium, silice et phosphore.

Prises en infusion, comme les pelures de poires, les peaux de pommes sont un bon diurétique et dissolvent l'acide urique.

Grâce au phosphore qu'elles contiennent, les pommes régénèrent le système nerveux et favorisent le sommeil.

Prises en infusion, les fleurs de pommiers séchées, dosées à une poignée par litre d'eau, calment la toux.

LE COGNASSIER (Cydonia vulgaris)

Originaires du Turkestan, les cognassiers sont cultivés depuis plus de 2000 ans. Ils sont répandus en Asie et dans toute l'Europe méridionale, rarement au-delà, car si leur floraison tardive ne leur fait pas craindre les gelées printanières, ils ont besoin d'un automne long et chaud pour parvenir à maturité.

Les coings sont des fruits pouvant atteindre un gros développement. Certains arrivent à peser jusqu'à 2 kilos.

Les Grecs avaient surnommé le coing « le roi des fruits ». Ils les creusaient, les remplissaient de miel et les faisaient cuire enveloppés de pâte, au four ou sous la cendre.

Le coing est un fruit particulièrement odoriférant.

Les Romains en extrayaient une huile, le Mélinium, uniquement utilisée en parfumerie. On mettait également des coings dans les chambres à coucher au pied des statues qui s'y trouvaient. Chez nous l'usage de placer des coings dans les armoires pour parfumer le linge n'est pas si lointain.

Outre la préparation de pâte et de gelée, nos grands-mères connaissant la propriété coagulante des pépins de coings, les écrasaient et en faisaient macérer une poignée dans un demi-verre d'eau. Elles obtenaient ainsi une lotion qu'elles utilisaient pour leurs coiffures, et qu'on disait souveraine pour guérir les engelures et les gerçures du sein.

Le coing contenant beaucoup de tanin est très astringent.

Coupé en morceaux et bouilli, il donne une infusion qui calme les maux de ventre et les diarrhées bénignes.

La pelure d'un coing macérée dans 1/4 de litre d'eau-de-vie fait une lotion faciale parfumée qui fait disparaître les rides.

Un peu arbitrairement nous avons joint à cette rubrique les figues, les melons et les pastèques, désignés comme fruits à graines. Ces fruits ne justifient pas, par l'usage que l'on en fait en cuisine, un chapitre particulier, nos lecteurs voudront bien nous en excuser.

LE FIGUIER (Ficus Carica)

Il est originaire du Moyen-Orient.

Il était connu aux Indes et jusqu'en Chine depuis la plus haute Antiquité. Il est maintenant rustique sur tout le littoral méditerranéen et dans les régions tempérées du littoral atlantique.

Chez les Phéniciens, les figues séchées remplaçaient le pain. Grands navigateurs et commerçants, ils en emportaient sur leurs navires, et ont certainement contribué à faire connaître ce fruit dans des pays éloignés.

Les Grecs étaient très friands de figues, qu'ils mangeaient

fraîches, séchées ou grillées. Aristophane écrivait : « Il n'est rien de plus doux que les figues sèches. »

Les Romains consommaient également beaucoup de figues. Ils servaient entre autres le jambon cuit avec des figues sèches et des aromates. Ils enduisaient les viandes dures de suc de figuier, ou ajoutaient des rameaux de figuier dans le bouilli de bœuf pour l'attendrir.

En Inde les figues sont cueillies avant maturité et sont utilisées comme légumes.

Le commerce des figues séchées est une ressource d'importance pour certains pays, comme ceux du Moyen-Orient dont le figuier est originaire.

Le figuier est un des rares arbres qui puissent donner deux récoltes par an. Les figues se divisent en deux grandes familles : celles à peau verte ou grisâtre : « Marseillaises », « Verdale », « Gentille », « Bourgasotte », qui sont les plus utilisées pour la conservation, et les variétés à peau violette : « Figues de Nice », « Dauphine », « Bellone », « Sultane » et « Mouissone ».

Les figues sont riches en sucre et en vitamines A, B, C. Elles contiennent en outre de nombreux minéraux.

Les graines contenues dans les figues ont un effet laxatif. La sève de figuier, en application locale, aide à faire disparaître les verrues.

En décoction, une poignée de figues sèches dans un litre de lait prise en gargarisme, calme les maux de gorge.

LE MELON (Cucurbis melo)

C'est une plante qui a ses origines en Inde et en Afrique, mais qui fut connue en Europe méridionale dès l'Antiquité.

Les Romains étaient très amateurs de melons, mais ils n'étaient pas parvenus à obtenir de très gros fruits. Pline les nommait : « Melo pepo » (pommes-potiron).

Ce n'est qu'à la fin du Moyen-Age que la culture du melon fut introduite en France. Charles VIII fils de Louis XI avait eu des prétentions sur le Royaume de Naples, il ne put garder son trône, mais ramena le melon dans ses bagages en 1494, et en introduisit la culture au nord de la Loire.

Nos ancêtres appréciaient tant ce fruit qu'il fit des victimes. Le pape Paul II et l'empereur d'Autriche Albert II moururent chacun, dit-on, d'une indigestion de melons.

La culture en plein air du melon n'est guère possible en dehors des régions méditerranéennes ou atlantiques, à climat tempéré. Plus au nord, il faut cultiver les melons sous cloches, en serre ou sous châssis.

Les variétés les plus cultivées sont :

Les cantaloups : fruits ronds, côtelés à chair orangée, sucrée et parfumée parmi eux, la variété charentaise très répandue.

Les melons brodés : fruit rond ou oblong à écorce rugueuse et à chair rouge le melon de Cavaillon est le plus connu des melons brodés.

Les melons d'hiver : peu cultivés en dehors de la Provence et de l'Espagne, enfouis dans de la paille ou de la cendre de bois, on les maintient jusqu'à Noël.

Les melons sont riches en sucre et en vitamines A et B. Ce ne sont pas des fruits très nourrissants. Ils sont appréciés pour la fraîcheur qu'ils procurent en été. Les consommer glacés n'est pas à recommander aux personnes souffrant de troubles intestinaux.

LES PASTEQUES OU MELONS D'EAU (Citrullus vulgaris)

Ce sont des plantes d'origine tropicale, cultivées depuis la plus haute Antiquité, de l'Égypte jusqu'en Inde et dans toute l'Afrique.

Sous ces climats chauds, ces fruits sont appréciés car ils sont gorgés d'eau. Mûrs on les consomme frais, mais dans certains pays, on les récolte encore verts et on les cuit comme des courges.

En Provence, on cultive les pastèques rouges à graines noires, que chacun connaît, mais aussi une pastèque à chair blanche, appellée « Merevi », et qui n'est utilisée que pour faire des confitures.

COINGS

CAILLES AUX COINGS

Pour 4 personnes

Temps de réalisation : 48 h
Préparation : 10 minutes
Cuisson : 20 minutes

Ingrédients

2 cailles par convive
2 coings frais
1 verre à liqueur de Cognac
125 g de beurre
50 g de farine
gelée de coings
sel
poivre.

48 heures à l'avance, placez les cailles plumées et vidées dans une terrine avec des quartiers de coings frais, bien mûrs. Arrosez du verre de Cognac. Couvrez la terrine et tenez au frais. Remuez de temps en temps.

Au moment de cuire, ôtez les morceaux de coings, ajoutez un bon morceau de beurre. Salez et poivrez. Fermez la terrine hermétiquement avec un cordon de pâte fait de farine et d'eau.

Cuisez au four pendant 20 minutes environ. Servez dans la terrine avec à part de la gelée de coings en saucière.

BOEUF AUX COINGS

Pour 6 personnes

Préparation : 15 minutes
Cuisson : 2 h

Ingrédients

1,5 kg de poitrine de bœuf
2 oignons
1 gros coing de 200 g environ
250 g de chair de potiron
4 cuillères à soupe de saindoux
1 cuillère à café de vinaigre
1 morceau de sucre
1 pointe de cannelle en poudre
sel
poivre.

Épluchez les oignons. Coupez-les en quartiers. Mettez dans une cocotte le saindoux, les oignons, la viande. Faites revenir jusqu'à ce qu'ils soient bien dorés. Salez et poivrez.

Ajoutez le coing épluché et coupé en gros morceaux et la chair du potiron également coupée en gros dés. Versez le vinaigre, ajoutez le sucre et une pincée de sel. Couvrez la cocotte et faites cuire à feu très doux durant deux heures.

Au besoin, ajoutez de petites quantités d'eau bouillante au cours de la cuisson, pour éviter que la viande n'attache au fond de la cocotte.

COINGS EN CROUTE

Pour 4 personnes

Préparation : 2 h
Cuisson : 30 minutes

Ingrédients

4 coings bien mûrs
350 grammes de pâte feuilletée
4 cuillerées de sucre en poudre
beurre.

Préparez 350 à 400 grammes de pâte feuilletée suivant la recette de la page 380.

Lavez et essuyez les coings. Otez-en le cœur et les pépins à l'aide d'un vide-pommes. Emplissez le vide du centre avec du sucre en poudre et une petite noisette de beurre.

Étalez la pâte au rouleau jusqu'à une épaisseur d'un 1/2 centimètre. Divisez-la en quatre carrés. Posez un coing sur chaque carré de pâte. Refermez la pâte pour envelopper le fruit. Humectez les bords pour que les fermetures soient bien hermétiques.

Mettez à four chaud 1/2 heure environ. .

PATE DE COINGS

Préparation : 20 minutes
Cuisson : 2 h

Ingrédients

2 kg de coings
2 kg de sucre en poudre
1/4 de l d'eau
beurre.

Prenez des coings bien mûrs et parfumés; essuyez-les, coupez-les grossièrement en morceaux, sans les peler ni ôter les pépins. Mettez-les dans une bassine à confiture avec 1/4 de litre d'eau environ. Couvrez la bassine, laissez cuire à feu doux jusqu'à ce que la pulpe soit bien tendre.

Passez les coings au tamis fin ou au moulin à légumes pour les réduire en purée. Remettez la purée dans la bassine; incorporez le sucre en poudre. Faites cuire en remuant constamment à la cuillère de bois 30 minutes environ.

Vous jugerez de la cuisson en prenant un peu de pâte dans la cuillère, si elle s'en détache d'un seul bloc, la cuisson est suffisante.

Beurrez une plaque de marbre ou de métal. Déposez la pâte; aplatissez-la jusqu'à une hauteur de 2 centimètres 1/2 environ. Laissez refroidir et se solidifier. Découpez-la ensuite en rectangles de 8 centimètres de long sur 2 centimètres de large.

Roulez les morceaux de pâte dans du sucre cristallisé. Placez-les dans une boîte de métal en mettant un papier d'aluminium entre chaque couche. Fermez bien la boîte. Conservez dans un lieu sec.

POIRES

JARRET DE PORC AUX POIRES SECHES

Pour 6 personnes

Temps de réalisation : 24 h
Préparation : 5 minutes
Cuisson : 6 h

Ingrédients

*1 kg de poires sèches
2 jarrets de porc
sel
poivre.*

Faites tremper la veille les poires séchées.

Mettez les jarrets de porc et les poires dans une marmite, salez et poivrez. Recouvrez d'eau; fermez le récipient et laissez cuire à feu très doux 6 heures environ.

Ce plat d'origine hollandaise se sert avec des pommes de terre cuites en robe des champs.

POIRES AU ROQUEFORT (d'après Curnonsky)

Pour 4 personnes

Préparation : 30 minutes
Pas de cuisson

Ingrédients

*4 poires Comice
60 g environ de fromage de Roquefort
2 cuillères à soupe de beurre
125 g de fromage blanc
1 pot de crème fraîche
1 laitue
paprika
sel
poivre.*

Triez et lavez la laitue. Essorez-la et garnissez le plat de service des huit plus belles feuilles.

Épluchez les poires, coupez-les en deux dans le sens de la longueur. Évidez le centre à l'aide d'une petite cuillère, en enlevant le cœur et les pépins.

Dans une assiette travaillez à la fourchette le beurre et le Roquefort, poivrez abondamment, salez à peine.

Garnissez la cavité des poires de cette préparation.

Dans une terrine travaillez au fouet le fromage blanc et la crème fraîche. Nappez les poires de ce mélange. Mettez au réfrigérateur. Au moment de servir, saupoudrez de paprika.

POIRES GRATINÉES AU ROQUEFORT

Pour 4 personnes   Préparation : 15 minutes
                                    Cuisson : 25 minutes

Ingrédients

4 moitiés de poires conservées au naturel
4 tranches de pain de mie
125 g de Roquefort
2 cuillères à café de gelée de groseilles
2 cuillères à soupe de beurre
crème fraîche
sel
poivre.

Faites dorer au beurre les tranches de pain de mie. Mettez-les dans un plat allant au four; posez 1/2 poire conservée au naturel sur chaque tranche; nappez chaque fruit d'1/2 cuillère à café de gelée de groseilles.

Émiettez le fromage de Roquefort. Recouvrez chaque poire de ce fromage. Nappez chaque fruit d'une cuillerée de crème fraîche.

Mettez au four et faites gratiner au gril jusqu'à ce que les poires soient bien dorées.

CREPES AUX POIRES

Pour 4 personnes

Préparation : 20 minutes
Cuisson : 20 minutes

Ingrédients

4 poires bien mûres
2 œufs
1 pincée de sel
1 verre de lait
250 g de farine
50 g de beurre
1/2 verre à liqueur d'alcool de poire.

Pelez les poires, coupez-les en quatre, ôtez le cœur et les pépins, puis détaillez les fruits en fines lamelles. Réservez-les dans un plat.

Dans une terrine versez la farine, ajoutez une pincée de sel et les œufs. Délayez à la spatule en incorporant petit à petit un verre de lait de façon à obtenir une pâte bien homogène et assez liquide. Parfumez la pâte avec la liqueur d'alcool de poire. Mettez les fruits dans la pâte.

Faites chauffer une poêle, graissez le fond avec un peu de beurre. A l'aide d'une louche, versez la pâte dans la poêle et étalez-la. Laissez-la prendre d'un côté, retournez à la spatule (il serait difficile de faire sauter la crêpe en raison du poids des fruits). Laissez cuire de l'autre côté.

Servez les crêpes tièdes saupoudrées de sucre en poudre.

POIRES EN BEIGNETS

Pour 4 personnes   Préparation : 1 h
                                     Cuisson : 30 minutes

Ingrédients

4 grosses poires
1 verre à liqueur de kirsch
100 g de sucre en poudre
50 g de farine
2 œufs
1/2 verre d'eau.

Épluchez et ôtez le cœur des poires d'une variété ferme, à l'aide d'un vide-pommes. Coupez ensuite les fruits en tranches fines. Mettez-les dans une terrine; saupoudrez de 4 ou 5 cuillerées à soupe de sucre en poudre, arrosez du verre de kirsch. Laissez macérer 1 heure environ.

Faites chauffer l'huile dans la bassine à friture. Séparez les jaunes des blancs des œufs, battez ces derniers en neige ferme. Dans une terrine délayez la farine avec le 1/2 verre d'eau, puis incorporez délicatement les blancs d'œufs.

Trempez les tranches de poires dans cette pâte, et plongez-les dans la friture très chaude. Faites-les bien dorer, puis essorez-les sur du papier absorbant.

Servez les beignets saupoudrés du reste de sucre en poudre.

POIRES EN CROUTE (Bourdelots)

Pour 6 personnes

Temps de réalisation : 2 h
Préparation : 30 minutes
Cuisson : 25 minutes

Ingrédients

6 belles poires
1 verre de vin rouge
100 g de sucre en poudre
250 g de beurre
300 g de farine
1 œuf
1 cuillère à café de cannelle
sel
1 grand pot de crème fraîche.

Versez le verre de vin rouge dans une casserole; faites-le tiédir, puis au fouet incorporez le beurre petit à petit, ajoutez une pincée de sel et 3 cuillerées à soupe de sucre en poudre. Mélangez bien jusqu'à obtenir un mélange crémeux. Incorporez alors hors du feu la farine toujours petit à petit. Travaillez parfaitement; laissez reposer 2 heures.

Pendant ce temps pelez les poires en leur conservant les queues. Otez par contre le reste de la fleur qui subsiste à l'autre extrémité, en aplanissant le bout du fruit pour qu'il tienne bien debout.

Sur une planche farinée, abaissez la pâte au rouleau jusqu'à une épaisseur d'1/2 centimètre; divisez-la en carrés suffisamment grands de façon à pouvoir envelopper une poire.

Dans une assiette mélangez la cannelle en poudre et le reste du sucre. Roulez les poires dans l'assiette pour les en enrober. Posez chaque fruit, queue en l'air, sur un carré de pâte, enveloppez-le en humectant les bords pour bien refermer les bourdelots.

Cassez un œuf et battez-le en omelette; badigeonnez au pinceau chaque gâteau. Beurrez une plaque au four, posez les bourdelots debout, et mettez à cuire au four chaud, 20 minutes.

Servez tièdes ou chauds avec du sucre en poudre et un grand bol de crème fraîche.

PATÉ DE POIRES

Pour 6 personnes

Temps de réalisation : 3 h
Préparation : 1 h
Cuisson : 30 minutes

Ingrédients

500 g de pâte brisée
1 kg de poires
1 verre à liqueur de rhum
4 cuillères à soupe de sucre en poudre
1 œuf.

Préparez 500 grammes de pâte brisée dont la recette se trouve page 377.

Épluchez et ôtez les pépins des poires. Coupez les fruits en rondelles, mettez-les dans une terrine, saupoudrez de sucre en poudre et arrosez avec le rhum. Couvrez et laissez macérer 3 heures.

Étalez la pâte sur une planche farinée; abaissez-la au rouleau jusqu'à une épaisseur de 1/2 centimètre. Découpez un grand cercle dans la pâte, déposez les poires macérées sur la moitié du cercle uniquement. Humectez les bords et repliez le cercle de pâte comme une omelette. Serrez les bords pour clore hermétiquement la pâte. Trempez un pinceau dans de l'œuf battu; badigeonnez le dessus du pâté. Beurrez la plaque du four, déposez le pâté.

Cuire 1/2 heure à four chaud.

PAIN DE POIRES SÉCHÉES

Pour 6 personnes

Temps de réalisation : 24 h
Préparation : 3 h
Cuisson : 40 minutes

Ingrédients

150 g de poires séchées
150 g de pommes séchées
150 g de figues séchées
150 g de cerneaux de noix
150 g de noisettes décortiquées
500 g de farine
20 g de levure de boulanger
2 cuillères à soupe de beurre
1/4 de l de lait
100 g de sucre en poudre
1 citron
1 écorce d'orange confite
1 œuf
noix muscade
cannelle.

Vingt-quatre heures à l'avance, faites tremper les fruits séchés dans une grande terrine remplie d'eau froide.

Le jour de préparation du plat, placez en fontaine la farine sur une planche à pâtisserie; incorporez le beurre ramolli, une pincée de sel. Faites fondre la levure dans 2 cuillerées à soupe de lait tiède, versez dans la fontaine. Travaillez la pâte en ajoutant un peu de lait froid jusqu'à obtention d'une pâte assez épaisse. Formez une boule; mettez-la dans un saladier, recouverte d'un linge. Laissez lever dans un endroit chauffé 3 heures.

Pendant que repose la pâte, hachez finement les cerneaux de noix et les noisettes.

Égouttez les fruits, hachez-les grossièrement.

Dans une terrine, mélangez les fruits trempés, les noix et les noisettes hachées, le sucre en poudre.

Exprimez le jus de citron; coupez en fins bâtonnets une écorce d'orange confite; ajoutez-les dans la terrine, ainsi que le zeste du citron, recueilli à l'aide d'un épluche-légumes le plus finement possible. Ajoutez une pointe de noix muscade râpée et autant de cannelle en poudre. Mouillez de 2 ou 3 cuillerées à soupe d'eau de trempage des fruits. Mélangez bien.

Farinez la planche à pâtisserie; étalez au rouleau la pâte, façonnez-la en forme de rectangle d'environ 22 centimètres de large sur 30 au moins de long.

Placez les fruits au centre du rectangle en laissant un espace vide d'environ trois doigts tout autour.

Roulez la pâte en repliant les extrémités afin que la farce de fruits ne s'écoule pas.

Badigeonnez le pain avec un pinceau trempé dans l'œuf battu. Beurrez une plaque, posez le pain dessus, et faites cuire à four chaud 40 minutes environ.

POMMES

HORS-D'OEUVRE LIMOUSIN

Pour 4 personnes

Préparation : 10 minutes
Pas de cuisson

Ingrédients

4 pommes reinettes ou Boskoop
100 grammes de fromage de Cantal
50 grammes de cerneaux de noix
4 cuillères à soupe de crème fraîche
1 petite laitue
sel
poivre.

Lavez et triez la salade puis essorez-la parfaitement.

Épluchez les pommes, évidez-les à l'aide d'un vide-pommes et divisez-les en dés. Coupez en cubes le Cantal. Hachez soigneusement les cerneaux de noix.

Mêlez tous ces ingrédients dans un saladier. Salez et poivrez, ajoutez la crème fraîche. Mélangez la salade juste avant de servir.

SALADE DE POMMES ET CAROTTES

Pour 4 personnes

Préparation : 10 minutes
Pas de cuisson

Ingrédients

2 grosses pommes reinettes
3 grosses carottes
2 cuillères à soupe d'amandes
2 cuillères à soupe de raisins secs
1 citron
3 cuillères à soupe d'huile

sel
poivre.

Épluchez les pommes et les carottes. Otez les parties dures avant de les râper.

Mélangez dans un saladier les fruits et les légumes auxquels vous ajouterez les amandes grossièrement hachées et les raisins. Salez et poivrez, assaisonnez du jus de citron et d'huile d'arachide ou d'olive.

Vous pouvez conserver quelques tranches de pommes et quelques amandes pour décorer le plat.

POMMES FARCIES AU POULET
ou comment utiliser les restes d'un poulet

Pour 6 personnes   Préparation : 20 minutes
                                    Cuisson : 35 minutes

Ingrédients

6 grosses pommes acides
1 restant de poulet
1 cuillère à soupe de girofle en poudre
6 clous de girofle
100 g de beurre
sel
poivre.

Lavez les pommes; ôtez le cœur et les pépins, ne les épluchez pas.

Hachez les restes du poulet, saupoudrez-les de girofle en poudre, salez et poivrez.

Emplissez de cette chair les cavités des pommes (très agrandies). Mettez quelques noisettes de beurre dans un plat allant au four; ajoutez une cuillerée ou deux d'eau.

Placez les pommes farcies dans le plat. Plantez un clou de girofle dans chaque fruit. Posez une grosse noix de beurre sur chacun d'eux.

Mettez à four moyen 35 minutes.

CHOU ROUGE BRAISÉ AUX POMMES

Pour 6 personnes   Préparation : 20 minutes
                                        Cuisson : 1 h 30

Ingrédients

1 chou rouge de 700 g environ
700 g de pommes acides
1 gros oignon
150 g de riz
2 cuillères à soupe de beurre
2 cuillères à soupe de sucre en poudre
1 feuille de laurier
3 clous de girofle
1 pointe de cannelle
sel
poivre.

Lavez et épluchez le chou rouge. Coupez-le finement. Épluchez et hachez l'oignon.

Dans une cocotte faites fondre le beurre et dorer l'oignon, ajoutez le chou; faites cuire 10 minutes environ, puis versez suffisamment d'eau pour le recouvrir. Mettez le laurier, les clous de girofle, salez et poivrez. Couvrez et laissez cuire à feu doux 45 minutes.

Durant la cuisson, épluchez les pommes, ôtez les cœurs et les pépins, puis coupez-les en tranches fines. Lavez le riz; ajoutez-le avec les pommes dans la cocotte, aromatisez d'une pointe de cannelle, saupoudrez du sucre en poudre, couvrez la cocotte et laissez cuire encore 45 minutes.

FILETS DE BROCHETON AUX POMMES

Pour 4 personnes

Préparation : 20 minutes
Cuisson : 30 minutes

Ingrédients

500 g de filets de brocheton (ou de sandre)
3 pommes reinettes
100 g de beurre
2 cuillères à soupe de farine
3 citrons
1 bouquet de persil
sel
poivre.

Pelez les pommes; ôtez le cœur et les pépins, coupez-les en tranches assez épaisses.

Exprimez le jus de 2 citrons, versez-les dans une assiette creuse. Hachez le persil.

Faites chauffer 2 cuillerées de beurre dans deux poêles différentes. Jetez les pommes dans la première, faites-les revenir à feu moyen.

Trempez les filets de poisson dans le jus de citron, puis roulez-les dans la farine et faites-les dorer au beurre dans l'autre poêle jusqu'à ce qu'ils prennent une teinte dorée.

Placez les tranches de pommes sur le plat de service chaud. Posez les filets de poisson, salez et poivrez, saupoudrez de persil haché, ajoutez une noisette de beurre.

OIE FARCIE A L'IRANIENNE

Pour 6 à 8 personnes

Préparation : 30 minutes
Cuisson : 2 h

Ingrédients

1 oie de 3 kg environ
350 g de pommes reinettes
4 cuillères à soupe de miel
1 cuillère à café de girofle en poudre
250 g de sucre roux
100 g de cerises confites
100 g de cerneaux de noix
100 g d'amandes mondées
6 clous de girofle
sel
poivre.

Épluchez et râpez les pommes grossièrement après en avoir ôté le cœur et les pépins.

Farcissez l'oie salée et poivrée de ce hachis avant de la brider.

Dans un bol, versez le miel, ajoutez la girofle en poudre, mélangez énergiquement. Enduisez l'oie de ce miel aromatisé.

Posez l'oie dans un plat allant au four ou embrochez-la. Piquez-la des clous de girofle, et laissez cuire 2 heures environ, en l'arrosant fréquemment du jus rendu.

10 minutes avant la fin de la cuisson, saupoudrez l'oie de sucre roux, et versez dans le plat les cerises, les noix et les amandes.

Servez l'oiseau entouré de cette garniture bien chaude.

SAUCISSON AUX POMMES

Pour 6 personnes

Préparation : 30 minutes
Cuisson : 30 minutes

Ingrédients

1 saucisson à cuire de 500 g
1 kg de pommes d'une variété acide
1,5 kg de pommes de terre

éventuellement lait et beurre
sel
poivre.

Épluchez les pommes et les pommes de terre. Coupez en quartiers, ôtez le cœur et les pépins des fruits.

Mettez dans une grande casserole le saucisson, 1/2 litre d'eau, les pommes et les pommes de terre. Salez et poivrez. Portez à ébullition et faites cuire 30 minutes.

Sortez le saucisson, conservez-le au chaud. Passez les pommes et les pommes de terre au presse-purée, en ajoutant un peu de lait chaud et du beurre.

Coupez le saucisson en tranches. Versez la purée sur le plat de service, décorez avec les rondelles de saucisson cuit. Servez très chaud.

BOUDIN AUX POMMES

Pour 4 personnes   Préparation : 10 minutes
                                    Cuisson : 20 minutes

Ingrédients

8 pommes reinettes
800 g de boudin noir
2 cuillères à soupe de beurre
sel
poivre.

Épluchez les pommes; divisez-les en quartiers; ôtez les cœurs et les pépins.

Dans une poêle, déposez une cuillerée de beurre, faites chauffer. Piquez le boudin avec une fourchette, cuisez-le à feu doux.

Dans une autre poêle, faites revenir les pommes avec la cuillerée de beurre restante, 20 minutes environ.

Quand le boudin est cuit à point, que les pommes sont tendres et moelleuses, servez ensemble, bien chaud.

CÔTES DE PORC A LA QUÉBÉCOISE

Pour 4 personnes   Préparation : 10 minutes
                                    Cuisson : 30 minutes

Ingrédients

4 côtes de porc
2 pommes reinettes
75 g de sucre d'érable*
100 g de crème fraîche
2 cuillères à soupe de saindoux
beurre
sel
poivre.

Beurrez un plat allant au four. Coupez les pommes par moitié sans les peler, mais en ayant ôté le cœur et les pépins.

Chauffez le saindoux dans une poêle; faites dorer les côtes à feu vif, 5 minutes de chaque côté. Déposez-les dans le plat, 1/2 pomme sur chacune d'elles; salez et poivrez.

Râpez le sucre d'érable, saupoudrez-en chaque fruit, recouvrez de la crème fraîche. Mettez à four moyen pendant 20 minutes.

* Le sucre d'érable est très difficile à trouver en Europe. Il est peut-être plus aisé de se procurer du sirop d'érable en boîte.

En ce cas, versez une cuillerée de sirop sur chaque pomme.

A défaut, utilisez de la cassonade, mais cela ne remplacera jamais le sucre d'érable dont la saveur est très particulière.

JARRET DE PORC AUX POMMES ET AU FOIN

Pour 4 personnes

Préparation : 1 h 30
Cuisson : 1 h

Ingrédients

1,2 kg de jarret de porc
8 pommes reinettes
1/2 kg de pommes de terre
1 pot de confiture de fraises
1 poignée de foin
1 bouquet de persil
sel
poivre.

Mettez dans un faitout d'eau salée une grosse poignée de foin et le persil, faites bouillir dix minutes avant d'y plonger le jarret de porc. Laissez cuire à feu doux une heure environ.

Vingt minutes avant la fin de la cuisson, lavez les pommes de terre et ajoutez-les dans le bouillon avec leur peau.

Pelez les pommes reinettes et pochez-les 15 minutes dans une casserole d'eau bouillante.

Egouttez la viande et les pommes de terre. Placez-les sur une planche ou dans un grand plat. Disposez autour les pommes cuites, nappez chacune d'une cuillerée de confiture de fraises.

RABLE DE LIEVRE AUX POMMES

Pour 4 personnes   Temps de réalisation : 12 h
                                    Préparation : 15 minutes
                                    Cuisson : 45 minutes

Ingrédients

1 lièvre
1 l de bon vin blanc sec
3 cuillères à soupe d'huile d'olive
1/2 verre de vinaigre
1 carotte
1 oignon
2 gousses d'ail
4 échalotes
1 citron
1 feuille de laurier
1 branche de thym
1 branche de persil
1 clou de girofle
1 cuillère à soupe de sel de céleri
1,5 kg de pommes
100 g de crème fraîche
100 g de beurre
2 cuillères à café de poivre en grains
200 g de lard gras
sel
poivre.

Dans un grand saladier versez le vin blanc, l'huile d'olive, le vinaigre, la carotte, l'oignon coupé en rondelles, l'ail, l'échalote, le laurier, le thym, le persil, le clou de girofle, le poivre, salez avec du sel de céleri.

Prenez les râbles d'un lièvre. Piquez-les de lard gras, et mettez-les dans la marinade durant 12 heures.

Au moment de commencer la cuisson, égouttez les râbles soigneusement. Enduisez-les de beurre. Mettez à four chaud 45 minutes. Vérifiez la cuisson en piquant les râbles à l'aide d'une fourchette. Salez, poivrez à nouveau.

Nappez les râbles de la crème fraîche réchauffée dans le jus de cuisson.

Servez sur un plat entourés d'une compote de pommes non sucrée ou de pommes entières cuites au four.

Arrosez du jus de citron.

SELLE DE CHEVREUIL AUX POMMES

Pour 4 personnes   Préparation : 10 minutes
                                    Cuisson : 40 minutes

Ingrédients

1 selle de chevreuil
100 g de lard
2 verres de bouillon de viande
1/2 verre de vinaigre
4 carottes
1 oignon
25 g de persil
25 g d'échalotes
30 g de beurre
25 g de farine
sel
poivre.

Piquez la selle des lardons. Enduisez-la de beurre, et faites rôtir à four chaud 40 minutes.

A mi-cuisson, salez et poivrez.

Pendant ce temps mettez dans une casserole les 2 verres de bouillon, le vinaigre, les carottes coupées en rondelles, l'oignon émincé, le persil et l'échalote hachés, sel et poivre. Faites cuire 10 minutes, puis passez le tout au moulin à légumes.

Préparez un roux brun en chauffant du beurre et de la farine et en les liant. Mouillez avec la sauce passée à la moulinette, et ajoutez le jus de cuisson de la viande.

Servez chaud sur une purée de pommes-fruits non sucrée, la sauce dans une saucière.

GIGUE DE CHEVREUIL AUX POMMES

Pour 4 personnes   Préparation : 15 minutes
                                    Cuisson : 1 h 30

Ingrédients

1 gigue
1 chou rouge
2 pommes reinettes Canada
1 oignon
2 clous de girofle
1 feuille de laurier
2 cuillères à soupe de saindoux
100 g de lard gras salé
1 boîte de marrons entiers, conservés au naturel
50 g de beurre
sel
poivre.

Dénervez la viande (ou faites-le faire par votre boucher).
Piquez-la de lard gras salé.

Dans une cocotte faites fondre le saindoux. Mettez-y le choux
rouge coupé en fines lanières, les pommes coupées en quatre,
l'oignon piqué des clous de girofle, le laurier. Salez et poivrez.
Couvrez la cocotte et laissez mijoter pendant 1 heure 30, plus si
le chou vous paraît dur.

Faites cuire la gigue 1 heure à la broche. Servez-la entourée
de marrons entiers réchauffés au beurre et du chou rouge aux
pommes.

Langoustines au beurre de framboises

Perdreaux aux raisins

POULE FAISANE AUX POMMES

Pour 4 personnes

Préparation : 15 minutes
Cuisson : 1 h

Ingrédients

*1 poule faisane
500 g de pommes reinettes
1 barde de lard
1 verre à liqueur de Calvados
100 g de crème fraîche
1 cuillère à soupe de fines herbes hachées
50 g de beurre
sel
poivre.*

Épluchez les pommes, évidez-les et coupez-les en rondelles. Salez et poivrez l'intérieur de la poule faisane préalablement bardée et ficelée. Faites dorer l'oiseau dans le beurre chaud en cocotte; arrosez du verre de Calvados, ajoutez les pommes, vérifiez l'assaisonnement, couvrez la cocotte et cuisez à feu vif 1 heure environ.

Sortez la bête; découpez-la en morceaux et gardez-la sur un plat chaud. Versez la crème fraîche dans la cocotte; faites réduire quelques instants et nappez la poule faisane de la sauce aux pommes. Saupoudrez de fines herbes hachées et servez.

FAISAN AUX POMMES

Pour 4 personnes

Préparation : 20 minutes
Cuisson : 1 h

Ingrédients

1 faisan
6 grosses pommes à cuire
100 g de barde de lard
125 g de crème fraîche
2 cuillères à soupe de beurre
1 feuille de laurier
1 petit bouquet de thym
1 verre à liqueur de Calvados
1/2 verre de vinaigre de cidre
2 cuillères à soupe de sucre en poudre
sel
poivre.

Bridez, bardez et introduisez à l'intérieur de l'oiseau le laurier et le thym, mettez-le à rôtir dans un grand plat beurré, après l'avoir salé et poivré.

Pelez les pommes; ôtez le cœur et les pépins en faisant en sorte de ne pas les percer (pratiquez avec un petit couteau pointu en enlevant seulement un cône au milieu).

Versez le vinaigre de cidre dans une petite casserole. Ajoutez le sucre, faites-le fondre. Après 30 minutes de cuisson, sortez le plat du four. Placez les pommes évidées autour du faisan, versez dans chacune d'elles une cuillerée à café de vinaigre. Remettez au four encore 30 minutes.

Faites chauffer le plat de service. Placez le faisan au milieu; entourez-le avec précaution des pommes cuites pour ne pas les briser.

Versez dans le plat de cuisson le Calvados et la crème fraîche. Mélangez bien. Servez en saucière.

POMMES MERINGUÉES

Pour 6 personnes
Temps de réalisation :
1 semaine
Préparation : 30 minutes
Cuisson : 50 minutes

Ingrédients

12 pommes
1 l de cidre
1 verre de Calvados
1/2 kg de sucre en poudre
1 gousse de vanille
6 œufs
50 g de sucre glace.

Lavez et épluchez les pommes; ôtez le cœur et les pépins.

Versez dans un faitout le cidre et le sucre en poudre, ajoutez la gousse de vanille; laissez fondre le sucre, puis mettez sur le feu.

Lorsque le sirop « fait la perle » (c'est-à-dire quand une goutte bien ronde se forme à l'extrémité d'une cuillère trempée dans le sirop), mettez les pommes. Laissez cuire à feu très doux 30 minutes. Lorsque les pommes sont tendres, mais ne se brisent pas encore, sortez-les. Disposez-les dans un grand bocal; versez le Calvados, et recouvrez du sirop de cuisson. Fermez le bocal hermétiquement et laissez reposer une semaine.

La semaine écoulée, séparez les blancs des jaunes. Battez-les en neige ferme, en y incorporant très doucement le sucre glace.

Égouttez les pommes, puis trempez-les dans les blancs sucrés.

Disposez les pommes sur une plaque recouverte de papier aluminium, bien beurrée, et faites cuire à feu très doux 30 minutes environ. Servez chaud.

PATÉ AUX POMMES ET FRUITS SECS

Pour 6 personnes

Préparation : 20 minutes
Cuisson : 1 h 10

Ingrédients

750 g de pommes
200 g de pain de campagne très dur
100 g de sucre
1 poignée de raisins de Corinthe
1 poignée d'amandes mondées
2 cuillères à soupe de beurre.

Épluchez les pommes. Coupez-les en morceaux en ôtant le cœur et les pépins. Lavez les raisins. Hachez grossièrement les amandes. Versez 1/4 de verre d'eau dans une casserole. Mettez-y les pommes et les fruits secs. Couvrez et laissez cuire à feu doux jusqu'à ce que les pommes soient tendres.

Pendant ce temps, râpez ou passez à la moulinette le pain de campagne rassis auquel vous incorporerez la moitié du sucre en poudre.

Beurrez une terrine à pâté. Mettez la moitié du pain râpé, recouvrez de la compote de fruits; recouvrez avec le reste du pain. Couvrez et faites cuire 15 minutes à four doux.

Otez le couvercle, saupoudrez avec le reste du sucre en poudre. Faites cuire encore doucement 20 minutes sans remettre le couvercle.

CHAUSSON AUX POMMES

Pour 4 personnes   Préparation : 30 minutes
                                    Cuisson : 20 minutes

Ingrédients

4 grosses pommes
250 g de pâte brisée*
2 cuillères à soupe de sucre en poudre
2 cuillères à soupe de beurre
1/2 verre d'eau
1 citron
1/2 cuillère à café de cannelle en poudre
1 œuf.

Préparez une pâte brisée. Épluchez les pommes; divisez-les en quartiers, ôtez le cœur et les pépins. Faites fondre le beurre dans une casserole; mettez les pommes à cuire à feu doux avec 1/2 verre d'eau, le sucre en poudre, la 1/2 cuillerée à café de cannelle.

Prélevez le zeste du citron le plus mince possible à l'aide d'un épluche-légumes, ajoutez-le aux pommes. Remuez de temps à autre à la cuillère de bois.

Enfarinez une planche à pâtisserie; abaissez la pâte au rouleau jusqu'à une épaisseur d'1/2 centimètre; formez un grand cercle. Sur une moitié seulement, mettez la compote de pommes. Repliez la pâte en humectant les bords du cercle. Serrez bien pour clore hermétiquement le chausson.

Cassez l'œuf dans un bol; battez-le en omelette. Trempez un pinceau dans l'œuf battu et badigeonnez le chausson.

Beurrez une plaque; faites cuire 20 minutes à four chaud. Servez tiède, éventuellement avec de la crème fraîche.

---

* Dont la recette se trouve page 377.

POMMES AU VIN

Pour 6 personnes

Préparation : 15 minutes
Cuisson : 40 minutes

Ingrédients

1 kg de pommes
100 g de sucre en poudre
1/2 l de vin rouge
1 pointe de cannelle.

Pelez les pommes. Coupez-les en quartiers; ôtez le cœur et les pépins.

Mettez-les dans une casserole émaillée avec le sucre, le vin rouge. Aromatisez d'une pointe de cannelle.

Couvrez et laissez cuire à feu doux 40 minutes.

GONERON

Pour 6 personnes

Préparation : 2 h
Cuisson : 45 minutes

Ingrédients

1 kg de pommes
1 verre de Cognac
250 g de farine
1 verre de lait
5 cuillères à soupe de sucre en poudre.
sel.

Pelez les pommes. Divisez-les en quartiers; ôtez le cœur et les pépins, puis coupez-les, en fines tranches. Mettez-les dans un saladier, saupoudrées de deux cuillerées de sucre en poudre et arrosées du verre de cognac.

Couvrez et laissez macérer 2 heures.

Dans une autre terrine, délayez la farine, le lait, une pincée de sel, et trois cuillerées de sucre. Ajoutez les pommes et le Cognac à la pâte. Mélangez bien.

Beurrez un moule à gâteau assez profond. Versez-y la pâte et mettez à four moyen 45 minutes.

RABOTE DE PICARDIE

Pour 6 personnes

Préparation : 2 h
Cuisson : 30 minutes

Ingrédients

6 grosses pommes reinettes
350 g de pâte feuilletée*
100 g de sucre cristallisé
50 g de beurre
1 œuf.

Préparez la pâte feuilletée.

Pelez les pommes; ôtez le cœur et les pépins à l'aide d'un vide-pommes.

Étalez la pâte feuilletée sur la planche à pâtisserie; abaissez-la au rouleau jusqu'à une épaisseur de 5 mm. Découpez autant de carrés que de pommes.

Posez un fruit sur chaque carré de pâte; emplissez la cavité du centre de sucre cristallisé; introduisez une petite noix de beurre. Refermez les carrés de pâte en humectant bien les bords pour sceller hermétiquement chaque pomme dans la pâte.

Cassez l'œuf dans un bol; battez-le en omelette, puis badigeonnez au pinceau les pommes enrobées de pâte.

Beurrez la plaque du four; mettez les pommes à cuire 30 minutes à feu moyen.

---

* Dont la recette se trouve page 380.

GRATIN DE POMMES SCANDINAVE

Pour 6 personnes

Préparation : 20 minutes
Cuisson : 30 minutes

Ingrédients

12 pommes
200 g de chapelure
125 g de crème fraîche
4 cuillères à soupe de sucre
3 cuillères à soupe de beurre
1 pointe de cannelle.

Lavez les pommes. Otez le cœur et les pépins, puis coupez-les en tranches épaisses sans les éplucher.

Beurrez un plat à gratin. Placez une couche de pommes. Saupoudrez de sucre, de cannelle et de chapelure, ainsi de suite tant qu'il restera des pommes. Parsemez de quelques noisettes de beurre. Mettez à four chaud 30 minutes.

Servez tiède avec un bol de crème fraîche.

GATEAU DE POMMES

Pour 6 personnes   Préparation : 20 minutes
                                    Cuisson : 30 minutes

Ingrédients

500 g de pommes
100 g de raisins de Corinthe
100 g de sucre en poudre
1 verre de rhum
1 paquet de biscottes
3 œufs
3/4 de l de lait
1/2 cuillère à café de cannelle en poudre.

Dans un bol versez le verre de rhum et mettez à tremper les raisins.

Dans un autre bol versez le sucre en poudre et la cannelle en poudre.

Épluchez les pommes; ôtez le cœur et les pépins avant de les couper en tranches fines.

Beurrez un moule à soufflé. Versez dans une assiette creuse un verre de lait. Trempez une à une suffisamment de biscottes pour couvrir le fond du moule. Déposez une couche de pommes, parsemez quelques raisins de Corinthe, et saupoudrez de sucre aromatisé.

Procédez ainsi par couches successives, jusqu'à ce qu'il n'y ait plus de pommes. Terminez par une couche de biscottes.

Battez les œufs en omelette. Incorporez-les au lait restant. Ajoutez le rhum dans lequel les raisins ont gonflé. Versez le tout lentement dans le moule jusqu'à absorption complète.

Mettez à cuire à four chaud pendant 30 minutes.

APFELSTRUDEL*

Pour 6 personnes

Préparation : 2 h
Cuisson : 45 minutes

Ingrédients

250 g de farine
1 œuf
1 cuillère à café de vinaigre
1 cuillère à soupe d'huile d'arachide
2 cuillères à soupe de beurre
100 g de chapelure
1,5 kg de pommes
2 poignées de raisins secs
2 poignées d'amandes
150 g de sucre en poudre
1 pointe de cannelle
1 verre de rhum.

Faites gonfler les raisins secs dans le rhum.

Versez la farine dans une terrine; ajoutez l'œuf entier, le vinaigre et l'huile d'arachide. Travaillez la pâte en ajoutant un peu d'eau tiède, pour qu'elle devienne parfaitement homogène. Posez-la sur une planche à pâtisserie; travaillez-la encore un peu, puis formez une boule. Faites tiédir un saladier au-dessus d'une casserole d'eau bouillante; renversez-le sur la pâte; laissez reposer 45 minutes.

Pendant ce temps hachez finement les amandes. Pelez les pommes, râpez-les. Mettez amandes et pommes râpées dans une terrine, ajoutez les raisins trempés dans le rhum, le sucre en poudre et la cannelle. Mélangez bien.

Farinez à nouveau la planche à pâtisserie; abaissez la pâte au rouleau jusqu'à 5 mm d'épaisseur. Soulevez-la; étendez sur la planche un torchon saupoudré de farine, posez-y l'abaisse de la pâte; avec les mains étirez-la le plus finement possible.

Dans une petite casserole faites fondre une cuillerée de beurre. Trempez un pinceau dans celui-ci, et badigeonnez-en la pâte. Versez ensuite la chapelure dans la casserole; faites-la rissoler quelques instants. Répandez cette chapelure sur la pâte ainsi

* On peut remplacer les pommes par des cerises dénoyautées et sucrées. Dans ce cas, supprimez la cannelle, les amandes hachées et les raisins.

que le mélange aux pommes sur les 2/3 de la surface de celle-ci.

Saisissez deux coins du torchon, faites rouler la pâte sur la farce, enroulez le gâteau sur lui-même bien serré en vous aidant des mains et du torchon. Faites fondre la cuillerée de beurre restante, badigeonnez au pinceau le dessus du gâteau. Beurrez une plaque; posez le gâteau, cuisez à four moyen 45 minutes.

TARTE AUX POMMES A L'ANGLAISE

Pour 6 personnes   Préparation : 1 h
                                    Cuisson : 40 minutes

Ingrédients

750 g de pommes acides (Boskoop par exemple)
200 g de sucre en poudre
250 g de pâte brisée*
1 cuillère à soupe bombée de farine
1 cuillère à soupe de beurre
1 zeste d'orange
1 zeste de citron
1 pointe de cannelle en poudre
3 cuillères à soupe de crème fraîche.

Préparez une pâte brisée. Abaissez-la à une épaisseur d'1/2 centimètre environ. Beurrez un moule à tarte d'une vingtaine de centimètres de diamètre. Mettez-y la pâte.

Épluchez les pommes. Otez le cœur et les pépins, coupez-les en tranches fines.

Dans une terrine assez grande, mettez les pommes saupoudrées de la farine et du sucre. Râpez au-dessus de la terrine le zeste de l'orange bien lavé et essuyé, et celui du citron. Aromatisez d'une petite cuillère de jus de citron. Mélangez.

Placez cette garniture sur la pâte. Posez quelques noisettes de beurre par-dessus, recouvrez la tarte de crème fraîche. Mettez à four chaud 40 minutes.

* Dont vous trouverez la recette page 377.

TARTE CANADIENNE

Pour 6 personnes

Préparation : 30 minutes
Cuisson : 1 h 30

Ingrédients

500 g de reinettes du Canada
500 g de lard salé maigre, en tranches fines
250 g de pâte brisée*
2 verres de mélasse
1 pointe de cannelle en poudre
1 pointe de girofle en poudre
1 pointe de muscade en poudre
1 cuillère à soupe de limonade
1 verre de lait aigre.

Épluchez les pommes; ôtez le cœur et les pépins à l'aide d'un vide-pommes, puis coupez-les en fines lamelles.

Débitez en tranches fines le lard.

Faites une pâte brisée en remplaçant l'eau par le verre de lait aigre et en ajoutant la limonade.

Abaissez la pâte. Beurrez un moule à tarte et divisez la pâte en deux parties. Tapissez le moule de la première moitié; garnissez le fond d'une couche de lard, recouvrez des pommes, terminez par une couche de lard.

Mêlez ensemble la cannelle, la pointe de girofle et la noix muscade. Incorporez ces épices à 2 verres de mélasse que vous verserez sur la tarte. Recouvrez de la seconde moitié de pâte, en humectant les bords pour bien souder le gâteau.

Mettez à four moyen, cuisez 1 heure 30 environ.

---

* Voir la recette de la pâte brisée page 377.

TARTE STRASBOURGEOISE

Pour 6 personnes   Préparation : 20 minutes
                                  Cuisson : 30 minutes

Ingrédients

6 pommes reinettes
350 g de pâte brisée*
125 g de beurre
250 g de sucre en poudre
4 œufs
2 cuillères à soupe de farine.

Préparez une pâte brisée. Abaissez-la au rouleau jusqu'a une épaisseur de 5 millimètres.

Beurrez un moule à tarte d'environ 25 centimètres de diamètre et garnissez-le de pâte.

Pelez les pommes; ôtez le cœur et les pépins, puis divisez-les en petits dés dont vous recouvrirez le fond de tarte.

Mettez dans une terrine le sucre en poudre. Dans une petite casserole faites fondre à feu doux le beurre; versez-le sur le sucre en l'incorporant au fouet. Ajoutez ensuite en travaillant toujours lu fouet la farine, et un à un les œufs.

Versez cette préparation sur les pommes. Décorez le dessus de la tarte de lanières découpées dans le surplus de la pâte.

Cuisez 30 minutes à four chaud.

---

* Dont la recette se trouve page 377.

LA TARTE DES DEMOISELLES TATIN

Pour 4 à 6 personnes

Préparation : 1 h
Cuisson : 30 minutes

Ingrédients

8 pommes reinettes grises
15 morceaux de sucre
2 cuillères à soupe de beurre
1 pointe de cannelle en poudre
250 g de pâte sablée*
1 verre à liqueur de Calvados
100 g de crème fraîche
4 cuillères à soupe de sucre en poudre.

Préparez une pâte sablée*. Mettez le sucre dans le moule mouillé d'1/2 verre d'eau; laissez fondre. Posez le moule sur le feu très doux. Dès que le sucre brunit, cessez la cuisson. Inclinez le moule en tous sens pour revêtir le fond et les parois du caramel formé. Laissez refroidir.

Épluchez les pommes; divisez-les en 8 morceaux; ôtez le cœur et les pépins. Disposez les tranches de fruits dans le moule, saupoudrées de 2 cuillerées de sucre en poudre et de la pointe de cannelle.

Faites fondre le beurre dans une petite casserole et arrosez les pommes avant de les réchauffer à feu doux une dizaine de minutes.

Pendant ce temps, préparez une abaisse de pâte de 5 mm d'épaisseur dans laquelle vous découperez un cercle de 5 centimètres supérieur au diamètre du moule.

Otez le moule du feu; recouvrez-le avec la pâte, puis à l'aide d'un manche de cuillère, enfoncez, entre le moule et les pommes, la pâte qui déborde.

Mettez à four moyen 30 minutes. Battez dans une terrine la crème fraîche avec le sucre en poudre restant et le verre de Calvados.

La cuisson terminée, posez un plat sur le moule, et retournez vivement pour démouler la tarte. Servez la tarte Tatin chaude ou tiède, la crème fraîche à part, dans un bol.

* Dont la recette se trouve page 381.

CROUSTADE DE MOISSAC

Pour 6 à 8 personnes

Temps de réalisation : 24 h
Préparation : 1 h
Cuisson : 30 minutes

Ingrédients

500 g de pâte feuilletée*
4 pommes reinettes
2 cuillères à soupe de sucre en poudre
2 cuillères à soupe de rhum
2 cuillères à soupe de graisse d'oie
2 cuillères à soupe d'huile d'arachide.

La veille préparez la pâte feuilletée, puis étendez sur une table ou une grande planche un grand linge blanc bien tendu saupoudré de farine. Abaissez-y la pâte au rouleau le plus finement possible, 1 millimètre environ. Laissez-la ainsi étirée reposer jusqu'au lendemain.

Pelez et videz les pommes; coupez-les en tranches très fines que vous mettrez dans une terrine saupoudrées du sucre en poudre et parfumées au rhum. Laissez prendre goût le temps que la pâte sèche.

Le lendemain, mettez dans un bol la graisse d'oie, l'huile et la cuillerée de rhum qui reste. Battez au fouet au bain-marie, pour obtenir une émulsion homogène.

Avec cette préparation, graissez au pinceau le fond d'une tourtière. Étendez une couche de pâte, ou plutôt de brisure de pâte, car celle-ci est devenue très sèche et friable, graissez ensuite cette couche de pâte, remettez une 2e couche de pâte et graissez à nouveau.

Disposez les pommes, recouvrez-les d'une couche de pâte, graissez, remettez encore de la pâte. Continuez ainsi par couches successives, en badigeonnant à chaque fois de matière grasse.

Mettez la croustade à four chaud 30 minutes. Servez tiède. La pâte se redresse et se roule comme des pétales de fleur d'un effet très particulier.

* Dont la recette se trouve page 380. Recette de « Chez Bernadette », à Miramont, Tarn-et-Garonne.

FIGUES

SAUTÉ D'AGNEAU A L'IRANIENNE

Pour 4 personnes

Préparation : 30 minutes
Cuisson : 2 h

Ingrédients

1,5 kg de viande d'agneau coupée en morceaux
24 figues sèches
50 abricots secs
100 grammes d'amandes mondées
100 grammes de cerneaux de noix
2 citrons
1 gousse d'ail
sel
poivre.

Deux heures avant de préparer le plat, faites tremper les fruits séchés à l'eau tiède.

Quand ils auront gonflé, farcissez les figues d'un cerneau de noix et les abricots d'une amande mondée.

Faites chauffer l'huile dans une cocotte, mettez-y les morceaux d'agneau. Quand ils auront pris une belle couleur, ajoutez la gousse d'ail, le jus des citrons, les figues et les abricots fourrés. Salez et poivrez. Versez suffisamment d'eau pour couvrir la viande et les fruits. Fermez la cocotte et laissez mijoter à feu doux 2 heures environ.

Servez avec un accompagnement de riz blanc.

CANARD AUX FIGUES

Pour 4 personnes

Préparation : 10 minutes
Cuisson : 20 minutes

Ingrédients

1 canard sauvage de préférence
12 figues fraîches mais encore fermes
1 cuillère à soupe de beurre
3 échalotes grises
1 verre de vin blanc sec
1/2 citron
1/2 bâtonnet de cannelle
sel
poivre.

Piquez légèrement la peau du canard avec la pointe d'un couteau. Salez et poivrez. Mettez-le à four froid (thermostat 7) dans un plat sans matière grasse. Faites cuire 20 minutes, puis cessez la cuisson et laissez le canard au four 1 heure.

Hachez les échalotes, faites-les fondre avec le beurre dans une petite casserole couverte pendant 15 minutes environ.

Mettez de l'eau dans une casserole avec le jus du citron et la cannelle, portez à ébullition. Pendant ce temps, entaillez la base des figues en croix sur une profondeur de 1 centimètre. Pochez-les 8 minutes dans l'eau citronnée puis égouttez-les.

Réchauffez le canard 5 minutes au four. Sortez-le du plat et tenez-le au chaud. Déglacez le plat de cuisson avec le vin blanc, faites réduire de moitié sur feu vif, passez la sauce au chinois et versez-la sur les échalotes. Rectifiez l'assaisonnement.

Découpez le canard, dressez-le sur un plat chauffé, nappé de sa sauce et entouré des figues chaudes.

FIGUES AU SIROP

Pour 6 personnes

Préparation : 10 minutes
Cuisson : 1 h

Ingrédients

1,2 kg de figues fraîches
1 citron
4 cuillères à soupe de sucre en poudre.

Partagez les figues par le milieu. Posez ces demi-figues dans un grand poêlon en terre. Râpez le zeste du citron; saupoudrez les figues du sucre en poudre et du zeste.

Exprimez le jus du citron que vous verserez sur les figues. Couvrez le poêlon et cuisez 1 heure à feu très doux.

Laissez refroidir, puis mettez au réfrigérateur. Servez très frais.

FIGUES A LA CREME CHANTILLY
(Recette d'Escoffier)

Pour 6 personnes

Préparation : 5 minutes
Cuisson : 20 minutes

Ingrédients

24 figues
125 grammes de sucre en poudre
crème Chantilly.

Rangez les figues bien mûres dans un plat allant au four. Saupoudrez-les largement de sucre en poudre. Mettez à four chaud quelques minutes. Lorsque le sucre commence à se caraméliser sur les figues, sortez du four et laissez refroidir.

Recouvrez de crème Chantilly les figues et servez.

NOUGAT DU PAUVRE

Préparation : 3 minutes
Pas de cuisson

Ingrédients

figues
cerneaux de noix.

Prenez de belles figues sèches. Ouvrez-les en deux sans les séparer complètement.

Placez à l'intérieur un beau cerneau de noix. Refermez les figues; pressez bien.

Cette préparation fait partie des 13 desserts servis traditionnellement en Provence au dîner de Noël.

CONFITURE PHILOSOPHALE

Pour 1 personne

Préparation : 15 minutes
Pas de cuisson

Ingrédients

10 amandes douces
2 figues fraîches
2 cuillères à soupe de miel.

Pilez les amandes et les figues. Mélangez bien en incorporant le miel.

Cette préparation fort simple est d'un goût délicieux.

Étalée sur une tranche de pain de campagne ou de pain complet, c'est un goûter idéal pour les enfants ou les sportifs qui se dépensent beaucoup.

MELONS

MELON AU FROMAGE BLANC

Pour 4 personnes

Préparation : 35 minutes
Pas de cuisson

Ingrédients

1 gros melon
250 grammes de fromage blanc
2 poivrons verts
1 poivron rouge
150 grammes de crevettes
1 bouquet de ciboulette
1 bouquet de cerfeuil
1 concombre
sel
poivre.

Coupez le concombre en dés sans l'éplucher. Débarrassez-le de ses graines. Mettez-le dans une passoire avec une pincée de sel et laissez-le dégorger.

Pendant ce temps lavez et essuyez le poivron rouge et le poivron vert. Otez les queues et les graines, divisez-les en très fines lamelles. Décortiquez les crevettes cuites. Hachez la ciboulette et le cerfeuil.

Versez le fromage blanc dans une terrine; battez-le quelques instants au fouet. Ajoutez les herbes hachées, les poivrons, les crevettes et le concombre. Salez et poivrez.

Enlevez la calotte du melon un peu plus haut qu'à sa moitié. Otez les graines et les filaments. Videz-le de sa chair à l'aide d'un instrument utilisé pour tourner les pommes de terre en noisettes, de façon à obtenir de jolies billes de pulpe que vous ajouterez au fromage blanc.

Remplissez l'écorce du melon avec le contenu de la terrine. Mettez 1 heure au réfrigérateur avant de servir.

PASTÈQUES

PASTÈQUE AU VIN

Pour 6 personnes

Temps de réalisation : 1 h
Préparation : 25 minutes
Pas de cuisson

Ingrédients

1 pastèque
2 litres de vin de Tavel.

Prenez une belle pastèque bien mûre. A l'aide d'un couteau pointu tracez un cercle assez grand autour de la queue. Détachez ce cercle, conservez-le. Videz les graines du centre en secouant la pastèque, et en vous aidant au besoin d'une fourchette, mais ne creusez pas le fruit.

Versez doucement un bon vin de Tavel dans la pastèque, pour que le vin pénètre bien dans le fruit. Refermez la pastèque avec le cercle que vous avez détaché; scellez ce bouchon avec de la cire ou du papier adhésif. Mettez à rafraîchir une bonne heure au réfrigérateur. Au moment de servir, versez le vin imprégné du jus de la pastèque dans un grand récipient.

Otez l'écorce, coupez la pastèque d'abord en tranches, puis en gros dés que vous mettrez avec le vin, en ayant soin de bien enlever les nombreuses graines.

Chacun se servira du vin avec une grande cuillère.

FRUITS ROUGES,
BAIES ET RAISINS

*FRAISES – FRAMBOISES – GROSEILLES – CASSIS –
MYRTILLES – RAISINS*

Les fruits rouges regroupent les fraises, les framboises, les groseilles, les cassis, les myrtilles et les raisins que nous avons ajoutés par similitude.

LE FRAISIER (Fragoria)

Nos fraisiers actuels sont à la fois originaires d'Europe et d'Amérique du Sud. Les fraises des bois sont les seules variétés européennes.

Au XIVᵉ siècle on commença à les cultiver dans les jardins potagers. Les fraises des 4 saisons sont issues de ces variétés européennes.

En 1715 le navigateur Amédée François Frézier amena en France les fraises du Chili et de Californie.

Par hybridation avec les variétés sud-américaines et locales, les fraises à gros fruits que nous connaissons furent créées et cultivées par les horticulteurs en Europe dès le début du XIXᵉ siècle.

Les fraises ne sont utilisées en cuisine que comme fruits de dessert, ou en confiserie et pâtisserie.

On reconnaît aux fraises de nombreuses propriétés curatives.

Le naturaliste Linné vantait ces vertus car il leur attribuait sa guérison de la goutte.

Les fraises sont riches en vitamines B et C, et contiennent de nombreux minéraux, de l'iode et de l'acide salicylique.

L'iode est bénéfique pour la thyroïde, l'acide salicylique entre dans le traitement des rhumatismes articulaires, de la goutte et de la vésicule biliaire.

Tout est bénéfique dans le fraisier : une infusion de racines séchées de fraisier, à raison de 50 grammes par litre d'eau, soulage dans les cas d'affection des voies urinaires. Les fleurs séchées en infusion dans les mêmes proportions font un excellent gargarisme.

Les fraises écrasées constituent un excellent masque de beauté pour détendre les traits fatigués et éclaircir le teint.

Pressez 5 grosses fraises dans une étamine pour en recueillir le jus; incorporez ce dernier à un blanc d'œuf battu en neige. Ajoutez 10 gouttes de teinture de benjoin et 20 gouttes d'eau de rose. Appliquez ce masque sur le visage et le cou avec un coton. Conservez-le 1 heure. Otez le masque avec un coton trempé dans de l'eau additionnée de bicarbonate de soude (15 grammes par litre).

LE FRAMBOISIER (Rubus)

Le framboisier est une ronce indigène, répandue dans presque toute l'Europe. Le parfum délicat de ses fruits a fait les délices des gourmets depuis l'Antiquité. Elle abonde surtout dans le nord de notre continent.

La culture du framboisier remonte au Moyen-Age; elle s'est beaucoup améliorée depuis le XVIIIe siècle et a pris un nouvel essor avec le développement de l'industrie des confitures et des produits surgelés.

On utilise la framboise en confiserie, en pâtisserie, et, distillée, elle produit un excellent alcool blanc.

La framboise est particulièrement riche en vitamine C; presque autant que les agrumes. A ce titre elle fait partie du régime des astronautes et cosmonautes.

Comme la fraise elle contient de l'acide salicylique, excellent pour soulager les douleurs articulaires, et son sucre, la lévulose, est bien toléré par les diabétiques.

LE GROSEILLIER (Ribes)

Le groseillier croît naturellement en Europe du Nord, en Sibérie et jusqu'en Chine.

Il en existe 3 variétés : *Ribes vulgare, Rubes rubrum* et *Ribes petroeum* dont l'hybridation a produit les groseilliers à grappes rouges ou blanches que nous connaissons. Sa culture est très ancienne.

La pectine abondante dans la groseille en fait un fruit idéal pour les gelées. On en fait aussi du sirop et un excellent vin dans les pays où la vigne est rare.

La groseille est un fruit riche en vitamines A, B, et C. Elle contient également de nombreux minéraux et de l'acide citrique à qui elle doit sa saveur aigrelette.

La groseille est un excellent apéritif car elle excite la salivation et la sécrétion des sucs gastriques. C'est également un diurétique efficace.

Les groseilles à maquereau sont originaires des contrées montagneuses d'Europe, d'Afrique du Nord et d'Asie, leur culture est pratiquée en Grande-Bretagne depuis le XIXe siècle.

Peu utilisées en France les groseilles à maquereau entrent dans de nombreuses recettes traditionnelles anglaises.

C'est parce qu'elle est souvent servie avec ces poissons qu'elle a été baptisée « groseille à maquereau ».

Les personnes souffrant de paresse intestinale ont avantage à consommer des groseilles à maquereau, car leurs graines mucilagineuses ont un effet adoucissant et laxatif.

LE CASSISSIER (Ribes nigrum)

Le cassissier est le cousin très proche du groseillier rouge. Européen comme lui, sa culture est relativement récente. Sa culture est traditionnelle en Bourgogne, célèbre pour son cassis de Dijon. Elle est aussi largement pratiquée dans les régions nord et est de la France, en Allemagne, en Belgique et en Hollande.

On utilise le cassis pour la fabrication des confitures et des gelées, ainsi que pour la préparation des jus de fruits.

Les cassis séchés peuvent remplacer les raisins de Corinthe dans les gâteaux.

Comme la groseille, le cassis est riche en vitamine C.

Une poignée de feuilles séchées de cassissier en infusion dans 1 litre d'eau aide à lutter contre l'excès d'acide urique et des affections hépatiques bénignes.

LE MYRTILLER (Vaccinum myrtillum)

Les baies du myrtiller sont probablement parmi les premières à avoir été cueillies par l'homme dans le nord de l'Europe et le nord du continent américain.

La cueillette des myrtilles sauvages (ou des airelles) est encore largement pratiquée bien que ces arbustes soient cultivés.

Les myrtilles sont utilisées en pâtisserie et sont également délicieuses consommées fraîches.

La gelée d'airelles est un accompagnement traditionnel de la dinde aux États-Unis. En Europe elle est surtout servie avec les gibiers.

La principale vertu de la myrtille a été découverte au cours de la Seconde Guerre mondiale; en effet elle améliore la vision nocturne grâce à une substance qui lui donne sa coloration rouge très foncée.

Depuis, les myrtilles font partie du régime des astronautes et cosmonautes et des pilotes d'aviation de guerre.

Il existe des extraits de myrtilles en tablettes, vendus en pharmacie, qu'il est bon de croquer avant de prendre la route la nuit.

La myrtille contient un acide quininique naturel qui aide à diminuer sans danger le taux d'urée dans le sang. C'est un fruit à recommander aux cardiaques.

LA VIGNE (Vitis vinifera)

La culture de la vigne se confond avec l'histoire des hommes. Elle a été représentée par nos ancêtres dès l'âge de la pierre sur les parois des cavernes.

Dans la mythologie elle occupe une grande place; Bacchus était le dieu du vin, et Pindare nommait le vin « le lait de Vénus ».

La Bible nous conte que c'est Noé qui apprit aux hommes la culture de la vigne et l'art de faire le vin. Jésus réalisa le miracle du vin aux Noces de Cana, et enfin le vin est l'un des deux symboles de l'Eucharistie.

La vigne doit avoir des origines caucasiennes (ce que confirmerait la légende de Noé). Elle pousse à l'état sauvage en Asie et en Afrique du Nord, ainsi que sur les côtes européennes de la Méditerranée.

Les Egyptiens la cultivaient il y a déjà 6 000 ans et ont vraisemblablement appris la vinification aux Grecs.

Les Romains faisaient aussi du vin qu'ils utilisaient largement dans leur cuisine aussi bien qu'en boisson. Ils conservaient les raisins séchés dans la cendre de bois, ou frais, enfermés dans des vases de terre enduits de poix.

En cuisine le raisin est utilisé sous toutes ses formes (frais, sec, et sous sa forme de vin). Le verjus qui est du jus de raisin encore vert était très utilisé autrefois en cuisine. Pris en gargarisme, il était paraît-il souverain contre les maux de gorge.

Le raisin contient des vitamines A, B et C plus que tout autre fruit. Sa forte teneur en fer le fait recommander aux femmes qui attendent un enfant.

Dans de nombreuses villes des régions viticoles, il existe des stations uvales ou l'on peut faire des cures de jus de raisin.

POMMADE POUR LES ENGELURES :

Mettre dans un petit poêlon de terre vernissée 30 grammes de jus de raisin, 25 grammes de beurre ou d'huile d'amande douce, 12 grammes de cire d'abeille vierge. Portez à feu doux en remuant. Laissez réduire jusqu'à consistance de pommade.

PLEURS DE VIGNE

Les vignerons recueillaient le « pleur de vigne », sève qui s'écoulait des sarments après la taille. Ce liquide était dit souverain contre l'ophtalmie et sous forme de compresses pour cicatriser les blessures. Un verre à liqueur de « pleur de vigne » était supposé dissiper l'ivresse.

CASSIS

CANARD AUX CASSIS

Pour 6 personnes   Préparation : 1 h
                                    Cuisson : 40 minutes

Ingrédients

1 canard de 2,5 kg environ
300 g de cassis
2 cuillères à soupe de crème de cassis
1 cuillère à soupe de gelée de groseilles
1 cuillère à soupe de sucre en poudre
1/2 verre de vinaigre
3 cuillères à soupe de beurre
1 tasse de demi-glace de veau (peut être remplacé
par un cube de consommé de volaille dissous dans
une petite quantité d'eau)
2 cuillères à soupe d'huile d'arachide
sel
poivre.

Posez le canard préparé pour la cuisson dans une cocotte. Faites-le dorer 20 minutes à l'huile d'arachide et laissez-le refroidir.

Jetez les cassis dans une casserole avec 2 cuillerées à soupe d'eau et le sucre en poudre. Couvrez et faites éclater les fruits durant 5 minutes à feu doux afin qu'ils rendent leur jus.

Découpez le canard refroidi, réservez les membres et les filets. Otez le croupion de la carcasse; écrasez-la à l'aide d'un pilon ou d'un marteau.

Versez le vinaigre et la gelée de groseilles dans une casserole. Faites chauffer à feu doux jusqu'à ce que le mélange commence à se caraméliser. Hors du feu, ajoutez la crème de cassis, la demi-glace de veau, la carcasse écrasée et le jus des cassis. Remettez au feu; portez à ébullition, puis laissez mijoter à feu doux 20 minutes en écumant si nécessaire.

Passez la sauce au chinois dans une petite casserole. Pressez bien la carcasse pour en exprimer tout le jus, et ajoutez un peu de beurre.

Faites réchauffer les membres du canard à four doux 5 à 10 minutes. Dressez-le sur le plat de service, nappé de la sauce très chaude.

FRAISES

SOUPE AUX FRAISES

Pour 4 personnes   Préparation : 25 minutes
                                      Pas de cuisson

Ingrédients

100 g de fraises
50 g d'amandes mondées
1 litre de petit lait (ou babeurre)
2 œufs
1 citron
125 g de crème fraîche
4 cuillères à soupe de sucre en poudre

Mettez au réfrigérateur le petit lait.

Séparez les jaunes des blancs des œufs.

Versez les jaunes et le sucre dans une terrine en travaillant énergiquement le mélange au fouet, jusqu'à consistance d'une crème épaisse.

Incorporez ensuite le jus du citron, le petit lait bien glacé et les amandes.

Equeutez et lavez les fraises. Coupez-les en quatre. Ajoutez-les à la soupe et servez celle-ci glacée.

COUPES DE FRAISES POCHÉES AU SIROP

Pour 4 personnes

Préparation : 15 minutes
Pas de cuisson

Ingrédients

600 g de fraises
1 cuillère à soupe de sucre glace
2 verres 1/2 d'eau
1/2 citron
le zeste d'un petit citron vert.

Versez 2 verres 1/2 d'eau dans une casserole et le jus du demi-citron ; ajoutez le sucre glace et laissez fondre.

Lavez et équeutez les fraises que vous verserez dans la casserole ; portez à ébullition. Dès que celle-ci se produit, réduisez le feu pour que le liquide frémisse seulement. Laissez 4 minutes les fraises se pocher avant de les retirer avec précaution à l'aide d'une écumoire et de les disposer dans des coupes.

Remettez la casserole sur le feu ; laissez le sirop réduire de moitié avant de le verser sur les fraises. Laissez refroidir.

Râpez le zeste du citron vert que vous saupoudrerez sur les fraises avant de servir.

CHARLOTTE AUX FRAISES

Pour 4 personnes

Temps de réalisation : 12 h
Préparation : 50 minutes
Pas de cuisson

Ingrédients

500 g de fraises
125 g de sucre
150 g de crème fraîche
250 g de biscuits « boudoirs »
1 citron
1 verre à liqueur de kirsch.

Lavez et équeutez les fraises. Mettez-les dans une terrine avec le jus d'un demi-citron et 3 cuillerées à soupe de sucre. Couvrez et laissez macérer 30 minutes.

Fouettez la crème fraîche en incorporant peu à peu le sucre restant.

Ajoutez cette préparation aux fraises après le temps de macération.

Dans une assiette creuse, versez le kirsch et 1 verre d'eau. Trempez les biscuits dans cette eau aromatisée pour les ramollir.

Tapissez d'abord le fond puis les parois du moule. Garnissez ensuite avec les fraises mélangées à la crème fouettée. Terminez par une couche de biscuits bien humectés.

Mettez la charlotte au réfrigérateur 12 heures.

TARTE AUX FRAISES AU JUS D'ORANGE

Pour 6 personnes

Préparation : 30 minutes
Cuisson : 30 minutes

Ingrédients

750 g de fraises
1/2 orange
125 g de beurre
300 g de farine
2 cuillères à soupe de sucre en poudre
1 œuf
1 cuillère à café de sucre glace
2 cuillères à soupe de gelée de pommes ou de coings.

Dans une petite casserole, faites ramollir à feu très doux le beurre auquel vous incorporerez le sucre en poudre.

Dans la farine creusée en puits, versez le beurre ramolli, l'œuf entier et une pincée de sel. Mélangez tous ces ingrédients du bout des doigts ; ne travaillez pas trop la pâte. Abaissez-la au rouleau jusqu'à une épaisseur d'1/2 centimètre.

Beurrez un moule à tarte, placez la pâte sur laquelle vous mettrez une poignée de pois chiches ou de haricots, pour l'empêcher de se déformer à la cuisson. Faites-la cuire à four chaud 20 minutes.

Épluchez les fraises. Lorsque la pâte à tarte est cuite retirez les pois chiches, étalez sur le fond la gelée de pommes ou de coings, et garnissez la tarte des fraises arrosées de l'orange pressée. Remettez au four 10 minutes.

Servez la tarte saupoudrée de sucre glace.

CREME AUX FRAISES DES BOIS

Pour 6 personnes

Préparation : 30 minutes
Cuisson : 30 minutes

Ingrédients

750 g de fraises des bois
240 g de grosses fraises
1 l de lait
8 œufs
250 g de sucre en poudre
1 gousse de vanille.

Lavez et équeutez les fraises des bois. Faites bouillir le lait avec le sucre et la vanille.

Séparez les jaunes des blancs des œufs. Mettez les jaunes dans une terrine, et versez doucement le lait chaud en travaillant au fouet. Remettez dans la casserole sur feu très doux, et faites épaissir en tournant constamment à la cuillère de bois en évitant l'ébullition qui coagulerait les œufs. Laissez la crème refroidir dans une terrine.

Prenez les fraises des bois, réduisez-les en purée au mixer, ajoutez-les à la crème et mettez au réfrigérateur.

Équeutez et lavez de grosses fraises que vous conserverez entières, et qui vous serviront à décorer la crème au moment de servir.

GELÉE DE FRAISES AU VIN D'ALSACE

Pour 4 personnes

Préparation : 30 minutes
+ 3 h au réfrigérateur
Pas de cuisson

130

Ingrédients

200 g de fraises
4 grosses pêches blanches et mûres
8 abricots bien mûrs
2 poires
100 g de cerises dénoyautées
1 citron
1 bouteille de Riesling
4 cuillères à soupe de sucre en poudre
8 feuilles de gélatine
1 moule à charlotte.

Commencez par mettre un moule à charlotte dans votre réfrigérateur afin qu'il se refroidisse.

Brisez les feuilles de gélatine dans une terrine où vous aurez versé un verre d'eau tiède. Laissez-la fondre en remuant de temps en temps.

Versez dans un saladier le sucre, une cuillerée à soupe d'eau, le jus du citron. Lorsque le sucre sera fondu, ajoutez la bouteille de Riesling; mélangez bien, puis incorporez la gélatine fondue. Versez la valeur d'1/2 verre de ce liquide dans le moule que vous remettrez au réfrigérateur afin que la gelée prenne.

Lavez et équeutez les fraises. Divisez les plus grosses en deux. Triez et dénoyautez les cerises. Pelez et dénoyautez les autres fruits que vous diviserez en petits dés d'environ un centimètre de côté.

Sortez le moule du réfrigérateur. Tapissez le fond avec les fruits en alternant les couleurs. Versez assez de gelée pour que le liquide les recouvre. Procédez ainsi par couches successives, en terminant par une couche de gelée. S'il arrivait que la gelée prenne trop vite en cours d'opération, liquifiez-la en la tenant au bain-marie.

Remettez le moule au réfrigérateur 3 heures.

Pour servir, plongez la base du moule dans de l'eau chaude et démoulez sur le plat de service.

COCKTAIL DE FRAISES

Pour 4 personnes

Préparation : 25 minutes
Pas de cuisson

Ingrédients

400 g de grosses fraises
1 orange de table
1 orange à jus
1 citron
1 verre à liqueur de Grand Marnier.

Pelez l'orange. Séparez les tranches que vous pèlerez à vif. Lavez et équeutez les fraises. Mettez-les avec l'orange pelée dans une grande coupe de cristal ou dans des coupes individuelles saupoudrées de sucre en poudre. Placez au réfrigérateur.

Dans un shaker, versez le jus de l'orange, le jus du citron, le verre à liqueur de Grand Marnier ainsi qu'un peu de glace pilée. Secouez énergiquement puis versez ce cocktail sur les fraises avant de servir très frais.

image p 97

FRAMBOISES

LANGOUSTINES AU BEURRE DE FRAMBOISE

Pour 2 personnes

Préparation : 10 minutes
Cuisson : 6 minutes

Ingrédients

8 langoustines cuites
100 g de framboises
100 g de mûres
4 cuillerées de gelée de framboises
100 g de beurre
6 champignons de Paris
sel
poivre.

Faites fondre le beurre dans une casserole. Avant qu'il ne brunisse, incorporez rapidement la gelée de framboises à l'aide d'un fouet. Prenez garde à ce que le mélange ne caramélise pas. Réservez au chaud.

Disposez les langoustines sur des assiettes individuelles. Emincez les champignons de Paris. Disposez-les à côté des langoustines. Nappez les champignons du beurre de framboise.

Décorez les assiettes avec les framboises et les mûres fraîches.

MOUSSE DE FRAMBOISES

Pour 4 personnes

Temps de réalisation : 3 h
Préparation : 10 minutes
Pas de cuisson

Ingrédients

300 g de framboises
100 g de sucre glace
150 g de crème fouettée
1 quartier de citron
3 feuilles de gélatine.

Écrasez les framboises après en avoir prélevé une douzaine que vous réserverez.

Passez la purée obtenue au travers d'un tamis d'étamine pour éliminer les graines.

Incorporez le sucre glace aux framboises et aromatisez avec le jus du quartier de citron.

Faites ramollir la gélatine à l'eau froide, puis faites-la fondre à feu très doux dans une petite casserole. Incorporez la gélatine fondue à la purée de framboises, puis la crème fouettée.

Versez cette mousse liquide dans des coupes individuelles. Mettez au réfrigérateur 3 heures.

Au moment de servir, décorez chaque coupe avec les framboises que vous avez réservées.

GROSEILLES A MAQUEREAU

MAQUEREAUX A LA FLAMANDE

Pour 4 personnes   Préparation : 35 minutes
                                    Cuisson : 20 minutes

Ingrédients

4 maquereaux
250 g de groseilles à maquereau, vertes
1 branche de fenouil
1 cuillère à soupe de farine
75 g de beurre
sel
poivre.

Remplissez d'eau une poissonnière et une casserole. Salez l'eau de la poissonnière et aromatisez avec la branche de fenouil. Laissez l'eau de la casserole telle quelle.

Mettez les récipients au feu et portez-les à ébullition.

Videz et lavez les maquereaux. Otez la queue et la pointe des groseilles à maquereau vertes (c'est-à-dire n'ayant pas atteint leur pleine maturité). Lorsque la casserole d'eau est bouillante, réduisez la chaleur pour que l'eau frémisse seulement. Jetez les groseilles à maquereau. Lorsqu'elles remontent à la surface, sortez-les à l'aide d'une écumoire, égouttez-les sur un torchon ou du papier absorbant ; passez-les à la moulinette pour les réduire en purée.

Dans une petite casserole, faites fondre 1 cuillerée de beurre, ajoutez la farine, tournez constamment. Quand la farine commence à blondir, délayez-la petit à petit avec deux verres d'eau.

Réduisez à frémissement l'eau de la poissonnière. Mettez les maquereaux à pocher 10 minutes sans bouillir.

Hors du feu, incorporez la purée de groseilles à la sauce blanche. Salez et poivrez, ajoutez deux cuillerées de beurre, mélangez bien.

Quand les maquereaux sont cuits, épongez-les, posez-les sur le plat de service, nappés de quelques cuillerées de purée de groseilles.

Servez le reste de la sauce en saucière.

GOOSEBERRIES PIE (Groseilles à maquereau à l'anglaise)

Pour 6 personnes

Préparation : 20 minutes
Cuisson : 40 minutes

Ingrédients

400 g de groseilles à maquereau
250 g de pâte feuilletée
1 jaune d'œuf
4 cuillères à soupe de sucre en poudre
250 g de crème fraîche.

Équeutez et lavez les groseilles à maquereau. Essuyez-les bien. Emplissez un plat rond en terre ou en porcelaine, possédant des bords assez hauts et pouvant aller au four avec les fruits. Saupoudrez de sucre en poudre.

Abaissez au rouleau la pâte feuilletée jusqu'à une épaisseur de 1 centimère au plus. Humectez d'eau les bords du plat. Posez la pâte sur les fruits, soudez bien. Découpez au couteau la pâte superflue. Dorez au pinceau avec le jaune d'œuf.

Mettez à four doux 40 minutes. Servez chaud avec la crème fraîche présentée à part.

MYRTILLES

PERDREAUX AUX MYRTILLES

Pour 4 personnes   Préparation : 25 minutes
                                          Cuisson : 45 minutes

Ingrédients

2 perdreaux
100 g de beurre
300 g de myrtilles
100 g de sucre en poudre
3 grosses pommes
1 citron
1 pointe de cannelle
sel
poivre.

Enduisez les perdreaux de beurre. Salez et poivrez. Faites-les rôtir à four chaud 30 minutes.

Équeutez et ébouillantez les myrtilles. Mettez-les dans une casserole avec les pommes épluchées et coupées en quartiers, le zeste râpé du citron, la cannelle et le sucre.

Faites cuire à feu doux 15 minutes.

Les perdreaux cuits, dressez-les sur le plat de service entourés de la compote de myrtilles et de pommes.

Servez le jus de cuisson des perdreaux en saucière.

MOUSSE DE CITRON AUX MYRTILLES

Pour 4 personnes

Préparation : 30 minutes
Cuisson : 8 minutes

Ingrédients

300 g de myrtilles
200 g de sucre en poudre
6 œufs
2 cuillères à soupe de maïzena
1 cuillère à soupe de crème fraîche
3 citrons.

Exprimez le jus des citrons et passez-le au travers d'un filtre pour ôter les débris de pulpe.

Faites bouillir 1/4 de litre d'eau. Mettez 5 œufs entiers dans une terrine ; fouettez-les en versant peu à peu le sucre, la maïzena (délayée au préalable dans un peu d'eau), et le jus des citrons. Pour finir versez l'eau très chaude mais non bouillante sans jamais cesser de battre.

Versez dans une casserole, et faites épaissir 8 minutes à feu doux en remuant sans cesse à la cuillère de bois. Laissez refroidir en battant de temps à autre.

Séparez le jaune du blanc de l'œuf qui reste. Battez-le en neige ferme. Quand la crème est froide, incorporez-lui la crème fraîche, le blanc d'œuf et les myrtilles.

Versez la mousse dans une coupe et mettez au réfrigérateur 1 heure ou 2.

RAISINS

LOCHES AUX RAISINS

Pour 4 personnes

Préparation : 30 minutes
Cuisson : 45 minutes

Ingrédients

1,2 kg de loches franches*
1 cuillère à soupe de farine
1 cuillère à soupe de beurre
6 filets d'anchois au sel
2 verres de bouillon de pot-au-feu
1 cuillère à soupe de câpres
1 orange
1 grappe de raisin, pas encore mûr (blanc ou noir)
1 bouquet de persil
1 litre d'huile d'arachide
sel
poivre.

Trempez les loches dans l'eau chaude ; grattez-les pour enlever les écailles. Videz-les en conservant les foies.

Lavez et ôtez l'arête des anchois. Hachez le persil.

Dans une casserole, faites fondre le beurre, saupoudrez la farine, tournez jusqu'à ce qu'elle prenne couleur, puis délayez avec le bouillon de pot-au-feu. Ajoutez les filets d'anchois, le jus de l'orange, les câpres et les grains de raisin vert. Salez et poivrez, ajoutez les foies des loches. Couvrez la casserole et laissez mijoter doucement 15 à 20 minutes.

Roulez les loches dans la farine avant de les plonger dans une bassine de friture bouillante. Dès qu'elles sont cuites, faites-les égoutter sur du papier absorbant, puis disposez-les dans un plat creux, nappées de la sauce, saupoudrées d'une cuillerée de persil haché.

---

* Petits poissons de rivière d'une dizaine de centimètres de long dont la chair est très délicate. Il existe deux autres sortes de loches dans nos rivières dont la chair est moins estimée.

FOIE DE VEAU AUX RAISINS

Pour 4 personnes

Préparation : 10 minutes
Cuisson : 20 minutes

Ingrédients

4 tranches de foie de veau
4 tranches de lard fumé
300 g de raisins blancs (Chasselas
de Moissac de préférence)
2 cuillères à soupe de beurre
2 cuillères à soupe de crème fraîche
sel
poivre.

Égrenez et lavez le chasselas. Dans une poêle épaisse faites chauffer le beurre et bien dorer le lard fumé que vous réservez sur le plat de service chaud.

Faites ensuite revenir les tranches de foie de veau, 5 minutes sur chaque face ; salez et poivrez. Posez-les chacune sur une tranche de lard.

Versez la crème fraîche dans le jus de cuisson, ajoutez les raisins laissez-les réchauffer en remuant à la cuillère de bois pour bien déglacer la poêle. Versez la sauce sur les tranches de foie, et servez très chaud.

NOIX DE VEAU AUX RAISINS

Pour 6 personnes

Préparation : 20 minutes
Cuisson : 1 h 30

Ingrédients

1,5 kg de noix de veau
500 g de chasselas de Moissac
2 oignons
1 feuille de laurier
1 bouquet de thym
1 petit bouquet de persil
100 g de lard
2 cuillères à soupe de beurre
1 petit verre de Porto
1 cuillère à café de fécule
sel
poivre.

Coupez le lard en dés. Épluchez et émincez les oignons en tranches fines. Mettez le beurre dans une cocotte et faites dorer la noix de veau, puis ajoutez le lard, les oignons émincés, la feuille de laurier, le thym et le persil; salez et poivrez.

Mouillez d'un verre de Porto et d'un verre de bouillon de pot-au-feu. Couvrez la cocotte, laissez cuire à feu doux 1 h 15 environ.

Égrenez le chasselas de Moissac à peau fine, lavez et épongez les grains de raisins sans les écraser. Après 1 heure de cuisson, ajoutez les raisins dans la cocotte. Laissez-les réchauffer 5 minutes.

Délayez la fécule dans une tasse avec 2 cuillerées à soupe d'eau froide que vous ajouterez à la sauce au dernier moment pour la lier.

TRIPES A LA VIGNERONNE

Pour 6 personnes

Temps de réalisation : 48 h
Préparation : 30 minutes
Cuisson : 2 h

Ingrédients

1,5 kg de gros raisins blancs
1 kg de tripes cuites
3 verres à liqueur d'eau-de-vie de marc
1/2 cuillère à café de girofle en poudre
1 cuillère à café de baies de genièvre
sel
poivre.

Lavez les raisins. Égrenez-les dans une marmite en terre ou un grand faitout émaillé, puis à l'aide d'un pilon de bois écrasez-les vigoureusement. Couvrez le récipient et laissez macérer au frais 48 heures.

Versez 2 verres d'eau dans une grande casserole. Ajoutez les tripes cuites, faites-les fondre, puis égouttez-les en conservant le jus.

Débarrassez les tripes des carottes et autres garnitures qui s'y trouvent.

Dans le faitout, versez les tripes avec leur jus sur les raisins écrasés. Ajoutez l'eau-de-vie, la demi-cuillerée à café de girofle en poudre et les baies de genièvre. Salez et surtout poivrez généreusement. Laissez cuire à petit feu, à découvert, jusqu'à ce que la sauce soit réduite des 3/4.

Passez les tripes. Séparez dans la passoire les tripes des restes de raisins. Remettez-les dans la sauce. Servez bien chaud avec des pommes de terre cuites à l'anglaise.

JAMBON CUIT AUX RAISINS SECS

Pour 6 personnes

Préparation : 30 minutes
Cuisson : 40 minutes

Ingrédients

1 kg de jambon de Paris
200 g de raisins de Malaga
2 cuillères à soupe de miel liquide
1 verre de marmelade d'orange
1/2 verre de bouillon de pot-au-feu
1 tranche de potiron de 500 g
1 cuillère à soupe de beurre
sel
poivre.

Faites tremper dans un récipient d'eau tiède les raisins de Malaga. Versez le miel liquide dans une petite terrine ; incorporez en tournant à la fourchette, la marmelade d'orange ; battez énergiquement pour obtenir un mélange homogène et assez liquide.

Mettez le jambon salé et poivré dans le four chaud. Arrosez-le fréquemment avec le mélange de miel et de marmelade. Laissez cuire 40 minutes.

Sortez le jambon, bien caramélisé, du four. Posez-le sur le plat de service, tenez-le au chaud.

Versez le bouillon de pot-au-feu dans le plat de cuisson, déglacez la sauce à feu vif. Égouttez les raisins, ajoutez-les à la sauce ; réchauffez-les quelques instants.

Coupez la tranche de potiron en dés, et faites-la frire dans une poêle avec du beurre.

Découpez le jambon en tranches assez épaisses, nappé de la sauce aux raisins, entouré des dés de potiron frits.

FOIES GRAS DE CANARDS AUX RAISINS

Pour 4 personnes

Préparation : 25 minutes
Cuisson : 40 minutes

Ingrédients

4 gros foies gras de canard
1 grosse grappe de raisin noir
1 verre de vin blanc sec
1 cuillère à soupe de coulis de tomates
1/2 verre de bouillon de pot-au-feu dégraissé
sel
poivre.

Mettez les foies de canard dans une terrine allant au four, salés et poivrés. Faites-les raidir vingt minutes à four très doux.

Plongez la grappe de raisin noir dans une casserole d'eau bouillante quelques instants ; épluchez les grains et ôtez les pépins si vous le pouvez.

Les 20 minutes écoulées versez le verre de vin blanc sur les foies de canards. Délayez le coulis de tomates dans le demi-verre de bouillon de pot-au-feu dégraissé. Versez le tout dans la terrine. Laissez mijoter une dizaine de minutes puis ajoutez les raisins. Laissez encore mijoter 10 minutes à feu doux.

Faites chauffer le plat de service. Placez les foies au milieu entourés des raisins et nappés de la sauce.

CAILLES AUX RAISINS

Pour 4 personnes

Préparation : 30 minutes
Cuisson : 40 minutes

Ingrédients

8 cailles
4 bardes de lard
1 cuillère à soupe de beurre
1 cuillère à soupe d'huile
2 verres de vin blanc sec
1 petit verre de Cognac
3 grappes de raisin blanc
500 g de pommes de terre
3 cuillères à soupe de farine
3 œufs
sel
poivre.

Salez et poivrez les cailles, bardez-les et ficelez-les avant de les jeter dans une cocotte où vous aurez fait chauffer le beurre et l'huile. Faites ensuite cuire les oiseaux à feu doux pendant 15 minutes. Mouillez la sauce du verre de blanc sec et du verre de Cognac. Ajoutez les grains de raisin blanc, vérifiez l'assaisonnement et laissez mijoter quelques minutes.

Préparez une purée de pommes de terre dans laquelle vous incorporerez les jaunes des 3 œufs, la farine et les blancs des œufs battus en neige. Faites des nids de cette purée, passez-les à four chaud 15 minutes environ sur une plaque beurrée.

Placez ces nids sur le plat de service et garnissez-les d'une caille entourée des grains de raisin.

GRIVES AUX RAISINS

Pour 4 personnes

Préparation : 10 minutes
Cuisson : 20 minutes

Ingrédients

4 grives
4 grosses grappes de raisin blanc
2 verres à liqueur de Cognac
1 verre de fumet de gibier
ou de bouillon de viande
6 cuillères à soupe d'huile
sel
poivre.

Cuisez les oiseaux 6 minutes à l'huile dans une cocotte en fonte.

Dressez les grives dans un plat creux allant au four avec une dizaine de grains de raisin par oiseau. Exprimez le jus des grappes restantes, et versez-le sur les grives avec le Cognac et le fumet de gibier (à défaut du bouillon de viande).

Salez, poivrez, et mettez au four pendant 15 minutes.

ORTOLANS AUX RAISINS MUSCAT BLANC

Pour 4 personnes

Préparation : 15 minutes
Cuisson : 15 minutes

Ingrédients

12 ortolans
1 belle grappe de raisin muscat blanc
2 tranches de foie gras
12 tranches de pain de mie
100 g de beurre
sel
poivre.

Faites bouillir une casserole d'eau; trempez la grappe de raisin muscat blanc quelques instants dans l'eau chaude afin de pouvoir peler facilement les grains. Réservez-les.

Farcissez chaque ortolan d'un morceau de foie gras. Beurrez légèrement les tranches de pain de mie, ainsi qu'un plat allant au four, dans lequel vous disposerez les tranches de pain de mie, un ortolan placé sur chaque tranche. Faites fondre le reste du beurre, arrosez chaque oiseau de ce beurre fondu, entouré de quelques grains de raisin, salez et poivrez. Mettez à four moyen une dizaine de minutes.

Posez les canapés et les oiseaux sur le plat décoré de feuilles de vigne.

PERDREAUX AUX RAISINS VERTS

Pour 4 personnes   Préparation : 10 minutes
                                    Cuisson : 30 minutes

Ingrédients

4 perdreaux
4 tranches de lard gras
4 tranches de petit salé
500 g de raisin blanc encore vert
4 tranches de pain de mie détaillées en croûtons
sel
poivre.

Garnissez l'intérieur d'une cocotte avec le lard gras et le petit salé, coupés en fines tranches. Posez les perdreaux dessus; garnissez tous les vides avec des grains de raisins encore verts. Salez, poivrez.

Couvrez la cocotte et cuisez à feu doux 30 minutes environ.

Préparez des croûtons de pain frits. Servez les perdreaux entourés du lard et des raisins. Décorez le plat avec les croûtons.

FAISAN AUX RAISINS MUSCAT

Pour 4 personnes

Préparation : 30 minutes
Cuisson : 55 minutes

Ingrédients

1 faisan
1 barde de lard
50 g de mie de pain
1/2 tasse de lait
1 kg de raisin muscat blanc
2 verres à liqueur de Cognac
250 g de noix
50 g de beurre
1 oignon
1 bouquet garni
4 tranches de pain de mie
sel, poivre.

Trempez la mie de pain dans le lait. Égrenez 250 g de raisin muscat blanc et laissez macérer dans un grand bol avec le Cognac.

Écrasez le raisin restant et décortiquez les noix. Réservez une dizaine de cerneaux pour la décoration du plat, et hachez le reste avec le foie et le cœur du faisan légèrement cuits.

Essorez la mie de pain et ajoutez-la au hachis. Salez et poivrez, mélangez bien à la cuillère de bois pour obtenir une pâte lisse.

Introduisez cette farce dans le faisan et recousez-le. Salez, poivrez et bardez la bête.

Faites-la dorer au beurre dans une cocotte. Quand le faisan aura une belle couleur, mouillez-le avec le jus des raisins. Ajoutez l'oignon, et le bouquet garni. Laissez mijoter 45 minutes. Retirez ensuite le faisan, enlevez la barde et faites colorer au four 10 minutes.

Faites dorer au beurre dans une poêle les tranches de pain de mie coupées en triangles. D'autre part mettez dans la cocotte les raisins macérés et le Cognac, portez à ébullition et flambez.

Dressez le faisan sur le plat de service entouré des tranches de pain de mie dorées et des cerneaux de noix.

Nappez le faisan avec la sauce passée au tamis, et décorez avec les raisins.

148

PERDREAUX AUX RAISINS NOIRS

Pour 4 personnes   Préparation : 15 minutes
                                Cuisson : 50 minutes

Ingrédients

4 perdreaux
4 grappes de raisin noir
4 bardes de lard
4 cuillères à soupe d'huile d'arachide
4 cuillères à soupe de beurre
4 canapés de pain de mie
2 verres de vin de Xérès ou de Porto
sel
poivre
fumet de perdreau (à défaut, du bouillon de viande).

Égrenez du raisin noir à gros grain. Pelez-les et réservez-les dans un bol. Bardez vos perdreaux en laissant les foies à l'intérieur.

Dans une sauteuse faites chauffer 2 cuillerées à soupe d'huile et 2 cuillerées à soupe de beurre ; faites dorer vos perdreaux salés et poivrés. Couvrez la cocotte et laissez mijoter 45 minutes après avoir réduit le feu.

Faites dorer dans le restant du beurre des canapés de pain de mie (1 par personne). Quand les perdreaux sont cuits, ôtez les bardes, videz-les de leurs foies que vous écraserez à la fourchette, et dont vous tartinerez les canapés.

Fendez chaque perdreau dans le sens de la longueur, et déposez chaque moitié sur un canapé. Tenez-les au chaud. Déglacez la cocotte avec le verre de Xérès ou de Porto en remuant bien la sauce. Ajoutez autant de fumet de perdreau que vous jugerez nécessaire (à défaut du bouillon de viande). Laissez cuire quelques minutes et ajoutez le jus de raisin recueilli au fond du bol. Au moment de servir, réchauffez les raisins quelques instants dans la sauce.

Servez les perdreaux sur leurs canapés entourés des raisins, arrosés d'une partie du jus. Servez le reste en saucière.

LAPINS DE GARENNE AUX RAISINS MUSCAT BLANC

Pour 4 personnes   Préparation : 25 minutes
                                    Cuisson : 1 h

Ingrédients

2 lapins de garenne
2 grappes de raisin muscat blanc
3 cuillères à soupe d'huile d'arachide
25 g de beurre
1 échalote
1/2 verre de vin blanc sec
1 pointe de muscade
1 citron
1 cuillère à soupe de fécule
sel
poivre.

Dans une cocotte faites chauffer l'huile et le beurre. Faites blondir l'échalote hachée. Ajoutez les lapins découpés en morceaux. Faites-les sauter en remuant souvent. Quand les morceaux auront une belle couleur, mouillez avec le vin blanc sec, salez, poivrez, grattez un peu de noix muscade au-dessus du lapin. Donnez un bouillon, puis couvrez et laissez cuire 1 h à feu doux.

Détachez les grands de raisin muscat blanc. Trempez-les dans de l'eau bouillante, puis aussitôt plongez-les dans l'eau froide pour ôter la peau et les pépins plus aisément.

Cinq minutes avant de servir, découvrez la cocotte. Si la sauce n'est pas réduite de moitié au moins, faites-la réduire à feu vif.

Ajoutez alors le jus du citron, et la fécule délayée dans 2 cuillerées à soupe d'eau froide. Tournez à la cuillère de bois jusqu'à reprise de l'ébullition, puis ajoutez les raisins dans la sauce.

Servez sur un plat très chaud avec des pommes vapeur.

SALADE AUX RAISINS MUSCATS

Pour 4 à 6 personnes

Préparation : 20 minutes
Pas de cuisson

Ingrédients

1 belle salade romaine
200 g de raisin muscat blanc
3 cuillères à soupe d'huile de noix
1 cuillères à soupe de bon vinaigre de vin
3 tomates bien mûres
sel
poivre.

Otez les plus grosses feuilles de la salade. Détachez les autres feuilles, coupez-les en morceaux permettant de la manger sans utiliser de couteau. Lavez-la et essorez-la.

Lavez et égrenez le raisin muscat blanc, bien mûr, épongez-le avec précaution pour le sécher sans l'écraser.

Vous pouvez le peler si vous préférez.

Versez dans un saladier les grains et le vinaigre, salez et poivrez. Faites fondre le sel, puis ajoutez l'huile de noix ou l'huile d'olive éventuellement.

Pelez et coupez les tomates en deux, épépinez-les et divisez-les en quartiers. Ajoutez-les dans le saladier avec la salade et les raisins.

Servez frais.

OMELETTE SOUFFLÉE AU CHASSELAS

Pour 6 personnes

Préparation : 15 minutes
Cuisson : 10 minutes

Ingrédients

200 g de chasselas encore vert
6 œufs
1 cuillère à soupe de parmesan
2 cuillères à soupe de beurre
1/2 verre de lait
sel
poivre.

Égrenez et lavez le chasselas, n'ayant si possible pas atteint sa pleine maturité. Séparez les jaunes des blancs des œufs. Mettez les jaunes dans une terrine avec le lait ; battez énergiquement puis ajoutez le parmesan râpé.

Montez les blancs en neige ferme, salez et poivrez.

Mettez une cuillérée de beurre dans une poêle à fond très épais, laissez-le fondre puis jetez le raisin bien séché. Lorsque la peau du chasselas commence à se rider, mettez-les dans une assiette tiède.

Remettez une cuillérée de beurre dans la poêle, mélangez rapidement les jaunes et les blancs. Versez dans la poêle à feu moyen.

Dès que l'omelette commence à gonfler, parsemez les raisins sur l'omelette, puis à feu doux, à l'aide d'une spatule, pliez lentement l'omelette en deux.

Retirez l'omelette du feu quand elle est pliée et servez.

TARTE AUX RAISINS MUSCATS

Pour 4 personnes

Préparation : 2 h
Cuisson : 30 minutes

Ingrédients

750 g de muscat de Hambourg
125 g de sucre en poudre
6 cuillères à soupe de crème fraîche
3 œufs
80 grammes d'amandes en poudre
1 petit verre de cognac
350 g de pâte brisée*
sel
poivre.

Trempez une seconde le muscat dans l'eau bouillante, pour le peler facilement. Mettez les raisins pelés dans une terrine. Saupoudrez de 6 cuillerées de sucre en poudre et arrosez d'un petit verre de Cognac ; laissez prendre goût 1 heure.

Préparez la pâte brisée*, abaissez-la au rouleau jusqu'à une épaisseur de trois millimètres.

Beurrez un moule à tarte, garnissez le moule de pâte. Mettez une poignée de noyaux de cerises ou de haricots secs sur le fond pour qu'elle ne se déforme pas. Cuisez à four chaud 10 minutes seulement. Enlevez les noyaux ou haricots secs.

Versez dans un saladier la crème fraîche, un œuf entier et seulement les jaunes des deux autres. Six cuillerées de sucre en poudre, et les amandes en poudre.

Égouttez les raisins, mettez le reste du Cognac dans la pâte, travaillez au fouet pour obtenir une pâte lisse et crèmeuse. Sortez le fond de tarte du four, garnissez des raisins, recouvrez de la préparation précédente.

Cuisez à four moyen 20 minutes
Servez la tarte tiède.

* Dont vous trouverez la recette page 377.

RAISINS DE CORINTHE EN BEIGNETS

Pour 6 personnes

Préparation : 15 minutes
Cuisson : 25 minutes

Ingrédients

100 g de raisin de Corinthe
1 verre d'armagnac
3 grosses cuillères à soupe de fromage blanc
150 g de crème de riz
1 œuf
1 verre de lait
1 cuillère à soupe de sucre glace.

Faites gonfler 1 h les raisins dans l'armagnac.

Dans une petite terrine travaillez le fromage blanc, le sucre glace, la crème de riz, et l'œuf entier; versez un peu de lait jusqu'à ce que la pâte ait la consistance d'une crème très épaisse.

Ajoutez les raisins de Corinthe et mélangez bien. Faites chauffer la bassine de friture. Avec une grosse cuillère, prélevez un peu de pâte, et versez-la dans la friture chaude. Retournez les beignets quand ils remontent à la surface; laissez-les dorer. Puis égouttez-les sur du papier absorbant.

Prenez garde de toujours remuer la pâte en faisant les beignets pour que les raisins ne retombent pas au fond de la terrine.

Servez les beignets bien chauds saupoudrés de sucre en poudre.

FRUITS A COQUES ET A BOGUES

AMANDES – NOISETTES – NOIX – PIGNONS DE PIN
CHATAIGNES

Les fruits à coques sont les amandes, les noisettes, les noix et pignons de pin. Ils ont en commun une graine comestible protégée par une coque très dure.

Les fruits du châtaigner ou du marronnier sont protégés par une enveloppe épineuse appelée « bogue » qui renferme des fruits recouverts d'une écorce brune et coriace. Le marron est le fruit d'un châtaigner amélioré par la culture.

AMANDIER *(Amygdalus communis)*

L'amandier appartient à la même famille que le pêcher et l'abricotier auquel il a servi de porte-greffe depuis l'Antiquité. Il est également originaire d'Asie Mineure et d'Europe du Sud.

Les Grecs cultivaient les amandiers à l'époque d'Homère. Les amandes de Naxos étaient réputées les plus douces. Les amandes grillées étaient servies en apéritif et les amandes amères utilisées en pharmacie. A Rome on vantait les amandes d'Albe. Plutarque rapporte qu'un médecin nommé Drusus défiait tout le monde à boire, à des concours de boisson. On l'épia, et on remarqua qu'il absorbait cinq amandes amères avant de prendre du vin et ne s'enivrait jamais.

En France la culture de l'amandier a suivi la conquête romaine dans les provinces du Sud, Provence et Roussillon, où elle est aujourd'hui en régression. L'Espagne et l'Afrique du Nord sont par contre de gros producteurs d'amandes.

On ne consomme que les amandes douces dont il existe de nombreuses variétés à coques tendres ou dures.

155

Les variétés que l'on peut consommer fraîches encore vertes, sont les amandes « Princesse » « Sultane ». Celle qu'on laisse mûrir et sécher sont les amandes « des Dames », les « Zaccarella » qui viennent d'Italie, et les « Caillasses » très dures.

On appelle « amandes mondées » celles qui sont vendues débarrassées de leur peau brune. Elles trouvent leur emploi en cuisine et en pâtisserie, et servent à la préparation du sirop d'orgeat.

L'amande contient beaucoup de vitamines A et B, du sucre, du phosphore et beaucoup de matières grasses. C'est un aliment très complet. Autrefois dans certaines régions, les femmes qui attendaient un enfant avaient coutume de manger quelques amandes chaque jour. La farine d'amande entre dans la préparation des bouillies pour bébés car elle est très digeste. L'huile d'amande douce est depuis l'Antiquité utilisée en pharmacie et par l'industrie cosmétique. Les amandes amères ne sont cultivées que pour un usage médical. On en extrait un poison violent : l'acide prussique qui leur donne leur goût et leur odeur caractéristique. Leur consommation en grande quantité peut donc être dangereuse.

LE NOISETIER (Corylus)

Le « *Corylus Avellana* » est le noisetier commun qui croît dans toutes les forêts, et que l'on nomme « Coudrier » dans certaines régions.

Le « *Corylus maxima* » ou noisetier franc, plus grand, est originaire d'Europe orientale. La forme de ses fruits est plus allongée et la cupule verte recouvre entièrement les fruits sur les arbres.

En cuisine, les noisettes parfument agréablement les pâtés; on peut les utiliser dans certains plats ainsi qu'en pâtisserie.

La noisette contient des vitamines A et B, des matières azotées, et près de la moitié de son poids en matière grasse.

On se débarrasse du ténia, dans la médecine des plantes, en faisant une cure d'huile de noisette durant une semaine.

L'infusion de feuilles de noisetier séchées (1 poignée par litre d'eau) purifie l'organisme en éliminant les toxines.

LE NOYER (Jaglaus)

Le noyer est un bel arbre d'origine orientale. On le cultive pour ses fruits, et son bois est très prisé en ébénisterie.

Le « *Juglaus regia* » est commun en Europe. Les « *Juglaus nigra* », noyer noir, et « *Juglaus cinerea* », noyer cendré, sont des variétés américaines qui produisent de beaux fruits.

Les noyers sont surtout cultivés en France dans le Périgord et le Dauphiné, mais il est rustique dans toutes les régions.

La noix en cuisine entre dans la préparation de beaucoup de recettes. Les cerneaux de noix fraîche ou séchée sont délicieux dans les salades.

L'huile de noix récemment pressée est aussi excellente pour aromatiser les salades, mais ne se prête pas à la cuisson.

La noix est très nourrissante; comme la noisette elle contient une grande quantité de matière grasse, des vitamines A et B, de nombreux minéraux et du tanin. Les personnes souffrant de diabète peuvent consommer des noix, et l'infusion de feuilles de noyer séchées (25 grammes par litre) leur est également bénéfique. Une infusion des mêmes feuilles dosée à 50 grammes par litre, constitue une excellente lotion pour les cheveux, et on prétend qu'elle rend leur couleur aux cheveux blancs.

Après avoir vaincu Mithridate, roi du Pont, célèbre pour sa connaissance des poisons, Pompée rapporte qu'il trouva dans ses archives secrètes la formule de cet antidote : « Prendre 2 noix séchées, 2 figues, 20 feuilles de rue; ajoutez une pincée de sel, broyez le tout ensemble. Celui qui prend ce mélange le matin à jeun est à l'abri du poison pour tout un jour ».

Le vin de noix fait un excellent apéritif. Il existe des fortifiants vendus en pharmacie à base de noix qui sont prescrits pour rendre l'appétit aux malades.

CHATAIGNES OU MARRONS

LE CHATAIGNER *(Castanea Vulgaris)*

C'est un arbre indigène en Europe orientale. Il croît aussi naturellement en Amérique du Nord et en Asie. C'est un arbre de forêt comme de culture fruitière dont le bois est aussi recherché que les fruits. Il est cultivé depuis l'Antiquité dans le sud de l'Europe.

Les châtaignes sont plus petites que les marrons. Il s'agit en fait de variétés d'un même arbre, améliorées pour la culture.

Les Romains appellaient les marrons « Glands de Jupiter ». Ils les préparaient rôtis ou bouillis.

Apicius donne la recette d'un plat de marrons cuits avec les lentilles, assaisonné d'huile d'olive. Ils en faisaient également de la farine dont ils préparaient des galettes comme on le fait encore en Corse, grande productrice de châtaignes.

Les châtaignes entrent dans la préparation de nombreux plats régionaux. Entiers ou en purée les marrons servent de farce et de garniture aux volailles et aux gibiers. Ils sont aussi très employés en confiserie.

La châtaigne est un fruit très nourrissant. Sa composition est presque analogue à celle du blé. C'est un fruit riche en vitamines B et C, en matières grasses et azotées, en magnésium et en sodium.

Les châtaignes constituent un aliment complet. Elles furent longtemps la base de l'alimentation hivernale des habitants des régions montagneuses.

PIGNONS DE PIN *(Pinus pinea)*

Le pignon de pin est le fruit d'une variété de pin parasol croissant sur le pourtour de la Méditerranée. Il produit des cônes d'une quinzaine de centimètres de long, contenant des graines comestibles enveloppées d'une coque très dure.

Les Romains cultivaient les pins pignons qu'ils utilisaient dans leur cuisine comme on le fait encore dans la cuisine italienne. Les Français les utilisent peu et c'est dommage, car ils sont délicieux, légèrement grillés ajoutés à la salade, et parfument de nombreux plats de viande et de légumes.

AMANDES

AMANDES AUX ANCHOIS

Préparation : 30 minutes
Pas de cuisson

Ingrédients

2 poignées d'amandes
3 anchois au sel
1 branche de fenouil frais
4 feuilles de menthe
1/2 verre d'eau
1/2 verre d'huile d'olive
sel
poivre.

Faites tremper les amandes décortiquées dans une casserole d'eau chaude; laissez leur peau se rider afin de pouvoir l'ôter ensuite facilement.

Rincez les anchois, ôtez l'arête dorsale.

Mettez dans un mortier les amandes, les filets d'anchois, le fenouil frais et les feuilles de menthe. Pilez énergiquement tous ces ingrédients pour les réduire en pâte. Ajoutez de temps en temps un peu d'eau et un peu d'huile d'olive. Lorsque la pâte est bien homogène, salez et poivrez légèrement.

Étalez cette préparation sur des tranches de pain. Servez frais à l'apéritif ou au goûter.

BEIGNETS DE POISSONS AUX AMANDES

Pour 4 personnes   Préparation : 1 h
                                        Cuisson : 45 minutes

Ingrédients

500 grammes de filets de poisson (lieu ou cabillaud)
200 grammes de farine
200 grammes d'amandes douces mondées
200 grammes de cèpes frais (ou de conserve)
100 grammes de steak haché
1 échalote
1 gousse d'ail
1 pointe de 4 épices
4 feuilles de sauge
sel
poivre.

Mettez une cuillère de beurre dans une poêle. Faites sauter les amandes jusqu'à ce qu'elles soient bien dorées. Conservez-les au chaud. Coupez les cèpes en morceaux.

Hachez finement l'échalote et la gousse d'ail. Chauffez le beurre restant dans la poêle et faites revenir l'échalote, l'ail et les cèpes. Ajoutez le beefsteak haché et les épices, salez et poivrez, mouillez d'un 1/2 verre d'eau. Couvrez la poêle et laissez cuire cette sauce à très petit feu 30 minutes, puis mettez les amandes.

Versez la farine dans une terrine, les œufs, le lait, salez légèrement et travaillez à la spatule pour obtenir une pâte homogène.

Coupez les filets de poissons en morceaux de 3 centimètres environ. Mettez-les dans la pâte.

Faites chauffer une bassine à friture. Plongez-y les beignets par petites quantités. Quand ils sont bien dorés, égouttez-les soigneusement.

Mettez la sauce aux amandes dans un plat creux disposez les beignets de poissons par-dessus.

SARDINES FARCIES AUX AMANDES

Pour 4 personnes

Préparation : 1 h
Cuisson : 30 minutes

Ingrédients

1 kg environ de grosses sardines fraîches
1 poignée de mie de pain
1 verre d'huile d'olive
100 grammes de raisins de Corinthe
50 grammes d'amandes mondées
1 feuille de laurier
1 branche de thym
sel
poivre.

Versez dans un bol un demi-verre d'huile d'olive. Faites tremper la mie de pain. D'autre part faites gonfler les raisins de Corinthe dans un bol d'eau tiède.

Ouvrez les sardines et retirez les têtes et les arêtes.

Essorez la mie de pain, égouttez les raisins de Corinthe, ajoutez les amandes, mélangez le tout ensemble. Salez et poivrez.

Posez une petite cuillerée de farce à l'intérieur des sardines et refermez celles-ci.

Huilez un plat allant au four, disposez les sardines bien serrées.

Parsemez de la feuille de laurier finement émiettée ainsi que de quelques brindilles de thym.

Arrosez le plat du restant d'huile d'olive.

Mettez à four chaud pendant 30 minutes.

POULET AUX AMANDES

Pour 4 personnes

Préparation : 40 minutes
Cuisson : 1 h 30

Ingrédients

1 poulet de 1,5 kg
200 grammes de chair à saucisse
200 grammes d'amandes effilées
200 grammes d'amandes mondées entières
1 oignon
1 œuf
1 morceau de gingembre
1 poignée de mie de pain
1 tasse de lait
2 cuillères à café de Cognac
1 citron
6 cuillères à soupe d'huile d'arachide
sel
poivre.

Hachez le foie et le gésier du poulet. Mettez à tremper la mie de pain dans une tasse de lait. Râpez le gingembre.

Versez 1 cuillerée d'huile d'arachide dans une poêle. Faites-y revenir la chair à saucisse. Lorsque elle est presque cuite, posez-la sur une planche. Incorporez le foie et le gésier du poulet hachés, la mie de pain trempée et essorée, le gingembre râpé, l'œuf entier. Salez et poivrez, malaxez bien le tout pour obtenir une farce homogène. Ajoutez les amandes entières. Farcissez le poulet salé et poivré de cette préparation et frottez-le avec 1/2 citron. Mettez-le dans un plat arrosé du reste d'huile, et portez à four chaud 1 heure environ. A mi-cuisson versez le Cognac dans une verre d'eau et arrosez le poulet. Laissez cuire encore 30 minutes.

Cinq minutes avant de servir, faites griller à la poêle les amandes effilées. Servez le poulet avec son jus de cuisson. Parsemez sur le plat les amandes grillés.

PIGEONS FARCIS AUX AMANDES

Pour 4 personnes

Préparation : 40 minutes
Cuisson : 1 h

Ingrédients

4 pigeons
100 grammes d'amandes mondées
60 grammes de riz
4 gros oignons
2 poignées de raisins de Malaga
250 grammes de riz
6 cuillères à soupe d'huile d'arachide
1 bouquet de persil
1 pointe de muscade râpée
sel
poivre.

Hachez 2 gros oignons. Faites-les dorer dans une casserole avec 2 cuillerées d'huile d'arachide, puis ajoutez une tasse de riz. Quand le riz a absorbé l'huile, mouillez de deux tasses d'eau et laissez bouillir 10 minutes jusqu'à ce que le riz ait absorbé toute l'eau. A ce moment ajoutez une poignée de raisins de Malaga, 50 grammes d'amandes mondées grossièrement hachées, une pincée de muscade râpée, salez et poivrez.

Farcissez le pigeon de cette préparation. Cousez l'ouverture afin de fermer les pigeons et faites-les cuire en cocotte 1 heure environ à feu moyen.

30 minutes avant la fin de la cuisson ajoutez les 2 oignons coupés en rondelles, le reste des amandes entières, une poignée de raisins de Malaga, le bouquet de persil, salez et poivrez à nouveau. mouillez éventuellement d'un verre d'eau tiède.

Servez les pigeons accompagnés d'un riz blanc, arrosés du jus de cuisson.

POULET A LA CHINOISE

Pour 4 personnes

Préparation : 2 h
Cuisson : 2 h

Ingrédients

1 poulet de 1,5 kg
2 cuillères à soupe de saindoux
200 grammes d'amandes
200 grammes de champignons de Paris
1 cuillère à soupe de farine
1 tomate fraîche
1 oignon
1 bouquet de thym
1 bouquet de persil
1 feuille de laurier
4 clous de girofle
200 grammes de riz
1 flacon de sauce de soja
sel
poivre.

Désossez entièrement le poulet. Hachez le foie et le gésier grossièrement. Mettez les os et les abats du poulet dans une casserole d'eau avec l'oignon le persil, le thym, le laurier et les clous de girofle. Salez et poivrez. Faites bouillir à petit feu 1 heure 30.

Quand le bouillon sera prêt, coupez en lamelles les champignons de Paris et concassez la tomate. Mettez le saindoux dans une sauteuse et faites revenir la chair du poulet coupée en fines lanières de 6 centimètres de long. Quand elle aura pris une belle couleur, saupoudrez-la de la farine, laissez-la dorer puis mouillez avec 2 louches de bouillon de poulet. Ajoutez la tomate concassée et les champignons. Salez, poivrez, laissez mijoter 30 minutes.

Faites griller à la poêle les amandes et ajoutez-les à la sauce, 15 minutes avant la fin de la cuisson.

Faites cuire le riz à l'eau. Servez le poulet nappé de la sauce, présentez le riz à part. N'oubliez pas de disposer un flacon de sauce de soja sur la table.

PINTADE A LA SYRIENNE

Pour 4 personnes

Préparation : 20 minutes
Cuisson : 50 minutes

Ingrédients

1 belle pintade
2 cuillères à soupe d'huile d'arachide
2 cuillères à soupe d'huile d'olive
1 oignon
1/4 de litre de bouillon
100 grammes d'amandes
200 grammes de raisins de Smyrne
100 grammes de viande de veau, hachée
100 grammes de chair à saucisse
1 œuf
1/2 cuillère à café de safran
1 feuille de laurier émiettée
25 grammes d'amandes effilées
1 botte de cresson
sel
poivre.

Mêlez ensemble dans une terrine la chair à saucisse et le veau haché, ajoutez la moitié des raisins secs. Hachez menu les amandes, ajoutez-les à la viande. Liez le tout avec un œuf entier. Salez, poivrez, aromatisez avec le safran et le laurier. Farcissez la pintade par le croupion et cousez l'ouverture.

Épluchez et émincez l'oignon en fines rondelles.

Versez les huiles dans une cocotte, faites chauffer, puis ajoutez l'oignon émincé, et la pintade. Laissez-lui prendre couleur sur toutes ses faces avant de verser le bouillon. Couvrez et laissez cuire à feu doux 35 minutes.

Ajoutez dans la sauce le reste des raisins et les amandes effilées, laissez encore cuire 15 minutes.

Découpez la volaille en 4 morceaux, la farce en tranches que vous alternerez sur le plat de service avec les quartiers de pintade.

Garnissez avec des bouquets de cresson.

Servez avec du riz à l'orientale, la sauce en saucière.

COTES DE PORC AUX AMANDES

Pour 4 personnes

Préparation : 15 minutes
Cuisson : 30 minutes

Ingrédients

4 côtes de porc (dans le morceau de votre choix)
1 cuillère à soupe de saindoux
3 oignons
1 pointe de cannelle
100 grammes de champignons de Paris
50 grammes d'amandes mondées
1 verre de vin blanc sec
1 bouquet de persil
1 gousse d'ail
1 cuillère à soupe d'huile d'arachide
1/2 litre de bouillon de pot-au-feu
1 barre de chocolat à cuire
sel
poivre.

Hachez les oignons, coupez en grosses lamelles les champignons de Paris.

Mettez dans une casserole le saindoux. Faites dorer les oignons, ajoutez les champignons et la pointe de cannelle. Salez et poivrez, couvrez la casserole et laissez cuire à très petit feu 10 minutes.

Passez les côtes de porc à la poêle ou au gril 3 minutes sur chaque face. Râpez le chocolat à cuire. Hachez le persil et l'ail; mettez-les dans la sauce avec les côtelettes puis mouillez du verre de vin blanc sec. Versez suffisamment de bouillon de pot-au-feu pour recouvrir les côtelettes. Parsemez du chocolat râpé; couvrez et laissez mijoter 10 minutes. Servez chaud.

FILET DE PORC AUX AMANDES FRAICHES

Pour 4 personnes

Préparation : 45 minutes
Cuisson : 45 minutes

Ingrédients

1 kg de filet de porc
150 grammes d'amandes mondées
150 grammes d'amandes fraîches
1/4 de verre de lait
2 cuillères à soupe de farine
3 cuillères à soupe de saindoux
1 cuillère d'huile d'arachide
1 œuf
sel
poivre.

Faites durcir l'œuf. Versez l'huile d'arachide dans une poêle et faites dorer les amandes mondées. D'autre part écalez assez d'amandes fraîches pour obtenir 150 grammes de fruits.

Dans un mortier mettez les amandes fraîches et les amandes grillées, écrasez-les avec le jaune de l'œuf dur pour obtenir une pâte homogène. Salez et poivrez.

Divisez en 8 tranches le rôti de porc, sans toutefois les séparer entièrement. Enduisez de farce d'amandes chaque tranche de viande. Ficelez le rôti.

Faites fondre le saindoux dans une cocotte. Roulez le rôti dans la farine et faites-le dorer. Arrosez-le ensuite d'un 1/4 de verre de lait.

Mettez la cocotte dans le four chaud et faites cuire pendant 45 minutes.

CREME D'AMANDES FRAICHES

Pour 4 personnes

Préparation : 1 h
Cuisson : 35 minutes

Ingrédients

1 kg d'amandes fraîches environ
1/2 litre de lait
2 œufs
150 grammes de sucre en poudre
1 cuillère à soupe d'eau de fleur d'oranger.

Écalez suffisamment d'amandes fraîches pour obtenir 200 grammes de fruits.

Débarrassez les amandes de la peau jaune clair qui les recouvre. Mettez-les dans un mortier et concassez-les, le plus finement possible en ajoutant au besoin quelques cuillerées d'eau.

Dans une terrine mettez les blancs d'œufs, le lait et le sucre en poudre. Travaillez ce mélange au batteur électrique pour obtenir un liquide homogène.

Versez cette crème dans une casserole ; faites-la réduire de moitié à feu très doux. Ajoutez les amandes pilées ; portez 2 minutes à ébullition, versez une cuillerée d'eau de fleur d'oranger et mettez le tout dans le plat de service. Laissez tiédir, puis mettez au réfrigérateur 1 heure ou 2.

TARTE AUX AMANDES GRILLÉES

Pour 6 personnes

Préparation : 1 h
Cuisson : 25 minutes

Ingrédients

*400 grammes de pâte brisée**
200 grammes de sucre en poudre
200 grammes d'amandes effilées
200 grammes de crème fraîche
1/2 verre de Cointreau ou d'eau de fleur d'oranger.

* Dont vous trouverez la recette page 377.

168

Préparez la pâte brisée. Abaissez-la au rouleau à pâtisserie, jusqu'à une épaisseur d'un 1/2 centimètre.

Beurrez un moule à tarte; garnissez le fond et les bords de la pâte.

Faites griller à la poêle les amandes effilées. Mélangez dans une terrine la crème fraîche, et le sucre. Ajoutez les amandes grillées, parfumez du demi-verre de Cointreau ou d'eau de fleur d'oranger.

Garnissez la pâte de cette préparation et faites cuire à four vif 25 minutes.

PITHIVIERS

Pour 6 personnes

Temps de réalisation : 2 h
Préparation : 35 minutes
Cuisson : 40 minutes

Ingrédients

800 grammes de pâte feuilletée*
250 grammes d'amandes mondées
250 grammes de sucre glace
250 grammes de beurre
1 cuillère à soupe de fécule
6 œufs
2 verres à liqueur de rhum.

Préparez la pâte feuilletée. Hachez finement les amandes mondées. Travaillez le beurre dans une terrine pour le rendre malléable, incorporez-lui le sucre glace et les amandes.

Séparez les jaunes de 5 œufs. Ajoutez-les à la pâte. Travaillez à la spatule pour obtenir une pâte bien homogène.

Abaissez la pâte au rouleau à pâtisserie jusqu'à une épaisseur de 1 centimètre. Découpez deux rectangles dont l'un aura au moins 2 centimètres de plus que l'autre.

Étalez la pâte d'amandes sur le plus petit morceau. Recouvrez-la du plus grand; soudez les bords à l'eau. Dorez la pâte avec le jaune de l'œuf qui reste. Tracez des dessins avec la pointe d'un couteau. Piquez en plusieurs endroits la pâte pour laisser échapper la vapeur.

Mettez à four chaud 40 minutes.

* Dont vous trouverez la recette page 380.

MACARONS

Pour 6 personnes

Préparation : 30 minutes
Cuisson : 25 minutes

Ingrédients

250 grammes d'amandes mondées
500 grammes de sucre en poudre
4 blancs d'œufs
1 verre de lait.

Dans un mortier pilez en plusieurs fois les amandes mondées. Incorporez le sucre en poudre. Séparez les jaunes et les blancs des œufs. Ajoutez les blancs à la pâte ainsi que le verre de lait.

Mettez cette préparation dans une casserole à feu doux en tournant constamment à la spatule. Laissez sécher et refroidir la pâte.

Sur un papier beurré disposez-la en petits tas. Aplatissez-les légèrement. Saupoudrez chacun d'eux d'un peu de sucre en poudre. Faites cuire à four doux une vingtaine de minutes.

RIZ AUX AMANDES

Pour 6 personnes

Préparation : 20 minutes
Cuisson : 45 minutes

Ingrédients

500 grammes de riz
250 grammes d'amandes
3/4 de litre de lait
15 morceaux de sucre.

Passez les amandes à la moulinette pour les réduire en poudre grossière.

Lavez le riz, égouttez-le bien. Mettez 4 morceaux de sucre et un peu d'eau dans un moule à gâteau, portez au feu. Lorsque le sucre commence à se caraméliser, faites tourner le moule sur lui-même pour que le fond et les côtés soient recouverts de caramel.

Mélangez les amandes et le riz, ajoutez les morceaux de sucre restants, versez dans le moule et recouvrez du lait. Cuisez à four chaud 45 minutes environ.

TUILES AUX AMANDES

Préparation : 30 minutes
Cuisson : 7 minutes

Ingrédients

250 grammes de sucre
250 grammes d'amandes mondées
150 grammes de farine
100 grammes de beurre
1 cuillère à soupe de sucre vanillé
3 œufs.

Faites griller à la poêle les amandes mondées puis hachez-les finement mais ne les réduisez pas en poudre.

Mettez la farine dans une terrine. Ajoutez 2 œufs entiers et seulement le blanc du troisième. Incorporez le sucre en poudre et le sucre vanillé. Mélangez bien à la spatule puis ajoutez les amandes. Lorsque la pâte est bien homogène, beurrez la plaque du four. Déposez de petites cuillerées de pâte un peu éloignées les unes des autres pour qu'elles ne se touchent pas. Aplatissez-les à la main pour former des cercles de 6 centimètres de diamètre environ.

Dans le four préalablement bien chauffé, glissez la plaque. Au bout de 7 minutes, les tuiles doivent être bien dorées. Sortez la plaque du four. Posez, alors qu'elles sont encore chaudes, les tuiles sur le rouleau à pâtisserie ou sur des bouteilles. Pressez-les bien pour leur donner leur forme incurvée.

Laissez sécher quelques instants. Recommencez l'opération jusqu'à complète utilisation de la pâte.

TOURON AU SUCRE

Temps de réalisation : 24 h
Préparation : 20 minutes
Cuisson : 35 minutes

Ingrédients

750 grammes de sucre
500 grammes d'amandes fraîches, débarrassées de leur coquilles
6 œufs
1 verre d'huile d'amande douce.

Pilez dans un mortier des amandes fraîches. D'autre part dans une casserole faites fondre le sucre dans 1/4 de litre d'eau. Incorporez-y les amandes pilées. Faites cuire une dizaine de minutes à feu très doux sans cesser de remuer.

Laissez refroidir. Séparez les jaunes des 6 œufs, incorporez-les à la pâte et remettez à feu doux. Travaillez la pâte jusqu'à épaississement en évitant l'ébullition.

Enduisez d'huile d'amande douce de petites caissettes en papier de votre confection ou achetées dans le commerce. Versez la pâte dans ces moules jusqu'à ras bord. Placez les caissettes sur un plateau, recouvrez-les d'une planche, un poids posé dessus. Laissez prendre au frais 24 heures.

CHATAIGNES ET MARRONS

CHATAIGNES AU LAIT

Pour 4 personnes

Préparation : 30 minutes
Cuisson : 1 h

Ingrédients

1 kg de châtaignes
1 litre de lait
1/2 pied de fenouil
sel
poivre.

Otez l'écorce brune des châtaignes, mettez-les dans une casserole, recouvertes d'eau salée, avec le fenouil frais (à défaut une demi-cuillerée à café de grains d'anis vert). Faites cuire une demi-heure. Égouttez les châtaignes, ôtez la peau qui les entoure. Remettez les châtaignes dans la casserole, recouvrez-les de lait, rectifiez l'assaisonnement et faites-les cuire encore une demi-heure.

Servez les châtaignes tièdes.

SALADE ARDÉCHOISE

Pour 6 personnes

Préparation : 1 h
Cuisson : 1 h

Ingrédients

12 châtaignes fraîches
1 litre de bouillon de pot-au-feu dégraissé
200 grammes de champignons de Paris
2 pommes de reinette
12 cerneaux de noix
2 gros cornichons conservés au vinaigre
50 grammes d'olives vertes
2 cuillères à soupe de câpres
1 poignée de pissenlits sauvages
5 œufs
6 cuillères à soupe d'huile d'olive
3 cuillères à soupe de vinaigre
1 cuillère à café de moutarde
2 verres d'huile d'arachide
sel, poivre.

Otez les écorces des châtaignes, faites-les cuire dans le bouillon, jusqu'à ce qu'elles soient tendres.

Pelez les pommes, coupez-les en rondelles ainsi que les champignons de Paris et les cornichons. Ajoutez les olives dénoyautées, les cerneaux de noix et les câpres. Arrosez d'huile d'olive et de 2 cuillerées à soupe de vinaigre, salez et poivrez, tournez deux ou trois fois puis couvrez le saladier, laissez reposer 30 minutes au frais.

Faites durcir 4 œufs. Montez une mayonnaise avec l'œuf restant, 1 cuillerée à café de moutarde, l'huile d'arachide. Aromatisez au vinaigre, salez et poivrez.

Lavez, nettoyez et coupez grossièrement les pissenlits. Égouttez les châtaignes et ôtez la peau fine qui les entoure. Écalez les œufs durs, coupez-les en rondelles. Penchez le saladier pour vider l'excédent de vinaigrette s'il y en a. Mettez les pissenlits et les châtaignes encore tièdes avec les autres éléments de la salade. Recouvrez de la mayonnaise, décorez avec les rondelles d'œufs durs et servez.

174

ESTOUFFADE DE MARRONS

Pour 4 personnes

Préparation : 1 h
Cuisson : 1 h 30

Ingrédients

*1 kg de marrons
8 pommes de terre
1 feuille de laurier
1 litre de lait
sel
poivre.*

Otez l'écorce brune, et la peau duveteuse des marrons, pelez les pommes de terre et coupez-les en tranches épaisses.

Dans une marmite en terre vernissée, disposez un lit de pommes de terre, recouvrez-les de lait puis ajoutez les marrons et la feuille de laurier. Salez, poivrez.

Trempez un torchon dans de l'eau, essorez-le, pliez-le en quatre, posez-le sur la marmite et placez le couvercle par-dessus.

Faites cuire à feu très doux 1 heure 30 environ.

Servez les marrons accompagnés de beurre frais et d'un bol de lait chaud.

CHOUX DE BRUXELLES AUX MARRONS

Pour 4 personnes   Préparation : 15 minutes
                                      Cuisson : 30 minutes

Ingrédients

1,5 kg de choux de Bruxelles
500 grammes de marrons au naturel*
sel
poivre.

Lavez et épluchez les choux de Bruxelles. Faites-les cuire à
l'eau salée 30 minutes dans un faitout découvert.
Faites réchauffer le contenu d'une boîte de marrons au naturel.
Mélangez les deux légumes sur le plat de service avant de servir en
garniture avec une pintade rôtie ou un rôti de porc.

---

* Si vous utilisez des marrons frais le temps de préparation et de cuisson sera beaucoup plus long, car il vous faudra éplucher les marrons et les cuire.

FAISAN AUX MARRONS

Pour 4 personnes

Préparation : 1 h
Cuisson : 1 h 15

Ingrédients

1 faisan
500 grammes de marrons frais*
1 boîte de pelures de truffes
1 barde de lard
1 cuillère à soupe de farine
2 verres de vin de Madère
sel
poivre.

Décortiquez les marrons. Faites-les bouillir 20 minutes. Enlevez la peau qui les entoure et passez-les au presse-purée (réservez quelques marrons entiers pour la décoration du plat). Ajoutez à la purée la boîte de pelure de truffes et le lard, coupé en dés. Salez, poivrez. Garnissez l'intérieur du faisan avec cette farce de marrons. Recousez l'ouverture, bardez et ficelez la bête.

Faites dorer le faisan au beurre dans une cocotte. Saupoudrez de la farine. Quand la farine sera rousse, mouillez avec le madère, couvrez et laissez cuire à feu doux 1 heure 15 environ. Servez le faisan entouré des marrons entiers conservés à cette intention.

* On peut utiliser les marrons au naturel en conserve du commerce.

CROQUETTES DE MARRONS, SAUCE ABRICOTS

Pour 6 personnes

Préparation : 2 h
Cuisson : 45 minutes

Ingrédients

1 kg de marrons frais
2 cuillères à soupe de beurre
3 œufs
300 grammes de sucre en poudre
1/2 litre de lait
3 cuillères à soupe de farine
2 cuillères à soupe d'huile d'olive
2 verres de confiture d'abricots
1 citron
1 verre à liqueur de kirsch
1 bâton de vanille
chapelure.

Fendez les écorces des marrons. Faites bouillir une grande casserole d'eau. Plongez-y les marrons 5 minutes, puis enlevez la casserole du feu. Épluchez les marrons en ôtant l'écorce et la peau. Mettez ensuite les marrons dans une casserole avec le lait et la vanille. Lorsque les marrons seront tendres, égouttez-les et passez-les à la moulinette pour les réduire en purée.

Incorporez aux marrons un verre du lait de cuisson, le beurre, un œuf entier et 200 grammes de sucre en poudre. Travaillez la purée qui doit être homogène et surtout rester très épaisse.

Sur une planche à pâtisserie farinée, formez de petites croquettes de la taille d'un bouchon. Enrobez-les de farine et laissez refroidir.

Dans une petite casserole mélangez la confiture d'abricots, un verre d'eau, le sucre en poudre restant, le jus du citron. Portez à ébullition 1 minute et passez la préparation au tamis fin. Ajoutez le verre de kirsch.

Battez en omelette deux œufs auxquels vous incorporerez l'huile d'olive.

Faites chauffer la bassine de friture.

Mettez de la chapelure dans une assiette creuse. Trempez les croquettes dans les œufs battus puis enrobez-les de chapelure avant de les plonger dans la friture chaude. Sortez-les quand elles sont dorées.

Faites réchauffer la sauce. Servez très chaud, avec la sauce en saucière.

GATEAU DE MARRONS

Pour 6 personnes

Préparation : 1 h
Cuisson : 1 h 30

Ingrédients

500 grammes de marrons frais*
1/2 litre de lait
4 cuillères à soupe de sucre en poudre
3 cuillères à soupe de beurre ramolli
4 œufs
1 bâton de vanille.

Débarrassez les marrons de leur coque brune ainsi que de la peau brune qui les recouvre et qui est très amère.

Mettez les marrons dans une casserole avec la vanille et le lait. Portez à ébullition et laissez cuire à feu doux jusqu'à ce qu'ils soient tendres. Otez la vanille, sortez et égouttez les marrons. Passez-les au moulin à légumes pour les réduire en purée.

Dans une petite terrine mettez le beurre et le sucre, travaillez bien ensemble, incorporez le mélange aux marrons.

Séparez les jaunes des blancs des œufs. Battez les blancs en neige ferme. Incorporez les jaunes, puis les blancs à la préparation précédente.

Beurrez un moule à manqué. Remplissez-le de la préparation et cuisez à feu doux 1 heure 30.

---

* Vous pouvez utiliser la même quantité de purée de marrons de conserve au naturel. Le gain de temps est appréciable.

NOIX ET NOISETTES

NOIX FRAICHES EN HORS-D'ŒUVRE

Temps de réalisation : 7 jours
Préparation : 1 h
Pas de cuisson

Ingrédients

1 kg de noix vertes
1/2 verre de vinaigre
beurre salé
sel
poivre.

Si vous pouvez récolter 1 kg au moins de noix vertes alors que la noix vient de se former et que la coquille est encore tendre, préparez ce délicieux hors-d'œuvre.

Mettez les noix dans un grand saladier avec le vinaigre. Salez et poivrez; recouvrez d'eau froide.

Laissez les noix dégorger une semaine. Sortez alors les cerneaux de leur enveloppe blanche. Servez avec de larges tartines de pain de campagne et du beurre salé.

Ce hors-d'œuvre sera encore meilleur si vous préparez vos cerneaux avec du verjus, c'est-à-dire le jus d'une grappe de raisin non encore arrivée à maturité.

CONCOMBRE FARCI AUX NOIX

Pour 4 personnes

Préparation : 45 minutes
Pas de cuisson

Ingrédients

1 gros concombre ou trois petits
100 grammes de cerneaux de noix
150 grammes de riz prétraité
25 grammes d'olives noires
1 cuillère à café de moutarde forte
1 petit bouquet de persil
2 cuillères à soupe de crème fraîche
2 citrons
sel
poivre.

Essuyez le concombre. Fendez-le en deux dans le sens de la longueur. Évidez-le et saupoudrez la cavité d'un peu de sel puis retournez les demi-concombres et laissez-les rendre leur eau.

Faites cuire le riz et laissez-le refroidir. Dénoyautez les olives noires et hachez-les grossièrement ainsi qu'un petit bouquet de persil.

Hachez finement les cerneaux de noix (fraîches si possible). Mêlez tous les ingrédients au riz froid, incorporez la moutarde forte et la crème fraîche, le jus d'un citron, salez et poivrez.

Épongez les demi-concombres avec un papier absorbant. Garnissez-les de farce. Mettez au réfrigérateur. Servez glacé, le plat de service décoré du citron restant divisé en rondelles.

PATE DE VOLAILLE AUX NOIX

Pour 6 personnes

Temps de réalisation : 24 h
Préparation : 30 minutes
Cuisson : 20 minutes

Ingrédients

200 grammes de cerneaux de noix
400 grammes de restes de volaille
(dinde, poulet, pintade...)
1 poignée de mie de pain
1 tasse de lait
5 cuillères à soupe de beurre
1 oignon
100 grammes de poitrine fumée
1 pointe de noix muscade
sel
poivre.

Hachez finement les cerneaux de noix. Détaillez en dés la poitrine fumée. Hachez l'oignon et suffisamment de restes de volaille rôtie pour remplir 4 tasses à thé.

Faites fondre une cuillerée de beurre dans une casserole. Faites revenir la poitrine fumée et l'oignon. Laissez cuire à feu très doux jusqu'à ce que les oignons soient fondus mais encore transparents. Ajoutez à ce moment-là la chair de la volaille et la poignée de mie de pain trempée dans une tasse de lait et bien essorée. Salez et poivrez, ajoutez une pointe de noix muscade râpée. Tournez bien puis laissez refroidir.

Passez la farce refroidie à la moulinette ou hachez-la finement. Faites fondre le beurre restant. Incorporez-le à la viande hachée en travaillant bien pour obtenir une pâte homogène.

Tassez bien la préparation dans une terrine. Mettez au frais 24 heures avant de servir.

ESCARGOTS AUX NOIX

Pour 4 personnes

Préparation : 1 h
Cuisson : 1 h

Ingrédients

4 douzaines d'escargots
4 tranches de jambon de Bayonne
1 tasse de cerneaux de noix
1 tasse de bouillon de pot-au-feu
1 restant de ratatouille
(300 grammes environ)
1 trait de sauce Tabasco
(ou 1 ou 2 petits piments langue d'oiseau)
1 bouquet de persil
6 gousses d'ail
sel
poivre.

Hachez finement le persil et les gousses d'ail.

Hachez ensemble grossièrement les escargots bouillis (ceux-ci peuvent être soit frais et cuits au court-bouillon, soit de conserve), le jambon et les cerneaux de noix.

Mélangez le hachis d'escargot salé et poivré avec la persillade. Farcissez les coquilles d'escargots en terminant par un gros fragment de noix.

Disposez les coquilles farcies dans un plat allant au four.

Passez à la moulinette le restant de ratatouille allongée du bouillon de pot-au-feu, ajoutez le tabasco ou le petit piment. Salez et poivez à nouveau si nécessaire.

Versez cette sauce autour des escargots. Mettez au four et laissez mijoter 1 heure environ.

N.B. Cette recette est donnée pour le temps de cuisson et de préparation avec des escargots de conserve.

RISSOLES AUX NOIX ET AUX ÉPINARDS

Pour 6 personnes

Préparation : 30 minutes
Cuisson : 35 minutes

Ingrédients

150 grammes de cerneaux de noix
500 grammes d'épinards
500 grammes de pâte à pain
achetée chez le boulanger
3 cuillères à soupe de beurre
1/2 verre d'huile d'olive
1 pointe de noix muscade râpée
1 pointe de cannelle en poudre
sel
poivre.

Équeutez et lavez les épinards. Mettez une cuillerée d'huile d'olive dans une poêle et faites revenir quelques instants les épinards salés et poivrés. Égouttez-les et hachez-les très grossièrement ainsi que les cerneaux de noix que vous ferez ensuite revenir 3 minutes à la poêle dans 1 cuillerée de beurre. Ajoutez-les aux épinards, mélangez bien.

Farinez une planche à pâtisserie. Repétrissez sommairement la pâte à pain, puis au rouleau abaissez-la jusqu'à une épaisseur de 4 ou 5 millimètres. A l'aide d'un bol découpez de grandes rondelles de pâte. Posez sur chacune d'entre elles une grosse cuillerée de farce aux épinards. Humectez les bords des rissoles, pliez-les en deux et soudez soigneusement les bords.

Dans une poêle faites chauffer 2 ou 3 cuillerées d'huile d'olive. Faites dorer les rissoles à feu moyen. Servez indifféremment chaud ou froid.

PÂTES GRENOBLOISES

Pour 4 personnes

Préparation : 10 minutes
Cuisson : 20 minutes

Ingrédients

250 grammes de nouilles*
1 tasse de cerneaux de noix
1 gousse d'ail
4 cuillères à soupe de crème fraîche
1 cuillère à soupe de beurre
sel
poivre.

Faites bouillir 2 litres d'eau salée et cuisez les nouilles.

Hachez la gousse d'ail et la valeur d'une tasse pleine de cerneaux de noix.

Dans une poêle faites revenir l'ail haché dans le beurre, ajoutez ensuite les noix et faites dorer quelques minutes.

Égouttez les nouilles. Versez-les dans un plat creux avec les noix, la crème fraîche, au besoin une noix de beurre. Mélangez bien et servez sans attendre.

---

* Si vous en avez le temps, cette recette est bien plus savoureuse préparée avec des pâtes fraîches.

ÉCREVISSES A LA ROUMAINE

Pour 4 personnes

Préparation : 20 minutes
Cuisson : 30 minutes

Ingrédients

16 écrevisses
2 oignons
1 bouquet de thym
1 bouquet de persil
1 feuille de laurier
250 grammes de cerneaux de noix
250 grammes de mie de pain rassis
1/2 verre de lait
1 citron
4 cuillères à soupe d'huile d'olive
sel
poivre.

Éviscérez les écrevisses. Hachez un oignon et faites-le revenir dans une casserole avec 1 cuillerée d'huile d'olive.

Faites sauter les écrevisses. Recouvrez-les d'eau bouillante et ajoutez le laurier, le thym, le persil, salez et poivrez, laissez bouillir 20 minutes environ. Laissez refroidir dans ce court-bouillon.

Pilez dans un mortier les cerneaux de noix et la mie de pain, en incorporant petit à petit le jus du citron, un peu de lait, et pour finir 3 cuillerées à soupe d'huile d'olive. Salez et poivrez. Travaillez bien cette pâte au pilon, qui doit avoir la consistance d'une purée de pommes de terre.

Mettez au frais. Servez glacé et décorez le plat avec les queues d'écrevisses décortiquées.

On peut éventuellement remplacer les écrevisses par des queues de langoustines ou de grosses crevettes.

LAPIN A LA CORSE

Pour 6 personnes

Préparation : 20 minutes
Cuisson : 45 minutes

Ingrédients

1 lapin
4 cuillères de saindoux
150 grammes de cerneaux de noix
1 gousse d'ail
1 petit bouquet de thym
1 feuille de laurier
sel
poivre.

Découpez les membres et le râble du lapin. Réservez le foie.

Faites chauffer le saindoux dans une cocotte et faites-y revenir les morceaux de lapin. Réservez 2 cuillerées de cerneaux de noix; hachez le reste.

Pilez ensemble l'ail et le foie. Quand le lapin aura pris belle couleur, salez, poivrez et ajoutez dans la cocotte le laurier, le bouquet de thym, les noix hachées ainsi que le foie. Mouillez d'un verre d'eau bouillante, couvrez et laissez mijoter 45 minutes à feu très doux. Surveillez la cuisson de temps à autre et ajoutez un peu d'eau bouillante si cela est nécessaire.

Au moment de servir parsemez sur le plat les quelques cerneaux de noix que vous avez conservés intacts.

FAISAN AUX NOIX ET AUX AMANDES

Pour 6 personnes   Préparation : 1 h
                                    Cuisson : 1 h

Ingrédients

1 beau faisan
250 grammes de foies de volailles
3 verres à liqueur de vin de Malaga
1 verre à vin de whisky
1 cuillère à café de pâte d'anchois
6 olives noires dénoyautées et pilées
1/2 pomme râpée
1 petit suisse
1/2 verre d'huile d'olive
1/2 oignon haché
200 grammes de lard demi-sel
1 poignée d'amandes mondées
1 poignée de cerneaux de noix
1 grappe de raisin blanc, non mûr
6 tranches de pain de mie
1 barde de lard
beurre
sel poivre.

Faites macérer 20 minutes les foies de volailles sans les laver dans un mélange composé des 3/4 du malaga et du 3/4 du whisky, sel et poivre (les foies doivent être recouverts) avant de les faire revenir au beurre. L'intérieur doit rester rosé. Alors qu'ils sont encore chauds, écrasez-les à la fourchette et ajoutez la pâte d'anchois, les olives noires et le jus de la macération. Vous conserverez cette préparation pour tartiner les canapés.

D'autre part, bardez l'oiseau, mélangez la pomme râpée, le petit suisse et remplissez la bête de cette préparation. Frottez le gibier d'huile d'olive et salez l'extérieur.

Dans une cocotte faites fondre doucement 1 grosse noix de beurre et 3 cuillerées à soupe d'huile d'olive. Faites revenir doucement l'oignon. Alors que ce dernier est encore translucide, ajoutez le lard demi-sel coupé en dés. Quand les lardons

188

sont devenus transparents à leur tour, faites revenir le gibier sans couvrir, toujours à feu doux.

Faites tiédir le plat de service. Versez 3/4 de verre de whisky. Quand le faisan est presque doré, mettez-le dans le plat et flambez en arrosant sans cesse. Au bout d'une minute, remettez le faisan dans la cocotte, ajoutez le reste du whisky qui n'avait pas brûlé étendu d'un demi-verre d'eau. Salez et poivrez. Couvrez la cocotte et laissez cuire à feu doux 20 à 30 minutes.

Jetez alors dans la cocotte les amandes mondées et les cerneaux de noix.

Ajoutez le raisin blanc. Laissez mijoter encore 20 minutes.

Pendant ce temps faites dorer à l'huile d'olive des canapés de pain de mie. Faites-les égoutter sur du papier absorbant.

Quand le faisan est cuit, imbibez les canapés du jus de la cuisson, et tartinez-les avec la purée de foies de volailles.

Servez le faisan découpé, posé sur les canapés décorés des noix, des amandes et des raisins.

Servez accompagné de rondelles de pommes revenues au beurre 30 minutes environ.

FILET DE PORC AUX NOISETTES

Pour 4 personnes

Préparation : 20 minutes
Cuisson : 2 h environ

Ingrédients

1,2 kg de porc (filet)
1 barde de lard
100 grammes de noisettes décortiquées
2 verres de bon vin blanc sec
2 cuillères à soupe d'huile d'arachide
1 cuillère à soupe de sucre en poudre
1 kilo de pommes de reinette
sel
poivre.

Coupez en deux une douzaine de noisettes, puis entaillez le rôti à l'aide d'un petit couteau pointu et piquez-le sur toutes ses faces avec les demi-noisettes. Bardez et ficelez le rôti après cette opération.

Faites chauffer l'huile dans une cocotte, dorez-y le rôti, arrosez-le d'un peu de vin blanc. Salez et poivrez, puis couvrez et mettez à feu moyen 45 minutes en arrosant tous les quarts d'heure la viande d'un peu de vin.

Pendant ce temps, passez le reste des noisettes à la moulinette. Mélangez-les à une cuillerée de sucre en poudre et à une cuillerée d'huile.

Pelez les pommes et coupez-les en quartiers.

Faites chauffer le four. Après 45 minutes de cuisson, sortez le rôti de la cocotte; gardez la sauce au chaud. Roulez le rôti dans le mélange sucre et noisettes, puis mettez-le dans un plat et portez à four vif 15 minutes pour le caraméliser.

Faites revenir les tranches de pommes dans un peu de beurre.

Servez le rôti entouré des pommes.

CROISSANTS AUX NOIX

Pour 6 personnes

Temps de réalisation : 6 h
Préparation : 1 h
Cuisson : 1 h

Ingrédients

300 grammes de noix
300 grammes de sucre en poudre
1 citron
3 œufs
1 cuillère à café de cannelle en poudre
5 grammes de levure de boulanger
50 grammes de biscuits « petits beurre »
1/2 verre de lait
500 grammes de farine
200 grammes de beurre
sel.

En premier lieu préparez la pâte à croissants. Faites tiédir le lait, délayez la levure de boulanger et ajoutez une pincée de sel.

Sur une planche à pâtisserie, creusez une fontaine. Pétrissez la pâte avec le beurre ramolli, 100 grammes de sucre en poudre, un œuf et la levure délayée dans le lait. Travaillez la pâte pour qu'elle soit bien homogène et laissez-la lever 6 heures.

Passez à la moulinette les cerneaux de noix et les biscuits. Faites dissoudre le sucre restant dans la valeur d'un verre d'eau chaude. Râpez le zeste du citron, mêlez-le aux noix et aux biscuits moulus, ajoutez la cannelle. Versez le sucre dilué pour obtenir la farce. Laissez refroidir.

Lorsque la pâte est levée, partagez-la en 6 parts égales. Formez des boulettes que vous abaisserez au rouleau le plus finement possible en leur donnant une forme ovale. Divisez la farce en 6 parts que vous étalerez sur chaque ovale de pâte.

Roulez la pâte sur elle-même, donnez la forme d'un croissant. Séparez le jaune d'un œuf, mélangez-le à un œuf entier. Battez en omelette. Badigeonnez au pinceau chaque croissant avec cette préparation.

Portez à four chaud 30 minutes. Sortez les croissants, repassez une couche d'œuf, laissez sécher et remettez à four moyen encore 30 minutes.

191

TARTE AUX NOIX

Pour 6 personnes

Préparation : 1 h
Cuisson : 1 h 15

Ingrédients

100 grammes de cerneaux de noix
100 grammes de mie de pain
250 grammes de pâte brisée*
500 grammes de tomates
50 grammes de fromage de gruyère râpé
1 œuf
1 tasse de lait
2 oignons
2 gousses d'ail
2 cuillères à soupe d'huile d'olive
1 branche de laurier
1 gros bouquet de persil
1 pointe de noix muscade râpée
sel, poivre.

Préparez une pâte brisée. Abaissez-la jusqu'à 1/2 centimètre d'épaisseur. Beurrez un moule à tarte et garnissez-le de la pâte.

Trempez une grosse poignée de mie de pain dans une tasse de lait. Essorez-la. Posez-la sur une planche et hachez-la avec le persil et la valeur d'une tasse de cerneaux de noix.

Dans une terrine versez 1/2 tasse de lait, l'œuf, le hachis de noix persillé, la pointe de muscade, une pincée de sel, un tour de moulin de poivre, et battez en omelette.

Garnissez la pâte de la préparation. Posez quelques noisettes de beurre sur le dessus et saupoudrez du gruyère râpé avant de mettre à four moyen 45 minutes environ.

Hachez les oignons, épépinez les tomates. Faites dorer les oignons dans une casserole dans l'huile d'olive; ajoutez les tomates

* Dont vous trouverez la recette page 377.

192

Dorade aux mangues et aux citrons verts

Lapin de garenne à l'ananas

coupées en quartiers, le thym, le laurier et une gousse d'ail. Faites cuire à feu doux 30 minutes. Salez et poivrez.

Au moment de servir, passez la sauce tomate au moulin à légumes, mettez-la en saucière, présentez en garniture de la tarte tiède.

CREPES AUX NOISETTES

Pour 4 personnes

Préparation : 15 minutes
+ temps de préparation
de la pâte à crêpes.
Cuisson : 25 minutes

Ingrédients

*12 crêpes**
100 grammes de miel liquide
150 grammes de noisettes décortiquées.

Hachez grossièrement les noisettes.

Étalez une couche de miel sur chaque crêpe; saupoudrez de noisettes hachées. Roulez les crêpes au fur et à mesure et conservez-les sur un plat bien chaud.

La même recette est valable faite avec des cerneaux de noix ou des amandes douces que vous pouvez alors faire légèrement griller.

* Dont vous trouverez la recette page 378.

PIGNONS DE PIN

CROQUETTES AUX PIGNONS DE PIN

Pour 6 personnes

Préparation : 30 minutes
Cuisson : 20 minutes environ

Ingrédients

100 grammes de pignons de pin
2 cuillères à soupe de farine
1/4 de litre de lait
5 cuillères à soupe de beurre
1 œuf
3 cuillères à soupe d'huile d'arachide
sel
poivre.

Faites fondre dans une casserole 2 cuillerées de beurre; saupoudrez avec la farine. Lorsque le beurre l'aura absorbée, versez petit à petit le lait en tournant sans cesse avec une cuillère de bois pour éviter les grumeaux. Laissez épaissir jusqu'à consistance de pâte.

Battez l'œuf en omelette, puis hors du feu incorporez-le à cette pâte. Salez et poivrez et laissez refroidir.

Farinez une planche. Formez des boulettes de pâte. Aplatissez-les à la main, et enfoncez assez profondément le plus de pignons de pins possible. Farinez les deux faces des croquettes.

Dans une poêle faites chauffer 3 cuillerées de beurre et l'huile d'arachide. Faites frire les croquettes. Quand elles sont bien dorées, égouttez-les sur un papier absorbant et servez.

CHOUX-FLEURS A L'ITALIENNE

Pour 4 personnes   Préparation : 10 minutes
                                       Cuisson : 25 minutes

Ingrédients

1 chou-fleur
1 poignée de raisins secs
1 poignée de pignons de pin
2 cuillères à soupe d'huile d'olive
sel
poivre.

Détachez les bouquets du chou-fleur. Faites-les cuire 15 à 20 minutes à l'eau salée. Ils doivent rester fermes.

Égouttez-les. Faites chauffer l'huile d'olive dans une poêle. Mettez les bouquets de chou-fleur avec les pignons de pins, et les raisins. Salez et poivrez. Terminez la cuisson du chou-fleur à feu doux une dizaine de minutes en retournant les bouquets sans les briser.

FRICASSÉE DE CUISSES DE GRENOUILLE A LA LANDAISE

Pour 4 personnes

Préparation : 35 minutes
Cuisson : 25 minutes

Ingrédients

4 douzaines de cuisses de grenouille
200 grammes de pignons de pin
100 grammes de farine
1 petite bouteille de bière blonde
3 cuillères à soupe de beurre
3 cuillères à soupe d'huile d'arachide
1 bouquet de thym à émietter
1 bouquet de persil
1 bouquet de cerfeuil
1 branche d'estragon
4 citrons
3 grosses tomates
6 gousses d'ail
sel
poivre.

Mettez dans un saladier les cuisses de grenouille salées et poivrées, saupoudrées de thym émietté, et arrosées d'une petite bouteille de bière blonde. Donnez deux ou trois tours avec une cuillère de bois, pour que toutes les cuisses soient bien imprégnées de thym. Couvrez et laissez mariner au frais 30 minutes.

Farinez ensuite les cuisses de grenouille. Faites chauffer dans une grande poêle l'huile et le beurre. Lorsque le mélange est chaud, faites dorer à feu vif les cuisses de grenouilles en agitant souvent la poêle pour qu'elles n'attachent pas, puis réduisez le feu. Rectifiez l'assaisonnement si nécessaire, et laissez cuire 15 minutes à feu moyen.

Hachez ensemble l'ail, le persil, le cerfeuil et l'estragon. Divisez en tranches fines les tomates et 3 citrons dont vous décorerez le tour du plat de service préalablement réchauffé.

Sortez les cuisses de grenouille, égouttez-les sur un papier absorbant et disposez-les dans le plat.

Dans la friture où ont cuit les grenouilles, versez les pignons de pin. Ajoutez un peu d'huile si nécessaire, faites-les dorer 5 minutes environ.

Exprimez le jus du citron restant.

Mettre de côté 1 ou 2 cuillerées du hachis d'herbes, saupoudrez le reste sur les pignons de pin. Mélangez bien et arrosez du jus de citron. Laissez prendre goût encore 5 minutes à feu moyen.

Versez la garniture de pignons dans le plat de service et servez bien chaud. Saupoudrez du reste des aromates hachés sur les grenouilles.

PIEDS DE PORC AUX PIGNONS DE PIN

Pour 4 personnes   Préparation : 1 h 30
                                    Cuisson : 2 h 30

Ingrédients

4 pieds de porc crus
100 grammes de pignons de pin
1 oignon
1 bouquet de thym
1 feuille de laurier
4 clous de girofle
2 cuillères à soupe de saindoux
2 cuillères à soupe de farine
1 œuf
1 bol de petits pois frais écossés
1 petite boîte de sauce tomate préparée
1/2 cuillère à café de safran
1 gousse d'ail
1 poignée de pain de mie rassis
50 grammes d'amandes mondées
1 petit bouquet de persil
3 cuillères à soupe d'huile d'olive
sel
poivre.

Lavez les pieds de porc. Mettez-les dans un grand faitout avec 1 litre d'eau, l'oignon coupé en rondelles, le thym, le laurier, les clous de girofle, salez et poivrez, et faites bouillir 1 heure 30.

Pendant ce temps écossez suffisamment de petits pois pour remplir un grand bol. Lorsque les pieds sont cuits, égouttez-les. Réservez le bouillon de cuisson.

Désossez les pieds en essayant de ne pas trop les déformer. Battez l'œuf en omelette; versez la farine dans une assiette. Faites chauffer le saindoux dans une poêle. Trempez les pieds dans l'œuf battu puis dans la farine et faites-les dorer sur toutes leurs faces.

Dans un poêlon en terre, placez les pieds frits. Recouvrez-les des pignons de pin et des petits pois et du contenu de la boîte de sauce tomate préparée. Versez suffisamment du bouillon de cuisson pour recouvrir. Mettez le couvercle sur le poêlon et laissez mijoter à très petit feu 1 heure

Écrasez dans un mortier une poignée de mie de pain rassie, les amandes mondées, le bouquet de persil, aromatisez de safran et versez peu à peu l'huile d'olive pour que la préparation ait une consistance de pâte. Vérifiez l'assaisonnement.

5 minutes avant de servir, ajoutez cette pâte dans le poêlon où cuisent les pieds.

ROGNONS RÔTIS AUX PIGNONS DE PIN

Pour 4 personnes

Préparation : 25 minutes
Cuisson : 10 minutes

Ingrédients

16 rognons de mouton
2 cuillères à soupe d'huile d'olive
1 crépine de porc
4 cuillères à soupe de pignons de pin
1 cuillère à soupe de graines de fenouil
1 bouquet de feuilles de coriandre (à défaut de cerfeuil)
1 cuillère à café de poivre moulu
2 cuillères à soupe de Nuoc-Mam
sel.

Fendez les rognons en deux et nettoyez-les.

Hachez grossièrement les pignons de pin, finement le coriandre, pilez les graines de fenouil et mélangez tous ces ingrédients.

Saupoudrez les rognons de poivre, posez sur chacun une cuillerée de hachis et salez.

Refermez les rognons; enveloppez-les d'un morceau de crépine.

Faites chauffer l'huile dans une poêle avant de faire dorer les rognons sur toutes leurs faces. Cessez la cuisson et arrosez de Nuoc-Mam dans la poêle chaude.

Terminez la cuisson 5 à 6 minutes au gril.

(d'après Apicius, Livre VII – *Le Magnifique*)

CRÈME DE PIGNONS DE PIN

Pour 6 personnes

Préparation : 25 minutes
Cuisson : 25 minutes

Ingrédients

350 grammes de pignons de pin
100 grammes de sucre en poudre
6 cuillères à soupe de farine de riz
8 tasses d'eau.

Pilez dans un mortier les pignons de pin; versez l'eau, mélangez bien, puis passez au chinois au-dessus d'une casserole.

Remettez les pignons dans le mortier, pilez à nouveau, remettez la même eau, et filtrez à nouveau. Renouvelez l'opération jusqu'à ce que tous les pignons soient dissous dans l'eau.

Mettez la farine de riz et le sucre dans une casserole. Délayez avec l'eau des pignons. Portez à feu doux et faites épaissir en tournant à la cuillère de bois, jusqu'à consistance d'une crème.

Versez dans des bols et servez chaud.

AGRUMES

CITRONS – ORANGES – MANDARINES – PAMPLEMOUSSES

Les arbres de la famille des *Citrus* ont été désignés depuis quelques années sous le nom d'agrumes (du latin *Acrima* – de saveur aigre).

Les différents arbres qui portent des agrumes sont tous originaires de Malaisie, des Indes, de la presqu'île indochinoise et de Polynésie.

Ce sont les Arabes, grands voyageurs et commerçants, qui les ont ramenés des Indes en Afrique du Nord dès la plus haute Antiquité.

Dans la mythologie grecque, les « Pommes d'Or » qu'Hercule dût voler dans le jardin des Hespérides, ont été identifiées comme oranges. Les Grecs et les Romains appelaient ces fruits « Pommes d'Assyrie » ou « Pommes de Médie ».

Les Romains connaissaient les citrons. De nombreux auteurs de l'époque ont laissé des textes sur la façon de les conserver. A Rome on utilisait déjà les citrons comme médicament contre les maux de gorge, comme condiment pour suppléer au vinaigre. On mettait aussi des citrons ou des feuilles de citronnier dans les coffres à linge pour les parfumer et en éloigner les insectes.

Tous les agrumes sont maintenant rustiques sur les littoraux méditerranéens d'Europe et d'Afrique du Nord, et sur une partie du littoral atlantique. Plus au nord, en Europe, ils sont cultivés en serre, comme arbres d'ornements.

LE CITRON

Le citron est depuis l'Antiquité utilisé comme condiment. Cru ou cuit, il accompagne généralement les plats de poissons. On l'utilise également pour faire des sirops, ainsi qu'en confiserie et en pâtisserie.

On reconnaît au citron de nombreuses vertus curatives. C'est l'un des fruits les plus riches en vitamine C, il contient également des vitamines A et B, ainsi que de nombreux minéraux.

L'acide citrique, à qui il a donné son nom, élimine l'acide urique et fluidifie le sang.

Les pouvoirs antiseptiques du jus de citron sont puissants; quelques gouttes dans des huîtres par exemple, font disparaître les bacilles de la fièvre typhoïde. Ce n'est donc pas comme simple condiment que l'on sert des quartiers de citron avec ces coquillages.

Le jus d'un citron ajouté à un verre d'eau bouillie et tiédie, constitue un excellent gargarisme qui soulage dans les cas d'angine. Cette même solution constitue également un bain oculaire antiseptique, fréquemment utilisé outre-Pyrénées.

Si vous avez oublié votre dentifrice, frottez vos dents avec un quartier de citron. Cela tonifie les gencives et blanchit les dents.

LE MANDARINIER (Citrus nobilis et deliciosa)

Cet arbuste est originaire de Chine. L'excellence de son fruit lui a valu le nom des anciens dignitaires du pays, les « Mandarins ».

Les mandarines délicieusement parfumées sont malheureusement dédaignées des producteurs et des consommateurs, au profit des clémentines (du nom de leur créateur Clément), variété moins goûteuse mais ayant l'avantage d'être sans pépins.

L'ORANGER (Citrus aurentium)

C'est un arbre originaire d'Asie tropicale, dont sont issues les variétés comestibles que nous connaissons, introduites en Europe au temps de l'occupation maure en Espagne et même en France.

Le mot orange vient du mot sanskrit « Nagaranga ». En Inde, l'orange se dit toujours « Naranga ». Les Arabes empruntèrent le fruit et son nom, et le transformèrent en « Narandj » dont les Espagnols firent le mot « Narandja », et les Français « Orange ».

L'oranger est un bel arbre qui peut atteindre 10 mètres de haut. Sa culture est généralisée en Europe, en Afrique du Nord et en Amérique, et donne lieu à une véritable industrie.

Les variétés d'oranges précoces sont les variétés dites de Valence ou de Portugal. Elles ont une peau fine et une chair jaune, leur saveur est acidulée. Ce sont les premières sur les marchés.

Les variétés « Maltaises » ou « de Jaffa » ont une forme plus allongée, une chair plus foncée, de saveur plus douce et plus juteuse. L'écorce est plus épaisse. De ces variétés sont issues les « Navels ». Ce sont des hybrides, moins savoureuses, mais qui connaissent la faveur du public parce que sans pépins.

Les « Bigaradiers » sont une autre variété d'orangers qui produisent des fruits amers, impropres à la consommation. On les cultive sur la Côte d'Azur, en Corse et en Italie pour la parfumerie et la confiserie. On a aussi coutume d'ajouter des oranges amères dans les marmelades d'orange pour leur donner plus de goût.

Les oranges ont leur place en cuisine (en France, le canard à l'orange est un plat d'une grande finesse). Elles entrent pour une large part dans les cuisines exotiques.

Les oranges contiennent des vitamines B et C, et surtout de la vitamine P qui est un élément important de la lutte contre l'artério-sclérose. Une cure d'orange d'une semaine en début de saison, est un excellent moyen d'affronter l'hiver, avec un organisme sain et désintoxiqué.

Le sucre contenu dans les oranges, est d'une variété assimilable par les diabétiques.

LE PAMPLEMOUSSIER (Citrus decumana)

Cet arbre, qui peut atteindre 6 à 10 mètres de haut, est originaire de Malaisie et de Polynésie, maintenant acclimaté partout ou poussent les orangers.

Ses fruits, parfois appelés « Pomelos », n'ont été réellement commercialisés en Europe que depuis une cinquantaine d'années.

Les gros fruits juteux et acidulés du pamplemoussier sont souvent utilisés en cuisine pour la préparation de hors-d'œuvres ou de desserts.

La production de son jus, comme celui des oranges, fait l'objet d'une véritable industrie.

CITRONS

POTAGE A LA GRECQUE

Pour 4 personnes

Préparation : 5 minutes
Cuisson : 20 minutes

Ingrédients

1 l de bouillon de pot-au-feu dégraissé
50 g de riz
3 œufs
1 citron
sel
poivre.

Portez le bouillon à ébullition dans une casserole. Versez le riz dans le liquide bouillant et laissez cuire 20 minutes.

Exprimez le jus du citron et versez-le avec les œufs dans une soupière. Versez le bouillon chand par-dessus lentement en battant au fouet. Salez et poivrez avant de servir.

MORUE A LA MODE DE PORT-AU-PRINCE

Pour 4 personnes

Temps de réalisation : 24 h
Préparation : 30 minutes
Cuisson : 30 minutes

Ingrédients

800 g de morue salée
6 citrons
2 oignons
2 poivrons verts
4 bananes
8 cuillères à soupe d'huile d'arachide
sel, poivre.

204

24 heures avant la préparation du plat, faites dessaler la morue coupée en 8 morceaux dans une grande terrine remplie d'eau froide, dans laquelle vous aurez mis 3 citrons détaillés en rondelles.

Le lendemain, égouttez la morue et faites-la frémir 15 minutes dans 2 litres d'eau à feu très doux. Coupez les citrons restants en quartiers, mettez-les dans une grande terrine avec 1 litre d'eau chaude ; pressez-les légèrement pour en exprimez tout le jus.

Quand la morue est cuite, rincez-la à l'eau citronnée. Épluchez les oignons, hachez-les grossièrement, coupez les poivrons en lanières. Faites légèrement dorer les oignons à l'huile dans une poêle. Quand ils auront pris couleur, ajoutez les poivrons.

Otez la peau des bananes. Faites-les dorer au beurre dans une autre poêle.

Dans le plat de service, faites un lit des oignons et des poivrons bien dorés. Posez les morceaux de morue en intercalant les bananes frites.

Ce plat peut aussi s'accompagner de patates douces cuites au four.

CÔTES DE MOUTON A LA TUNISIENNE

Pour 4 personnes

Préparation : 5 minutes
Cuisson : 1 h

Ingrédients

4 côtelettes de moutons
1 verre d'huile d'olive
1 cuillère à café de safran
1 cuillère à café de cannelle
1 citron
sel, poivre.

Versez dans un poêlon en terre vernissée, un verre d'eau et l'huile d'olive, ajoutez le safran en poudre, la cannelle et le citron en huit morceaux.

Ajoutez les côtelettes, salez et poivrez. Couvrez et laissez cuire 1 heure à feu très doux.

POULET AU CITRON ET AU MIEL

Pour 4 personnes   Préparation : 45 minutes
                                    Cuisson : 1 h 15

Ingrédients

1 poulet
1 l de vinaigre de vin
500 g d'oignon
2 branches d'estragon
1 feuille de laurier
100 g de petit salé
1 verre à liqueur de Calvados
8 citrons
5 clous de girofle
1 pincée de poivre de Cayenne
3 pincées d'origan en poudre ou émietté
250 g de miel toutes fleurs
huile d'olive
sel poivre.

Coupez un gros oignon en rondelles. Mettez-le dans une cocotte émaillée avec le laurier, l'estragon, le vinaigre de vin. Couvrez et portez à feu vif.

Pendant ce temps, découpez les membres et levez les blancs du poulet. Quand le vinaigre arrive à ébullition, jetez les morceaux de poulet dans la cocotte ; retirez du feu et laissez prendre goût jusqu'à refroidissement complet du vinaigre.

Épluchez le reste des oignons, coupez le petit salé en lardons. Égouttez le poulet, jetez le vinaigre refroidi. Versez l'huile d'olive dans la cocotte, faites dorer les lardons, les oignons, et les morceaux de poulet. Quand ils ont pris couleur, hors du feu, versez le Calvados et flambez.

Prélevez le zeste des citrons avant de les presser, mettez leur jus et les zestes dans la cocotte, salez et ajoutez le poivre de Cayenne, les clous de girofle et l'origan pulvérisé. Versez suffisamment d'eau tiède pour couvrir les morceaux de poulet, mettez le couvercle et laissez mijoter à feu très doux.

Après 1 heure de cuisson ajoutez le miel dans la sauce vérifiez l'assaisonnement, augmentez la température et remuez souvent les morceaux de poulet. Dès que la sauce est sur le point de se caraméliser, arrêtez la cuisson et servez.

POULET GRILLÉ AU CITRON VERT

Pour 4 personnes

Temps de réalisation : 1 h
Préparation : 15 minutes
Cuisson : 30 minutes

Ingrédients

1 poulet
12 citrons verts
sel
poivre.

Partagez le poulet en deux dans sa longueur, sans toutefois séparer les moitiés. Posez-le ouvert sur la planche à découper et aplatissez-le avec les mains.

Exprimez le jus des citrons verts. Mettez le poulet dans un plat creux, arrosez-le du jus des citrons, laissez mariner 1 heure en retournant de temps en temps.

Placez le poulet, ouvert, salé et poivré sur un gril, badigeonnez-le largement d'huile d'arachide.

Faites-le cuire sur toutes ses faces jusqu'à ce qu'il soit bien doré.

Ce poulet se sert accompagné d'un riz blanc.

CANARD AU CITRON

Pour 4 personnses

Préparation : 10 minutes
Cuisson : 30 minutes

Ingrédients

1 canard col-vert
1 cuillère à café de thym
1 cuillère à café de persil haché
1 feuille de laurier
2 clous de girofle
2 citrons
sel
poivre.

Beurrez abondamment une grande feuille de papier aluminium. Saupoudrez de thym, de persil haché, du laurier émietté, salez et poivrez. Mettez au centre de cette feuille le canard paré pour la cuisson. Refermez le papier sur le canard avec soin, mettez dans un plat et portez à four vif 30 minutes en retournant souvent.

Découpez le canard, dressez-le sur un plat, saupoudré des clous de girofle réduits en purée et du jus des citrons.

BITOKS AU CITRON

Pour 4 personnes

Préparation : 30 minutes
Cuisson : 10 minutes

Ingrédients

600 g de viande de veau, hachée
200 g de mie de pain
1/4 de l de lait
2 œufs
1 verre de bouillon de pot-au-feu
2 citrons
3 cuillères à soupe de crème fraîche
2 cuillères à soupe de beurre
50 g de farine
sel
poivre.

Trempez la mie de pain dans le lait; essorez-la avant de la hacher. Incorporez-la à la viande de veau hachée; salez et poivrez.

Séparez les jaunes des blancs d'œufs. Incorporez seulement les jaunes au hachis; salez et poivrez légèrement.

Versez un peu de farine dans une assiette. Formez 8 boulettes avec le hachis que vous aplatirez et farinerez. Faites-les dorer au beurre sur leurs deux faces.

Exprimez le jus d'un citron et détaillez un autre en huit morceaux.

Quand les bitoks sont bien dorés, enlevez-les de la poêle et réservez-les sur un plat chaud. Versez le bouillon dans la poêle avec le jus du citron. Laissez bouillir 1 minute; puis hors du feu incorporez la crème fraîche. Salez et poivrez. Nappez les bitoks de cette sauce. Décorez chacun d'une tranche de citron. Servez chaud.

TASSAU DE BŒUF

Pour 4 personnes

Temps de réalisation : 6 h
Préparation : 30 minutes
Cuisson : 5 minutes

Ingrédients

800 g de filet de bœuf ou de rumsteack
6 citrons
6 oranges à jus
2 piments verts
1 petit bouquet de thym
4 échalotes
1 oignon
4 clous de girofle
1 cuillère à café de sucre en poudre
4 bananes
sel
poivre.

Versez 1 litre d'eau dans une casserole. Faites-la bouillir puis laissez-la refroidir.

Dans un mortier mettez les piments verts coupés en petits morceaux; émiettez le thym, ajoutez les clous de girofle, les échalotes, l'oignon coupé en morceaux; saupoudrez du sucre et pilez le tout finement.

Délayez cette pâte dans l'eau bouillie froide. Pressez les oranges et les citrons. Ajoutez leur jus à la marinade.

Coupez la viande en fines tranches. Mettez-la dans un saladier, recouverte de la marinade. Laissez prendre goût 6 heures au frais.

Quand les tranches auront mariné, égouttez-les, épongez-les, puis passez-les à la poêle ou au gril. Salez, poivrez. Servez avec les bananes frites ou pochées à l'eau bouillante.

SOUFFLÉ AU CITRON

Pour 4 personnes

Préparation : 30 minutes
Cuisson : 45 minutes

Ingrédients

3 citrons
1/2 litre de lait
35 morceaux de sucre
2 cuillères à soupe de farine
2 cuillères à soupe de beurre
4 œufs
1 écorce de citron, confite.

Lavez les citrons, frottez ensuite les morceaux de sucre sur les citrons et faites-les fondre dans le lait.

Maniez ensemble le beurre et la farine. Faites chauffer le lait, incorporez le beurre manié, en tournant constamment jusqu'à ce que la préparation épaississe.

Séparez les jaunes des blancs d'œufs. Incorporez hors du feu les jaunes à la préparation. Battez les blancs en neige très ferme. Coupez en fines lamelles l'écorce de citron confite, que vous ajoutez à la préparation ainsi que les blancs battus en neige.

Beurrez un moule à soufflé assez grand afin que le soufflé avant la cuisson n'atteigne seulement que les 2/3 de la hauteur. Mettez à four doux 45 minutes sans ouvrir en cours de cuisson.

TARTE AU CITRON MERINGUÉE

Pour 6 personnes

Préparation : 35 minutes
Cuisson : 35 minutes

Ingrédients

3 citrons
3 cuillères à soupe de farine
3 œufs
200 g de sucre en poudre
250 g de pâte brisée*.

Râpez les zestes de citron. Versez 2 verres d'eau dans une petite casserole émaillée ; portez à ébullition, puis hors du feu mettez les zestes, couvrez et laissez infuser.

Préparez la pâte brisée. Abaissez cette pâte jusqu'à une épaisseur d'1/2 centimètre. Beurrez un moule à tarte, garnissez-le de la pâte. Prenez la précaution de placer 2 poignées de haricots secs sur la pâte pour l'empêcher de se déformer. Posez une feuille de papier beurré sur le tout. Faites cuire 25 minutes à feu moyen.

Pendant ce temps, exprimez le jus des citrons. Versez-le dans un bol, délayez 2 cuillerées de farine, ajoutez le tout dans la casserole où infusent les zestes de citrons ; mettez à feu doux en tournant à la cuillère de bois 5 à 10 minutes, jusqu'à ce que la préparation épaississe.

Séparez les jaunes des blancs d'œufs, incorporez les jaunes hors du feu à la crème citronnée ainsi que le sucre dont vous aurez réservé 2 cuillerées à soupe.

Garnissez la tarte de cette préparation. Battez les blancs d'œufs en neige ferme en ajoutant les 2 cuillerées du sucre en poudre qui reste. Recouvrez la tarte des blancs battus. Portez à four moyen, jusqu'à ce que la meringue comme à dorer.

---

* Dont vous trouverez la recette page 377.

YUZA-CHA (Boisson au citron et au gingembre)

Pour 6 tasses
Temps de réalisation : 8 jours
Préparation : 10 minutes
Cuisson : 20 minutes

Ingrédients

2 citrons
1 morceau de gingembre
le même poids de sucre en poudre que de citron.

Mettez les 2 citrons sur le plateau d'une balance. Pesez sur l'autre plateau le même poids de sucre en poudre.

Lavez et essuyez soigneusement les citrons. Détaillez-les en tranches très fines. Placez quelques rondelles de citron dans une assiette creuse. Recouvrez-les largement de sucre en poudre. Disposez à nouveau une couche de tranches de citron, recouvrez de sucre et ainsi de suite. Couvrez l'assiette et laissez macérer pendant 8 jours.

Au moment d'utiliser cette préparation, versez 6 tasses d'eau dans une casserole. Coupez un petit morceau de gingembre en lamelles. Mettez-les dans l'eau et portez à ébullition.

Placez une tranche de citron dans chaque tasse. Ajoutez une cuillerée du jus de citron macéré. Remplissez les tasses de l'infusion de gingembre. Servez chaud.

MANDARINES

MANDARINES D'ORTOLANS

Pour 2 personnes

Préparation : 45 minutes
Réfrigération : 2 h

Ingrédients

12 mandarines
12 ortolans
1 bol de gelée
1 jus de citron
sel
poivre.

Cernez le dessus d'autant de mandarines que vous avez d'oiseaux avec un couteau pointu bien aiguisé. Aux 2/3 de leur hauteur, détachez le couvercle avec précaution, évidez avec soin l'intérieur en laissant l'écorce intacte.

Dans chaque mandarine, déposez un ortolan rôti à la broche et refroidi, en laissant la tête légèrement sortie de l'écorce.

Entourez l'oiseau de quelques quartiers de mandarines pelées à vif. Remplisssez l'écorce de gelée aromatisée du jus de citron. Laissez prendre. Dressez sur un plat recouvert d'une serviette, en rapportant sur chaque mandarine son couvercle de façon à ce que la tête de l'oiseau semble soulever celui-ci.

PERDREAUX AUX MANDARINES

Pour 4 personnes

Préparation : 1 h
Cuisson : 35 à 45 minutes

Ingrédients

2 perdreaux
1 verre de Gin
2 ou 3 mandarines
2 bardes de lard
1 verre de vin de Porto
2 échalotes
1 branche de thym
2 oranges
1/2 citron
1 tasse de bouillon de bœuf
1 cuillère à soupe de farine
1 cuillère à soupe de beurre
sel
poivre de Cayenne.

Frottez 2 jeunes perdreaux avec du Gin. A l'intérieur, introduisez 6 tranches de mandarine et 1/2 cuillerée à café de Gin. Bridez-les, salez, poivrez, bardez et ficelez.

Faites-les cuire 30 minutes au beurre dans une cocotte à feu moyen.

Préparez la sauce suivante : dans une casserole versez le Porto auquel vous ajouterez une cuillerée à café d'échalotes émincées, le thym, le jus des oranges, quelques gouttes de jus de citron, une pointe de zeste d'orange finement râpé. Salez et poivrez légèrement. Faites réduire de moitié, puis passez au chinois. Remettez au feu en ajoutant le bouillon et la farine délayée dans un peu d'eau. Amenez doucement à ébullition, laissez mijoter 5 minutes. mijotez 5 minutes.

Servez les oiseaux sur un plat chaud, la sauce en saucière.

ORANGES

SOUPE DE POISSONS DES CARAÏBES

Pour 6 personnes   Préparation : 30 minutes
                                    Cuisson : 50 minutes

Ingrédients

750 g de grondins
2 oranges à jus
1 citron
1 carotte
1 navet
6 pommes de terre
6 tomates
1 poireau
1 oignon
1 poignée de haricots verts
6 gousses d'ail
1 cuillère à café de poivre vert
2 cuillères à soupe d'huile d'olive
sel
poivre.

Exprimez dans un plat creux le jus des oranges et du citron. Faites macérer les poissons vidés et écaillés dans ce jus. Hachez et pilez ensemble les gousses d'ail, le blanc du poireau et le poivre vert. Enduisez les poissons de cette préparation avant de les mettre dans un faitout. Recouvrez d'eau, faites frémir 20 minutes environ.

Pendant ce temps épluchez les légumes et coupez-les en morceaux séparément. Réservez l'oignon. Faites-les revenir dans une sauteuse avec l'huile : d'abord la carotte et le navet, les haricots verts, puis les tomates. Quand les légumes sont bien rissolés, mettez-les dans le faitout avec les pommes de terre coupées en dés. Salez et poivrez. Laissez frémir encore 20 minutes ou plus si les légumes ne sont pas cuits.

216

Au moment de servir, sortez avec une écumoire la moitié des légumes, passez-les au moulin à légumes, remettez-les dans la soupe. Coupez l'oignon en rondelles, faites-le brunir à l'huile, mettez-le dans la soupière au dernier moment et servez.

MORUE A L'ORANGE

Pour 6 personnes

Temps de réalisation : 24 h
Préparation : 30 minutes
Cuisson : 25 minutes environ

Ingrédients

1 orange
1 kg de morue salée
1/4 de verre à moutarde de curaçao
3/4 de verre à moutarde de bon vinaigre de vin
8 morceaux de sucre
1 tasse d'huile d'olive
3 œufs
12 pommes de terre moyennes
sel
poivre.

24 heures avant la préparation du plat faites dessaler la morue.

Dans une assiette creuse battez les œufs en omelette, salez et poivrez. Prélevez le zeste de l'orange à l'aide d'un épluche-légumes, coupez-le en tronçons, mettez ceux-ci dans un bol avec le sucre, versez le 1/4 de verre à moutarde de curaçao et 3/4 du même verre de bon vinaigre de vin. Laissez dissoudre le sucre.

Épongez la morue. Divisez-la en 12 parts, enrobez-les dans les œufs battus et dans la farine. Faites-les frire dans la poêle à l'huile d'olive, jusqu'au moment où les morceaux deviendront roux. Versez le contenu du bol dans la poêle, laissez réduire à feu doux jusqu'à ce que la sauce commence à se caraméliser.

D'autre part vous aurez épluché et fait cuire à la vapeur les pommes de terre. Servez la morue et sa sauce entourées des pommes de terre vapeur.

SALADE DE LAITUE A L'ORANGE

Pour 4 personnes

Préparation : 15 minutes
Pas de cuisson

Ingrédients

1 laitue
1 orange
1 poignée de cerneaux de noix
1 poignée d'amandes mondées
3 cuillères à soupe de crème fraîche
1 citron
sel
poivre.

Prélevez le zeste de l'orange. Coupez-le en minces lanières. Hachez les amandes et les cerneaux de noix.

Coupez les feuilles de la laitue lavée et essorée. Versez la crème fraîche, le jus du citron, les noix et les amandes hachées dans un saladier. Salez et poivrez.

Pelez à vif l'orange. Coupez-la en fines tranches; épépinez-la. Mettez la salade et les tranches d'oranges dans le saladier. Ne remuez la salade qu'au moment de servir.

POULET A L'ORANGE

Pour 4 personnes

Préparation : 18 h
Cuisson : 45 minutes

Ingrédients

1 poulet de 1,2 kg environ
1/2 l de jus d'orange non sucré
2 cuillères à soupe d'huile
1/4 de piment vert
2 gousses d'ail
1 oignon
4 échalotes
1 petit bouquet de persil
1 petit bouquet de thym
sel
poivre.

Découpez les membres et levez les blancs du poulet, mettez-les dans une terrine, recouvrez-les du jus d'orange. Laissez mariner une nuit au frais. Épluchez l'ail, l'oignon et les échalotes. Coupez l'oignon en rondelles, hachez les échalotes finement.

Sortez les morceaux de poulet de la marinade, épongez-les, et faites-les dorer à l'huile dans la cocotte une dizaine de minutes. Quand ils ont pris couleur, ajoutez les échalotes, les rondelles d'oignon, le persil, l'ail, le thym et le piment vert. Salez, poivrez, mouillez de la marinade. Portez à ébullition, couvrez et laissez mijoter à feu doux 35 minutes.

CANARD A L'ORANGE

Pour 6 personnes

Préparation : 1 h
Cuisson : 2 h 15

Ingrédients

1 canard de Barbarie de 3 kg
1 kg d'oranges
1 citron
3 carottes
1 gros oignon
1 cuillère à soupe de concentré de tomates
1 verre d'huile d'arachide
100 g de beurre
1 bouquet de thym
1 feuille de laurier
1 verre de vinaigre d'alcool
1 cuillère à café de fécule
1 verre à liqueur de Grand Marnier
100 g de sucre en poudre
2 verres de vin blanc sec
1/4 de l de bouillon de pot-au-feu dégraissé
sel
poivre.

Coupez le cou et les abattis du canard, brisez ces derniers. Épluchez l'oignon et les carottes, coupez-les en dés. Faites revenir les abattis dans une casserole avec une cuillerée à soupe de beurre jusqu'à ce qu'ils aient une belle couleur. Ajoutez l'oignon et les carottes, faites-les revenir également quelques minutes, puis ôtez toute la matière grasse. Mouillez avec 1/2 verre de vin blanc et recouvrez à peine de bouillon. Mettez la cuillerée de concentré de tomates, le bouquet de thym et la feuille de laurier. Salez et poivrez, couvrez et laissez mijoter 1 heure à feu très doux.

Pendant ce temps, enduisez le canard de beurre, mettez-le dans un plat et faites-le cuire au four 2 heures environ. Le canard cuit, ôtez-le du plat, laissez réduire un peu le jus de cuisson puis déglacez avec le reste de vin blanc et quelques cuillerées du bouillon de la casserole. Délayez bien, faites réduire 1 minute ou 2 puis mettez le tout dans la casserole et passez au chinois. Réservez cette sauce.

Dans une casserole, versez le sucre et un peu d'eau, mettez sur le feu.

Lorsque le sucre commence à se caraméliser versez le vinaigre d'alcool et le verre de Grand Marnier dans la sauce. Délayez la fécule dans un peu d'eau, laissez la sauce s'épaissir.

Prenez le zeste du citron et de 2 oranges. Coupez-les en fines lanières. Faites bouillir une petite casserole d'eau, pochez les zestes quelques instants puis sortez-les, passez-les à l'eau fraîche, ajoutez-les à la sauce.

Pelez les oranges à vif. Dressez le canard sur le plat de service entouré des tranches d'oranges. Nappez de la sauce et servez.

VEAU DES HESPÉRIDES

Pour 6 personnes

Préparation : 20 minutes
Cuisson : 45 minutes

Ingrédients

1,2 kg de noix de veau
5 oranges
125 g de lard fumé
2 cuillères à soupe de beurre
1 cuillère à soupe d'huile
1 verre de vin blanc sec
1 verre à liqueur de Cognac
1 kg de carottes
1 bouquet de thym
1 feuille de laurier
4 oignons
sel
poivre.

Épluchez et coupez en rondelles les oignons. Détaillez en dés les tranches de poitrine fumée.

Mettez dans une cocotte le beurre et l'huile. Faites revenir les lardons puis les oignons et la noix de veau. Dès que la viande est dorée versez hors du feu le Cognac et flambez. Mouillez ensuite avec le vin blanc sec et un verre d'eau. Salez, poivrez, ajoutez le bouquet de thym et la feuille de laurier. Couvrez la cocotte et laissez cuire 45 minutes.

Pendant ce temps épluchez les carottes. Coupez-les en fines rondelles. Exprimez le jus de 3 oranges. Pelez et détaillez en quartiers les 2 autres.

Quand la viande aura suffisamment mijoté, ajoutez les carottes, le jus et les quartiers d'oranges. Couvrez à nouveau la cocotte et laissez encore mijotez 3/4 d'heure. Servez le veau entouré de sa garniture.

TASSAU DE VEAU

Pour 4 personnes

Préparation : 4 h 30
Cuisson : 10 minutes

Ingrédients

*8 escalopes de veau très fines
1 orange
1 citron
1 cuillère à café de sucre en poudre
4 clous de girofle
1 gousse d'ail
1 petit bouquet de ciboulette
1 pincée de thym en poudre
1 petit bouquet de persil
4 bananes vertes
2 cuillères à soupe de beurre
huile
sel
poivre.*

Versez 1 litre d'eau dans une casserole. Faites bouillir puis laissez refroidir complètement.

Dans un mortier pilez la ciboulette, le thym en poudre, la gousse d'ail, les clous de girofle. Ajoutez le sucre en poudre, salez et poivrez.

Délayez ces épices dans l'eau bouillie froide. Ajoutez le jus de l'orange et celui du citron.

Mettez les escalopes dans un saladier, recouvertes de l'eau aromatisée. Laissez prendre goût 4 heures.

Les escalopes marinées, faites-les frire rapidement au beurre ou à l'huile. Gardez-les au chaud sur le plat de service.

Épluchez et fendez en deux les bananes vertes. Faites-les dorer au beurre. Placez-les autour des escalopes salées et poivrées. Servez chaud.

N.B. La même recette peut servir pour accommoder des blancs de poulet ou des filets de dinde.

CÔTES DE PORC A L'ORANGE

Pour 4 personnes

Préparation : 5 minutes
Cuisson : 15 minutes

Ingrédients

4 côtelettes de porc
1 cuillère à soupe d'huile d'arachide
3 oranges
1 verre à liqueur de Cognac
sel
poivre.

Dans une poêle dorer les côtes de porc à l'huile 5 minutes sur chaque face.

Exprimez le jus d'une orange, pelez les autres, divisez-les en 8 tranches.

Quand la viande est cuite à point, salez et poivrez. Hors du feu versez le Cognac et flambez.

Ajoutez dans la poêle le jus et les tranches d'oranges. Laissez mijoter à feu doux, 5 minutes. Servez chaud.

Maquereaux aux mirabelles

Canard aux pêches

RAGOÛT DE PORC HAÏTIEN

Pour 6 personnes

Préparation : 15 minutes
Cuisson : 2 h 10

Ingrédients

1,2 kg d'échine de porc
4 oranges à jus
2 oignons
150 g d'échalotes
1 bouquet de thym
1/2 piment
1 bouquet de persil
1 cuillère à soupe d'huile d'arachide
sel
poivre.

Épluchez les oignons et 4 échalotes. Exprimez le jus de 3 oranges.

Dans un faitout mettez la viande avec les oignons, les échalotes, le thym et le jus d'orange. Salez et poivrez; couvrez et laissez cuire 2 heures environ.

15 minutes avant la fin de la cuisson, préparez la sauce.

Épluchez et hachez finement les échalotes restantes et le persil. Faites-les revenir dans une poêle avec un peu d'huile. Ajoutez le bouquet de thym et le piment coupé en lamelles. Quand les échalotes sont dorées, arrosez-les du jus de la dernière orange et faites bouillir 1 minute. Salez et poivrez.

Tenez la sauce au chaud. Lorsque la viande est cuite, égouttez-la, en morceaux gros comme le pouce. Mettez 1/2 cuillerée d'huile d'arachide dans une poêle, faites frire les morceaux de viande, disposez-les sur le plat de service nappés de la sauce.

RÔTI DE PORC A LA GELÉE D'ORANGE

Pour 6 personnes

Temps de réalisation : 5 h
Préparation : 30 minutes
Cuisson : 1 h 15

Ingrédients

1,5 kg de filet de porc
3 kg d'oranges à jus
3 gros oignons
3 cuillères à soupe d'huile d'arachide
2 ou 3 sachets de gélatine en poudre
sel
poivre.

Pressez 3 kg d'oranges environ pour obtenir 1 litre de jus (ne prenez pas d'oranges sanguines qui seraient trop sucrées). Épluchez et coupez en quartiers les oignons. Faites chauffer l'huile dans une cocotte, dorez les oignons et le rôti sur toutes ses faces. Lorsqu'il a pris couleur, salez et poivrez, puis ajoutez le jus des oranges. Couvrez et laissez cuire à feu doux 1 heure 15. Vérifiez la cuisson du rôti et laissez-le refroidir dans son jus. Placez-le dans un moule à pâte ou une terrine rectangulaire.

Passez le jus de cuisson au chinois, incorporez la gélatine.

Décorez le rôti avec des tranches d'oranges coupées très fines. Recouvrez-le de la gelée liquide. Placez-le 5 h au réfrigérateur, ou mieux préparez le plat la veille. Lorsque la gelée est bien prise, démoulez, servez avec des tranches pelées à vif.

SARCELLES AUX ORANGES

Pour 4 personnes

Préparation : 30 minutes
Cuisson : 1 h 45

Ingrédients

2 sarcelles
1 kg d'oranges
2 cuillères à soupe de maïzena
1 cuillère à soupe de vinaigre
1 citron
1 cuillère à soupe de sucre en poudre
sel
poivre.

Faites dorer les sarcelles dans une cocotte au beurre ou à l'huile. Quand elles ont une belle couleur, couvrez et laissez mijoter à feu doux pendant 1 heure 30.

Râpez le zeste de 2 oranges et celui du citron.

Pressez 4 oranges et le citron pour en recueillir le jus.

Pelez à vif les oranges restantes et divisez-les en tranches fines.

Quand la cuisson des sarcelles est terminée, retirez les oiseaux de la cocotte, réservez-les au chaud. Préparez un caramel avec le sucre et 2 cuillerées d'eau, ajoutez le vinaigre. Dégraissez le jus de cuisson avec un fouet trempé dans de l'eau froide ; ajoutez le caramel, les zestes et le jus des fruits, faites mijoter 5 minutes à feu doux.

Liez la sauce avec la maïzena délayée dans un peu d'eau. Découpez les oiseaux, dressez-les sur le plat de service, entourés des tranches d'oranges. Nappez d'une partie de la sauce, et servez le reste en saucière.

SARCELLES RÔTIES AUX BIGARADES

Pour 8 personnes

Préparation : 20 minutes
Cuisson : 25 à 30 minutes

Ingrédients

4 sarcelles
3 cuillères à soupe de beurre
1 citron
1 pointe de 4 épices
2 oranges amères (bigarades)
8 canapés de pain de mie
4 bardes de lard
sel
poivre.

Réservez les foies des sarcelles. Écrasez-les avec 2 cuillerées à soupe de beurre, le zeste du citron râpé et la pointe de 4 épices.

Garnissez l'intérieur des oiseaux de cette farce, posez une rondelle de citron sur le ventre de chaque sarcelle, bardez et bridez-les.

Cuisez-les à la broche, à défaut au four pendant 25 minutes. Incorporez au jus de cuisson le jus des bigarades. Versez le jus sur les canapés de pain de mie, frits avec le restant du beurre, servez les oiseaux sur les canapés.

PALOMBES A L'ORANGE

Pour 8 personnes

Préparation : 30 minutes
Cuisson : 35 minutes

Ingrédients

4 palombes
2 oignons
150 g de beurre
100 g de riz cuit à l'eau
1 cuillère à soupe de persil haché
1 cuillère à soupe de cerfeuil haché
1 cuillère à soupe de céleri en branche haché
1 zeste d'orange
4 bardes de lard
1 verre à liqueur de Cognac
1 verre à liqueur de Grand Marnier
4 oranges
4 tranches de pain de mie
sel
poivre.

Coupez les oignons en lamelles. Faites-les revenir dans une sauteuse avec 1 cuillerée de beurre. Mélangez le riz cuit aux oignons. Ajoutez le persil, le cerfeuil et le céleri. Incorporez ensuite le foie des palombes, haché. Farcissez les oiseaux de ce mélange et du zeste. Recousez, bardez et ficelez les oiseaux.

Faites dorer à la cocotte vos palombes dans le beurre, arrosez-les hors du feu avec le Cognac et le Grand Marnier, flambez. Ajoutez un verre d'eau, salez, poivrez et faites cuire à feu doux 30 minutes environ.

Détaillez les oranges en quartiers, saupoudrez-les de sucre en poudre, ajoutez-les aux oiseaux 10 minutes avant la fin de la cuisson.

Pendant ce temps faites frire au beurre dans une poêle les tranches de pain de mie. Servez très chauds les oiseaux disposés sur les canapés. Décorez avec les quartiers d'oranges.

PERDRIX AUX ORANGES

Pour 4 personnes

Préparation : 30 minutes
Cuisson : 50 minutes

Ingrédients

2 perdreaux
100 g de beurre
2 oranges
1 citron
1 cuillère à soupe de fécule
1 verre à liqueur de curaçao
2 tranches de pain de mie
sel
poivre.

Faites revenir les perdrix préparées pour la cuisson dans une cocotte avec la moitié du beurre pendant 45 minutes.

Prélevez le zeste du citron et écorcez les oranges que vous détaillerez en bâtonnets et ferez blanchir 5 minutes. Égouttez-les.

Otez les perdrix dès qu'elles sont cuites; réservez-les au chaud. Mettez les zestes et les écorces dans la cocotte, laissez cuire 5 minutes. Passez le jus de cuisson au chinois dans une petite casserole, ajoutez la fécule délayée dans 1/2 verre d'eau et le curaçao. Liez la sauce quelques instants à feu doux en incorporant le reste du beurre au fouet.

Pelez les quartiers d'oranges à vif. Faites frire les tranches de pain de mie, détaillées en croûtons. Coupez les oiseaux en deux. Dressez-les sur le plat de service nappés de la sauce. Décorez le plat avec les croûtons et les quartiers d'oranges.

ENTREMETS DE CÔTES DE BLETTES
AUX ORANGES CONFITES

Pour 4 personnes

Préparation : 10 minutes
Cuisson : 1 h environ

Ingrédients

12 côtes de blettes
4 quartiers d'écorce d'orange, confite
(3 douces et 1 amère si possible)
4 cuillères à soupe de beurre
2 cuillères à soupe de farine
2 verres de lait environ
2 cuillères à soupe de sucre en poudre.

Otez le vert et nettoyez les côtes de blettes, faites-les cuire à la vapeur jusqu'à ce qu'elles soient tendres. Hachez les écorces d'oranges confites. Faites fondre la moitié du beurre dans une petite casserole, ajoutez la farine quand le beurre a absorbé la farine, délayez avec le lait froid à l'aide d'une spatule en bois. Laissez épaissir, ajoutez un peu de lait si la sauce est trop consistante.

Lorsqu'elle est onctueuse, incorporez le reste du beurre et les oranges confites. Sucrez à votre goût. Placez les côtes de blettes bien égouttées sur le plat de service, nappez de la sauce et servez.

TARTE AUX POMMES ET AUX ORANGES

Pour 6 personnes

Préparation : 1 h
Cuisson : 30 minutes

Ingrédients

300 g de pâte brisée*
500 g de pommes
2 oranges
12 pruneaux réhydratés
1 cuillère à café de vanille en poudre
1/2 l de cidre
1 cuillère à café de rhum
2 cuillères à soupe de beurre
10 morceaux de sucre.

Pelez les pommes, ôtez les cœurs et les pépins. Coupez-les en morceaux. Mettez-les dans une casserole avec le sucre, le beurre et la vanille, ajoutez 1/4 de verre d'eau. Couvrez la casserole et faites cuire à feu doux jusqu'à ce que les pommes soient cuites.

Préparez la pâte, abaissez-la et garnissez un moule beurré. Posez sur le fond des pois chiches pour l'empêcher de gonfler. Portez à four chaud 20 à 25 minutes. Retirez les pois chiches.

Dénoyautez les pruneaux, faites-les cuire dans le cidre. Pelez les oranges, coupez-les en tranches fines. Lorsque le fond de tarte est cuit, garnissez-le de la compote de pommes, disposez dessus les pruneaux et les tranches d'oranges.

Au moment de servir arrosez la tarte d'une petite cuillère de rhum.

* Dont vous trouverez la recette page 377.

SOUFFLÉ A L'ORANGE

Pour 4 personnes

Préparation : 20 minutes
Cuisson : 45 minutes

Ingrédients

1 grosse orange à peau épaisse
2 écorces d'orange confite
2 cuillères à soupe de farine
2 cuillères à soupe de sucre en poudre
2 cuillères à soupe de beurre
1 cuillère à soupe de crème fraîche
1/2 verre de lait
4 œufs

Lavez et essuyez l'orange, râpez finement le zeste au-dessus d'un bol. Incorporez la crème fraîche. Portez le lait à ébullition.

Faites fondre le beurre dans une casserole, incorporez d'abord le sucre puis la farine. Mouillez avec le lait bouillant, faites épaissir en tournant constamment la préparation, la casserole inclinée sur le feu jusqu'à consistance d'une crème épaisse.

Séparez les jaunes des blancs des œufs. Délayez, hors du feu, les jaunes, puis la crème fraîche dans la préparation précédente.

Battez les blancs en neige ferme, ajoutez-les à leur tour avec précaution pour ne pas les faire tomber. Beurrez un moule à soufflé d'une taille suffisante pour que la préparation ne le remplisse qu'aux 2/3.

Faites cuire au bain-marie 45 minutes à four doux, thermostat 5.

OMELETTE A L'ORANGE

Pour 4 personnes

Préparation : 10 minutes
Cuisson : 5 à 6 minutes

Ingrédients

6 œufs
1 pot de marmelade d'oranges en tranches
1 noix de beurre
1 verre à liqueur de Cointreau
2 cuillères à café de sucre en poudre.

Séparez les jaunes des blancs des œufs. Hachez 4 tranches d'oranges de la marmelade, ajoutez-les aux jaunes d'œufs, et battez le tout ensemble.

Montez les blancs en neige ferme avant de les incorporer doucement aux jaunes.

Faites fondre le beurre dans une poêle, versez l'omelette, laissez-la cuire 5 à 6 minutes ; elle doit monter comme un soufllé.

Lorsque l'omelette est prête, placez-la sur un plat chaud. Saupoudrez légèrement de sucre en poudre. Faites tiédir le petit verre de Cointreau. Sur la table, versez l'alcool sur l'omelette et flambez.

SALADE D'ORANGE A LA MAROCAINE

Pour 6 personnes

Préparation : 30 minutes
Pas de cuisson

Ingrédients

6 oranges
2 citrons
2 bottes de radis
1 cuillère à soupe de sucre en poudre.

Hachez les radis finement après les avoir épluchés.

Mettez dans un saladier les oranges pelées à vif et coupées en tranches fines. Ajoutez-les aux radis.

Exprimez le jus des citrons. Versez-le dans le saladier avec le sucre en poudre.

Mettez au réfrigérateur 30 minutes. Ne mélangez la salade qu'au moment de servir.

ÉCLAIRS A L'ORANGE

Pour 6 personnes

Préparation : 5 minutes
Cuisson : 10 minutes

Ingrédients

3 oranges
7 tasses de lait
1 tasse de farine
5 œufs
3 tasses de sucre en poudre
5 morceaux de sucre
pâte à choux*.

Râpez le zeste de 2 oranges à peau épaisse. Versez le lait dans une casserole avec le zeste. Portez à ébullition et laissez prendre goût quelques instants. Laissez tiédir puis incorporez deux œufs entiers et seulement les jaunes des trois autres œufs; ajoutez le sucre en poudre.

Travaillez cette crème au fouet, remettez à feu doux et faites épaissir sans bouillir, en travaillant constamment au fouet, puis laissez refroidir.

Préparez la pâte à choux et cuisez les éclairs. Fendez-les en deux et garnissez-les de crème.

Frottez les morceaux de sucre sur l'écorce d'une orange pour qu'ils s'imprègnent de son parfum. Dans une petite casserole faites dissoudre le sucre aromatisé dans 1/2 verre d'eau; portez à feu doux jusqu'à ce que le sucre commence à se caraméliser; versez un peu de caramel sur chaque éclair. Laissez-le se solidifier.

* Dont vous trouverez la recette page 378.

PAMPLEMOUSSES

PAMPLEMOUSSES FARCIS AU CRABE

Pour 4 personnes

Préparation : 30 minutes
Réfrigération : 1 h

Ingrédients

4 pamplemousses
2 boîtes de crabes de 250 g chacune
1 jaune d'œuf
1 cuillère à café de moutarde
1 cuillère à soupe de vinaigre
2 verres d'huile (arachide ou olive)
2 cuillères à soupe de crème fraîche
2 cuillères à soupe de ketchup
2 cuillères à soupe de whisky
sel
poivre.

Partagez en deux les pamplemousses, détachez la pulpe et divisez-la en petit dés. Réservez les écorces.

Émiettez la chair de crabe en enlevant les cartilages s'il en reste.

Montez une mayonnaise avec la moutarde, l'œuf et l'huile, salez et poivrez.

Fouettez ensemble dans un bol, la crème fraîche, le ketchup, le whisky et le vinaigre avant de les incorporer à la mayonnaise.

Mélangez dans un saladier les dés de pamplemousse, la chair du crabe et la mayonnaise.

Garnissez les écorces de la préparation, mettez 1 heure au réfrigérateur avant de servir.

SALADE MIXTE AUX PAMPLEMOUSSES

Pour 4 personnes

Préparation : 15 minutes
Réfrigération : 1 h

Ingrédients

2 pamplemousses
1 laitue
1/4 de chou blanc
1/4 de chou-fleur
2 tomates
1/2 concombre
50 g d'olives vertes
50 g d'olives noires
2 cuillères à soupe de vinaigre de vin
4 cuillères à soupe d'huile d'olive
sel
poivre.

Partagez les pamplemousses, détachez la chair de l'écorce, et divisez-la en dés. Lavez et essorez la laitue, puis coupez ses feuilles en lanières. Procédez de même avec le chou blanc.

Détachez de très petits bouquets de chou-fleur cru. Épépinez et coupez en dés les tomates et le concombre.

Mettez tous ces ingrédients dans un saladier, salez et poivrez, assaisonnez avec l'huile et le vinaigre, mêlez bien la salade avant d'en garnir les écorces de pamplemousses.

Décorez avec les olives, et mettez à rafraîchir avant de servir.

POULET AUX PAMPLEMOUSSES

Pour 4 personnes

Préparation : 20 minutes
Cuisson : 1 h

Ingrédients

1 poulet de 1,5 kg
2 pamplemousses
2 cuillères à soupe de farine
2 cuillères à soupe de beurre
1 verre à liqueur de Cognac
1 verre de Porto
1 verre de bouillon de pot-au-feu
1 pincée de paprika
sel
poivre.

Découpez le poulet en 8 parts. Otez le plus d'os possible. Versez la farine dans une assiette et farinez chaque morceau.

Faites cuire les morceaux de poulet au beurre dans une cocotte 40 minutes. Salez et poivrez.

Exprimez le jus d'un pamplemousse, et d'autre part coupez l'autre pamplemousse en deux. Otez la chair d'une moitié, divisez-la en dés. Coupez l'autre moitié en tranches fines.

Lorsque le poulet sera cuit, versez le Cognac dans la cocotte, et, hors du feu, flambez. Sortez-le et réservez-le au chaud.

Dans la cocotte versez le bouillon, le Porto, et le jus de pamplemousse. Rectifiez l'assaisonnement et faites mijoter une dizaine de minutes. Ajoutez alors les dés de pamplemousse. Portez à ébullition 5 minutes.

Posez les morceaux de poulet sur le plat de service décoré des tranches de pamplemousse, nappez de la sauce et servez accompagné d'un riz à la créole.

PORC AU JUS DE PAMPLEMOUSSE

Pour 6 personnes

Préparation : 15 minutes
Cuisson : 1 h 30

Ingrédients

1 bol de jus de pamplemousse frais
1,5 kg de filet de porc
100 g de poitrine fumée
2 cuillères à soupe de saindoux
1 bouquet de thym
4 clous de girofle
2 gousses d'ail
sel
poivre.

Piquez le rôti avec les gousses d'ail coupées en quatre. Dans une cocotte faites revenir la viande dans le saindoux.

Coupez en lardons la poitrine fumée. Lorsque le rôti est doré sur toutes ses faces, ajoutez-les dans la cocotte, avec le thym, et les clous de girofle.

Laissez la poitrine fumée prendre couleur puis mouillez avec le jus de pamplemousse, salez et poivrez. Couvrez la cocotte et laissez cuire à feu doux 1 heure 30. S'il y a trop d'évaporation, ajoutez encore un peu de jus de pamplemousse.

Servez ce plat accompagné de riz blanc.

FRUITS EXOTIQUES

GRENADES – DATTES – BANANES – MANGUES
PAPAYES – ANANAS – AVOCATS – NOIX DE COCO
ARACHIDES

Les grands navigateurs d'autrefois revenaient avec des descriptions de fruits extraordinaires qui poussaient dans les lointains pays.

Les expéditions scientifiques permirent aux botanistes de mieux reconnaître ces fruits. Puis à leur tour les colons les découvrirent et les cultivèrent. Certains ont pu s'acclimater en Europe, d'autres ne pouvaient se développer que dans les pays tropicaux. Mais la rapidité et l'amélioration des transports les mettent aujourd'hui pour la plupart à notre portée.

LE GRENADIER

Des fruits que nous appelons exotiques, les Romains connaissaient les grenades qu'ils appelaient *Granatum Punica* car bien que venant vraisemblablement d'Asie, ce furent les Carthaginois qui les leur firent découvrir. Le grenadier s'est facilement acclimaté sur tout le littoral méditerranéen.

Les Romains mangeaient les grenades, fraîches ou en exprimant le jus pour en faire une sorte de vin. Ils utilisaient aussi les grenades comme médicament.

Les Grecs parsemaient certains mets de graines de grenades en guise de condiment et cuisaient les aliments dans leurs écorces pour leur donner du goût.

A l'exception de quelques recettes de cuisine et comme fruits de dessert, les grenades sont surtout employées pour la fabrication de la grenadine.

LES DATTIERS

Il en existe de nombreuses sortes; ce sont des palmiers (*Phœnix*) originaires de l'Asie tropicale et des régions désertiques de l'Afrique.

Les Romains et les Grecs connaissaient aussi très bien les dattes, qu'ils consommaient fraîches ou cuites comme de nombreuses recettes anciennes en témoignent. A Rome, la coutume voulait que l'on offrît des dattes à ses amis aux calendes de janvier.

Certaines variétés de dattiers croissent à ras de terre, d'autres ont des troncs qui s'élèvent à 30 mètres de hauteur. Il existe des dattes géantes qui atteignent 7 centimètres de longueur.

Les dattes étaient autrefois la base de la nourriture des nomades et des caravaniers qui traversaient le Sahara.

Les dattes sont riches en vitamines A et B. En décoction à raison de 60 grammes de pulpe par litre d'eau, elles peuvent être employées comme sédatif pour les rhumes et les maux de gorge.

LE BANANIER (Musa)

C'est une herbe arborescente. Ses fruits ont été baptisés « Fruits de la Sagesse » ou « Fruits du Paradis ». Le bananier est originaire de la Chine et de l'Inde. Sa culture se pratique dans l'archipel Malais, en Océanie, ainsi qu'en Amérique centrale, aux Antilles et en Afrique centrale.

Exportées en Europe uniquement comme fruits de dessert, les bananes sont également consommées comme légumes dans leurs pays d'origine. La banane plantain par exemple n'est cultivée qu'à cet usage. Au Bengale, la moelle de bananier est un légume traditionnel de la cuisine paysanne.

Riches en vitamines A, B et C ainsi qu'en minéraux, les bananes ont un grand pouvoir nutritif. Pour jouir de toutes leurs propriétés, les bananes doivent être consommées bien mûres ou séchées.

Cependant, à défaut des bananes destinées à cet usage, on peut utiliser les bananes vertes dans les plats cuisinés.

LE MANGUIER

Également originaire de l'Inde et de l'archipel Malais, le manguier (*Mangifera Indica*) est un bel arbre qui peut atteindre 10 mètres de haut, dont la culture s'est étendue à de nombreux pays tropicaux.

Les mangues mûres sont délicieuses. Leur jus rafraîchissant, leur parfum subtil.

En Inde, cueillies vertes, elles servent d'accompagnement à certains plats de viandes ou servent de légumes et entrent dans la préparation des chutneys.

LE PAPAYER (*Carica*)

Les papayes sont moins connues en Europe que les mangues.

Originaires d'Amérique tropicale comme les avocats, elles sont cultivées aussi en Asie. Le papayer est une plante semi-ligneuse qui peut atteindre 10 mètres. Ses fruits en forme de poire, sont proches du melon.

On les consomme crues, ou, comme légumes, bouillis ou en gratin.

La papaïne contenue dans ces fruits a la propriété de transformer les protéines en peptone digestible. Peut-être pour cette raison, les Hindous les emploient dans leur cuisine, pour préparer des ragoûts de viande nécessitant une longue cuisson.

L'ANANAS (*Comosus*)

L'ananas d'origine brésilienne est également connu en Inde et Malaisie depuis fort longtemps. Il fut introduit en Europe dès le XVIIIe siècle. Aujourd'hui il est cultivé aux Antilles et en Afrique sur une grande échelle. Commencée à Hawaï en 1886, la production commerciale des ananas est devenue la seconde industrie de cette île.

Ce fruit est maintenant très commun sur tous nos marchés, et sa saveur acide et parfumée accompagne fort bien les viandes, à condition de prendre des fruits frais.

L'AVOCATIER (Persea americana)

D'origine américaine son fruit est également très commun sur nos marchés. L'avocatier est un arbre d'une dizaine de mètres de haut et dont la culture est pratiquée maintenant dans de nombreux pays méditerranéens. Ses fruits, les avocats, en forme de poire, ont une chair jaune très riche en matière grasse.

LE COCOTIER (Coco Nucifera)

Les cocotiers sont de grands palmiers originaires de Polynésie. Ils sont acclimatés dans toutes les zones côtières des régions tropicales. Le lait et la pulpe de la noix de coco entrent dans un grand nombre de recettes indiennes, indonésiennes et africaines. Les cocotiers sont surtout cultivés pour la graisse végétale, extraite du coprah (pulpe séchée), et pour la fibre entourant les noix, que l'on utilise pour faire des cordages, des brosses et des tapis.

LES ARACHIDES (Arachis)

Souvent appelées cacahuètes, mot tiré de la langue aztèque, cette plante fut ramenée en Europe par les conquistadores. L'arachide est une plante légumineuse qui s'est bien acclimatée dans toutes les régions chaudes à terrain sablonneux.

L'huile d'arachide est universellement employée en cuisine. Les graines grillées, râpées, ou réduites en pâte entrent dans certaines recettes africaines et asiatiques.

244

ANANAS

ANANAS AU BACON POUR COCKTAIL

Pour une douzaine de personnes Préparation : 30 minutes
            Cuisson : 10 minutes

Ingrédients

1 ananas d'1 kg
24 tranches très fines de lard fumé.

Pelez l'ananas; détaillez-le en tranches que vous diviserez en six morceaux.

Partagez en deux chaque tranche de lard fumé.

Entourez chaque morceau d'ananas d'une demi-tranche de lard fumé que vous fixerez à l'aide d'un cure-dent en bois.

Plongez ensuite chaque petite roulade dans une friture bien chaude ou grillez-les au feu de bois.

Servez bien chaud en apéritif.

SALADE D'ANANAS AUX RESTES DE VIANDE

Pour 6 personnes

Préparation : 30 minutes
Cuisson du maïs : 15 minutes

Ingrédients

4 épis de maïs vert*
1 ananas d'1 kg
300 grammes de restes de volaille
ou de porc rôti
1/2 litre de lait
1 cuillère de moutarde
1 pincée de curry
1 verre d'huile
1 œuf
vinaigre
sel
poivre.

Dans une grande casserole, faites bouillir le lait coupé d'un litre d'eau. Otez les bardes des épis de maïs, conservez leurs feuilles. Plongez-les dans le liquide bouillant et laissez cuire 15 minutes.

Pendant ce temps, pelez l'ananas, coupez-le en tranches puis en dés. Mettez-les dans un saladier.

Désossez et coupez en dés les restes de volailles ou de viande et ajoutez-les à l'ananas.

Égouttez les épis de maïs; détachez-en les grains que vous mêlerez à l'ananas et à la viande.

Montez une mayonnaise avec l'œuf, la moutarde et l'huile. Aromatisez d'une cuillerée de vinaigre et de curry en poudre.

Assaisonnez votre salade de cette mayonnaise.

---

* Le maïs peut se trouver en boîte déjà égrené, quand la saison du maïs est révolue.

CROQUE-MONSIEUR A L'HAWAÏENNE

Pour 4 personnes

Préparation : 10 minutes
Cuisson : 10 minutes

Ingrédients

4 tranches de pain de mie
4 fines tranches de gruyère (il en existe
spécialement prévues à cet usage)
4 tranches de bacon
4 tranches d'ananas frais de préférence
2 cuillères de beurre
12 cerises de conserve au naturel
papier d'aluminium
sel
poivre.

Faites dorer le pain de mie dans du beurre.

Posez sur chaque toast 1 tranche de bacon ainsi qu'1 tranche de gruyère. Partagez en quatre les tranches d'ananas, reconstituez-les sur le toast. Décorez avec trois cerises.

Enveloppez chaque croque-monsieur dans une feuille de papier d'aluminium, mettez à four chaud 10 minutes avant de servir.

CANARD SAUTÉ AUX ANANAS

Pour 4 personnes

Temps de réalisation : 12 h
Préparation : 1 h.
Cuisson : 45 minutes

Ingrédients

1 canard de 1,5 kg
1 oignon
4 gousses d'ail
2 cuillerées de beurre
1 cuillerée de farine
1 poignée de haricots verts frais
6 tranches d'ananas
1 tomate fraîche
1 sachet de champignons chinois séchés de 5 grammes
1 sachet de champignons chinois parfumés de 15 grammes
1 cuillerée de sucre en poudre
1 pincée de glutamate
1 flacon de sauce de soja
sel
poivre.

Douze heures avant la préparation du plat faire tremper les champignons parfumés. Procédez de même avec les champignons secs.

Désossez le canard. Coupez la chair en lamelles. Hachez finement les oignons et les gousses d'ail. Pelez un ananas frais dont vous recueillerez le jus. Égouttez les champignons parfumés en conservant l'eau dans laquelle ils ont trempé. Ajoutez les champignons secs. Lavez-les plusieurs fois et coupez-les en morceaux.

Dans une poêle, faites revenir au beurre l'oignon, l'ail hachés et la viande du canard. Lorsqu'ils ont pris une belle couleur, saupoudrez de farine, laissez-le blondir puis délayez avec le jus de l'ananas et l'eau des champignons parfumés. Assaisonnez avec une pincée de glutamate. Salez et poivrez et ajoutez le sucre en poudre.

Coupez une tomate en petits morceaux. Ajoutez-les à la sauce, avec les champignons. Couvrez la poêle et laissez mijoter une demi-heure.

Pendant ce temps, coupez en dés 4 tranches d'ananas, enlevez les fils d'une poignée de haricots verts frais. Coupez-les en tronçons. Ajoutez-les au plat, un quart d'heure avant la fin de la cuisson.

Servez chaud avec un riz blanc et un flacon de sauce de soja pour rectifier l'assaisonnement.

CRABE A L'ANANAS

Pour 4 personnes   Préparation : 30 minutes
                                    Pas de cuisson

Ingrédients

1 ananas frais d'1,5 kg
300 grammes de chair de crabe frais ou de conserve
1 gros céleri en branche
1 poignée de cerneaux de noix
2 cuillerées de crème aigre
1 bol de mayonnaise
1 laitue
1 grappe de raisin
sel
poivre.

Coupez le céleri en dés et hachez les cerneaux de noix.
Décortiquez les crabes.
Coupez les ananas dans le sens de la hauteur. Otez la partie dure du centre. Détaillez la pulpe en dés. Conservez les écorces.
Mettez les dés d'ananas dans une terrine avec les noix hachées et le céleri ; ajoutez la mayonnaise et la crème aigre. Salez et poivrez. Mélangez bien.
Garnissez l'intérieur des moitiés d'ananas de cette préparation.
Disposez la chair du crabe par-dessus.
Décorez avec les grains de raisin.
Servez très frais.

TOURNEDOS MARINÉS A L'ANANAS

Pour 6 personnes   Temps de réalisation : 12 h
                                    Préparation : 10 minutes
                                    Cuisson : 5 minutes

Ingrédients

1 ananas d'1 kg
6 tournedos
6 cuillerées à soupe de sauce de soja
1 verre de bon vin rouge
6 cuillerées à soupe de ketchup
2 cuillerées de thym en poudre
6 feuilles de sauge
1 cuillerée de poivre en grains
1 tasse d'huile d'arachide
1 cuillerée de beurre
sel
poivre.

Pelez l'ananas. Détaillez-le en six tranches, en recueillant le jus.

Placez les tournedos dans un plat creux. Salez et poivrez. Saupoudrez-les avec le thym. Arrosez-les d'huile et de vin rouge. Ajoutez le ketchup et la sauce de soja, les feuilles de sauge et le jus de l'ananas. Laissez mariner au frais pendant 12 heures en les retournant de temps à autre.

Dix minutes avant de servir, faites dorer les tranches d'ananas au beurre. Pendant ce temps, égouttez, épongez et faites griller les tournedos à la poêle ou mieux au feu de bois. Salez et poivrez.

Placez les tranches d'ananas sur le plat de service. Posez les tournedos sur ces dernières et servez.

RÔTI DE BŒUF A L'ANANAS

Pour 6 personnes

Préparation : 10 minutes
Cuisson : 30 minutes

Ingrédients

1 rôti de bœuf — filet ou rumsteak — d'1,2 kg
1 ananas frais
1 livre de raisins muscat de Hambourg
sel
poivre.

Enduisez le rôti non bardé d'huile ou de beurre. Mettez-le au four 20 minutes. Pendant ce temps, pelez et coupez en tranches fines un petit ananas. Réservez-en le jus. Égrenez et lavez le raisin et pelez-en les grains.

Après 20 minutes salez et poivrez; si vous aimez la viande très saignante, sortez le rôti du four. Coupez-le en douze tranches sans toutefois les détacher entièrement. Placez une tranche d'ananas entre chaque tranche de viande. Remettez au four 10 minutes pour réchauffer les tranches d'ananas. Cinq minutes avant la fin de la cuisson, ajoutez les grains de raisin.

Servez le rôti dans un plat chaud, décoré des tranches d'ananas restantes et des grains de raisin.

Déglacez le jus de cuisson avec le jus de l'ananas et servez en saucière.

On peut accompagner ce plat d'un riz blanc à la créole.

CÔTES DE PORC A LA MODE D'AMSTERDAM

Pour 4 personnes

Préparation : 15 minutes
Cuisson : 25 minutes

Ingrédients

4 côtes de porc
500 grammes de choucroute
1 pincée de piment en poudre
1 petit ananas frais de 800 grammes environ
sel
poivre.

Pelez l'ananas que vous diviserez en tranches puis en petits dés. Mêlez les dés d'ananas à 500 grammes de choucroute déjà cuite. Ajoutez le piment rouge en poudre, salez et poivrez. Mélangez bien le tout et mettez dans un plat allant au four.

D'autre part faites dorer à la poêle quatre côtes de porc pendant trois minutes sur chaque face. Disposez-les sur la choucroute. Mettez au four moyen 20 minutes environ.

Servez bien chaud.

SAUTE DE FAISAN A L'ANANAS

Pour 4 ou 6 personnes

Préparation : 5 minutes
Cuisson : 1 h environ
selon l'oiseau

Ingrédients

50 grammes de beurre
1 verre de fine Champagne
1 jus de citron
1 ananas frais
1 faisan
sel
poivre.

Faites sauter le faisan au beurre dans une cocotte. Salez et poivrez. Quand il est cuit, découpez-le et dressez les morceaux dans un plat creux. Déglacez le jus de cuisson avec la fine Champagne. Flambez, ajoutez 1 filet de jus de citron, et au dernier moment 3 cuillerées de jus d'ananas frais. Versez sur le faisan et servez aussitôt.

Faites revenir au beurre quelques tranches d'ananas frais et les servir autour du faisan.

ORTOLANS AU JUS D'ANANAS

Pour 2 personnes

Préparation : 3 minutes
Cuisson : 3 minutes

Ingrédients

4 ortolans
50 grammes de beurre
1 verre de jus d'ananas frais
sel, poivre..

Faites chauffer 50 grammes de beurre dans une terrine plate en terre. Roulez dans ce beurre les ortolans préalablement salés. Passez-les au four 3 minutes dans la terrine. Sortez-les, poivrez et arrosez-les de jus d'ananas frais. Couvrez et servez immédiatement.

LAPIN DE GARENNE A L'ANANAS

Pour 4 personnes

Préparation : 10 minutes
Cuisson : 45 minutes

Ingrédients

3 cuillerées d'huile d'arachide
2 cuillerées de beurre
1 oignon
1 carotte
1 petit verre de rhum
2 verres de vin blanc
1 verre de bouillon de viande
1 bouquet garni
3 clous de girofle
1 gousse d'ail
250 grammes de riz
1 ananas frais
100 grammes de crème fraîche
sel, poivre.

Coupez le lapin en morceaux. Faites chauffer dans une cocotte l'huile et le beurre. Faites roussir l'oignon et la carotte coupés en rondelles ainsi que les morceaux du lapin. Quand ils ont une belle couleur, arrosez d'un petit verre de rhum et flambez. Mouillez ensuite avec le vin blanc et un verre de bouillon de viande ou mieux de fumet de gibier. Salez, poivrez, ajoutez le bouquet garni, les clous de girofle et la gousse d'ail écrasée.

Faites partir à feu vif, puis couvrez et laissez mijoter à feu doux 45 minutes.

Pendant ce temps, préparez un riz à la créole. Pelez et coupez l'ananas frais en tranches en prenant garde de recueillir le jus. Coupez en dés deux tranches du fruit que vous ajoutez dans la cocotte ainsi que le jus de l'ananas. Faites revenir au beurre à feu doux les tranches d'ananas restantes. Servez les morceaux de lapin avec les dés d'ananas.

Liez la sauce avec la crème fraîche. Servez les tranches d'ananas avec le riz, présentés à part.

CRÈME A L'ANANAS

Pour 6 à 8 personnes

Préparation : 15 minutes
Cuisson : 25 minutes environ.

Ingrédients

1 ananas de 2 kg
2 kg de sucre en poudre
4 œufs

Pelez l'ananas puis râpez-le ou passez-en la chair au mixer par petites quantités. Réservez le jus.

Dans une casserole, mettez un poids égal de sucre et de pulpe d'ananas, un verre d'eau et le jus de l'ananas. Faites bouillir un quart d'heure.

Séparez les jaunes des œufs. Battez les blancs. Hors du feu, incorporez les œufs à la chair de l'ananas avec le sucre, remettez à feu très doux en tournant à la cuillère de bois jusqu'à ce que la présentation épaississe en évitant l'ébullition qui coagulerait les œufs.

Servez frais.

ANANAS AU CHOCOLAT

Pour 6 personnes

Macération : 2 heures
Préparation : 30 minutes
Réfrigération : 1 heure

Ingrédients

1 ananas d'1,2 kg
3 bananes bien mûres
4 cuillerées de crème fraîche
1 sachet de sucre vanillé
2 cuillerées de sucre en poudre
1 verre de rhum
1 barre de chocolat à cuire râpé.

Pelez l'ananas et partagez-le en six tranches que vous mettez dans un plat creux. Saupoudrez avec le sucre en poudre et arrosez de rhum. Laissez macérer ainsi au frais 2 heures en retournant de temps en temps.

Épluchez les bananes bien mûres. Écrasez-les à la fourchette dans une terrine. Ajoutez quatre cuillerées de crème fraîche et le sucre vanillé. Mélangez bien le tout pour obtenir une pâte homogène.

Disposez les tranches d'ananas sur le plat de service, recouvrez-le de la purée de bananes. Saupoudrez avec le chocolat râpé.

Mettez au réfrigérateur 1 heure au moins.

ARACHIDES

BOULETTES BRÉSILIENNES

Pour 6 personnes

Préparation : 30 minutes
Cuisson : 30 minutes

Ingrédients

250 grammes d'arachides grillées
250 grammes de sucre en poudre
5 œufs
1 cuillerée de beurre à faire ramollir
2 cuillerées de farine

Passez les arachides à la moulinette. Séparez les jaunes et les blancs des œufs. Mettez les jaunes dans une terrine avec le sucre, travaillez-les au fouet ou au batteur électrique pour obtenir un mélange très lisse. Ajoutez la farine, le beurre ramolli. Maniez bien à la spatule. Ajoutez les arachides râpées. Montez les blancs d'œuf en neige et incorporez-les à la préparation.

Formez, dans la paume de vos mains, des boulettes grosses comme une noix. Posez-les sur une plaque beurrée, puis cuisez-les à four moyen une demi-heure.

POULET AUX ARACHIDES

Pour 4 personnes

Préparation : 30 minutes
Cuisson : 1 h 15

Ingrédients

1 poulet de 1,5 kg
1/2 kg de tomates fraîches
1 petite boîte de concentré de tomates
1 piment doux
250 grammes d'arachides grillées
1/2 litre de bouillon de pot-au-feu
5 oignons
5 poivrons
6 carottes
6 navets
1 petit chou
300 grammes de racine de manioc
1 verre d'huile d'arachide
sel
poivre.

Découpez le poulet en huit morceaux. Épluchez les légumes. Coupez-les en gros dés ainsi que la racine de manioc. Hachez finement les oignons.

Chauffer l'huile d'arachide dans une cocotte. Faites dorer les morceaux de poulet et les oignons avant d'ajouter le concentré de tomates, le piment doux et les tomates fraîches. Mouillez du bouillon. Salez et poivrez. Portez à ébullition. Ajoutez les légumes, couvrez et laissez cuire à feu moyen.

Pendant ce temps, pilez les arachides dans un mortier pour les réduire en pâte. Après une heure de cuisson, passez le contenu de la cocotte dans une passoire en recueillant le bouillon. Réservez le poulet et les légumes au chaud.

Délayez la pâte d'arachide dans le bouillon, portez à ébullition pendant trois minutes.

Servez les morceaux de poulet dans un plat creux, avec le bouillon. Présentez les légumes à part.

RAGOÛT DE BŒUF AUX ARACHIDES

Pour 4 personnes

Préparation : 20 minutes
Cuisson : 1 h 15

Ingrédients

800 grammes de bœuf coupé en morceaux (bourguignon)
250 grammes d'arachides grillées
4 tomates fraîches
4 oignons
1 tranche de potiron d'environ 250 grammes
1 racine de manioc d'environ 500 grammes
2 patates douces
2 aubergines
4 navets
2 poivrons
1 petit piment vert
300 grammes de riz
1 verre d'huile d'arachide
sel, poivre.

Réduisez les arachides en pâte en ajoutant au besoin un filet d'huile d'arachide. Hachez finement les oignons. Épépinez les tomates. Épluchez les légumes, et coupez-les en gros dés.

Dans un faitout, faites chauffer un verre d'huile d'arachide et revenir les morceaux de bœuf. Quand elle a une belle couleur sortez la viande et conservez-la au chaud.

Dans la marmite mettez les oignons à dorer quelques instants puis ajoutez les tomates. Mouillez d'un demi-litre d'eau. Ajoutez tous les légumes, puis les deux poivrons coupés en lamelles ainsi qu'un petit piment si vous aimez les mets très épicés. Salez et poivrez. Couvrez le faitout et laissez mijoter à feu doux, trois quarts d'heure. Ajoutez ensuite les morceaux de bœuf et délayez la pâte d'arachide dans la sauce. Couvrez à nouveau et laissez mijoter encore une demi-heure.

Pendant ce temps, faites cuire à l'eau le riz que vous servirez en accompagnement.

AVOCATS

POTAGE D'AVOCAT

Pour 4 personnes

Préparation : 15 minutes
Cuisson : 15 minutes environ

Ingrédients

3 gros avocats
1 litre de bouillon de poulet
1 pincée de poivre de Cayenne
1 tasse de crème fraîche
sel
poivre.

Coupez les avocats en deux, ôtez les noyaux et détachez la chair des écorces à l'aide d'une petite cuillère.

Coupez en dés la pulpe de l'un d'eux et réservez-la au frais.

Passez la chair des 2 autres au mixer pour la réduire en purée. Salez, poivrez, ajoutez une pincée de poivre de Cayenne.

Mettez cette purée dans une casserole au bain-marie*; mouillez la pulpe des avocats avec le bouillon de poulet, tournez constamment à la cuillère de bois pour bien mélanger la pulpe au bouillon. Lorsque la préparation sera sur le point de bouillir, réduisez le feu et incorporez la crème fraîche. Continuez la cuisson quelques instants sans cesser de remuer le potage.

Versez dans la soupière et ajoutez les dés de chair d'avocat cru que vous avez mis de côté.

* **Bain-marie** : mettez la casserole dans une autre plus grande aux 2/3 remplie d'eau que vous portez à ébullition à feu doux.

AVOCATS FARCIS AUX NOIX

Pour 4 personnes

Préparation : 15 minutes
Pas de cuisson

Ingrédients

5 avocats
50 g de cerneaux de noix
1 cuillère de sauce tomate concentrée
1 branche de céleri
1 cuillère de vinaigre de vin.

Coupez quatre avocats en deux dans le sens de la longueur. Otez les noyaux, dressez les fruits sur le plat de service. Coupez le cinquième avocat en deux. Otez le noyau. Détachez la chair de l'écorce et réduisez-la en purée à l'aide d'une fourchette. Réservez 4 cerneaux de noix et hachez le reste. Coupez une branche de céleri en fines rondelles.

Mêlez le tout à la chair d'avocat. Ajoutez une cuillerée de sauce tomate concentrée et une petite cuillerée de vinaigre.

Garnissez avec cette préparation la cavité laissée par le noyau de chaque avocat. Décorez avec les cerneaux de noix. Mettez au réfrigérateur une heure avant de servir.

AVOCATS GARNIS AUX LANGOUSTES

Póur 2 personnes

Préparation : 30 minutes
Cuisson : 1 h 20
Réfrigération : 1 h

Ingrédients

Court-bouillon :
1/2 l de vin blanc
1 carotte coupée en rondelles
2 oignons
1 feuille de laurier
1 bouquet de thym
1 branche de céleri
sel
poivre
2 avocats
2 queues de langoustes fraîches ou surgelées
100 g de crème fraîche.

Mettez tous les ingrédients du court-bouillon dans une casserole avec un litre d'eau. Portez à ébullition. Laissez prendre goût une heure avant d'y plonger les queues des langoustes, durant 20 minutes, puis laissez refroidir.

Coupez les avocats en deux dans le sens de la longueur. Otez les noyaux. Prélevez la pulpe des fruits sans abîmer les écorces à l'aide d'une petite cuillère.

Écrasez à la fourchette la pulpe des fruits dans une terrine. Incorporez la crème fraîche. Travaillez au fouet pour obtenir une pâte bien lisse.

Décortiquez les queues des langoustes. Coupez la chair en très petits dés. Mélangez-les au contenu de la terrine.

Salez et poivrez.

Garnissez les avocats de cette préparation.

Mettez au réfrigérateur une heure avant de servir.

AVOCATS A L'HAWAÏENNE

Pour 4 personnes

Préparation : 30 minutes
Réfrigération : 1 h

Ingrédients

4 avocats
1 petit ananas frais
1 cuillerée à soupe de vinaigre
4 cuillerées d'huile d'arachide
sel
poivre.

Fendez les avocats en deux dans le sens de la longueur. Dénoyautez-les. Évidez-les à l'aide d'une petite cuillère. Coupez la pulpe en dés que vous mettrez dans un saladier.

Pelez un petit ananas et coupez-le en tranches de 1 cm d'épaisseur environ. Réservez-en 4 tranches. Coupez les autres en dés que vous ajouterez à la pulpe d'avocat.

Salez et poivrez la chair des fruits. Arrosez-les d'huile et de vinaigre. Mélangez-les bien avant de remplir les écorces évidées de cette préparation. Coupez les tranches d'ananas en deux.

Disposez les demi-avocats en cercle sur le plat de service en intercalant une demi-tranche d'ananas entre chacune d'elles.

Mettez une heure au réfrigérateur avant de servir.

AVOCAT AUX CREVETTES

Pour 4 personnes

Préparation : 30 minutes
Réfrigération : 1 h

Ingrédients

2 avocats
1 œuf
1 verre d'huile
1 cuillère à café de moutarde
1 flacon de ketchup
1 citron
1/2 cuillère à café de paprika
250 g de crevettes grises cuites
sel
poivre.

Décortiquez les crevettes puis montez une mayonnaise avec la moutarde, l'huile, l'œuf, aromatisez-la avec le jus de citron, salez et poivrez.

Partagez les avocats en deux. Dénoyautez-les et videz les écorces de leur chair avec une petite cuillère.

Coupez la pulpe des avocats en dés, ajoutez-la aux crevettes, mélangez le tout à la mayonnaise, ajoutez un peu de ketchup.

Garnissez les écorces d'avocats de cette préparation, saupoudrez de paprika, mettez au réfrigérateur 1 heure avant de servir.

SOUFFLÉ A L'AVOCAT

Pour 6 personnes   Préparation : 30 minutes
                                    Cuisson : 45 minutes

Ingrédients

3 avocats
1/4 de l de lait
2 cuillères à soupe de beurre
3 cuillères à soupe de farine
150 g de sucre en poudre
3 œufs
3 biscuits à la cuillère
1 verre à liqueur de Grand Marnier.

Coupez en deux, ôtez les noyaux et détachez la chair des avocats que vous passerez au mixer ou au moulin à légumes pour la réduire en purée.

Dans une assiette, émiettez les biscuits, arrosez-les du Grand Marnier, et laissez-les s'imbiber de la liqueur.

Séparez les jaunes des blancs des œufs; battez ces derniers en neige ferme.

Dans une casserole faites fondre le beurre et ajoutez la farine. Lorsque celle-ci aura absorbé le beurre, versez le lait froid en une seule fois, tournez à la spatule sur feu doux, en tenant la casserole inclinée jusqu'à l'épaississement de la préparation.

Hors du feu incorporez au lait la pulpe d'avocat, puis les jaunes d'œufs, ajoutez les biscuits à la cuillère, puis les blancs battus en neige.

Sucrez à votre goût.

Mettez dans un récipient à four doux pendant 45 minutes. La cuisson terminée, servez immédiatement.

BANANES

GRATIN DE BANANES AUX ŒUFS DURS

Pour 4 personnes

Préparation : 15 minutes
Cuisson : 10 minutes

Ingrédients

6 bananes plutôt vertes
4 œufs
1 boîte de sauce tomate préparée
  au naturel (non de concentré)
4 anchois au sel
50 g de fromage râpé
1 cuillère à soupe d'huile
poivre.

Faites durcir les œufs, épluchez les bananes et coupez-les en fines rondelles. Lavez et ôtez l'arête des anchois.

Écalez les œufs durs, coupez-les également en rondelles.

Huilez le fond d'un plat à gratin. Disposez un lit de rondelles de bananes, recouvrez d'une couche d'œufs durs, terminez par une couche de bananes.

Écrasez les filets d'anchois à la fourchette, ajoutez-les au contenu d'une boîte de sauce tomate (mais non de concentré). Nappez le gratin de la sauce aux anchois, saupoudrez de gruyère râpé.

Mettez à four chaud une dizaine de minutes.

GRATIN ANTILLAIS

Pour 4 personnes

Préparation : 5 minutes
Cuisson : 15 minutes

Ingrédients

8 bananes
1 cuillère à soupe de beurre
50 g de fromage de gruyère râpé
50 g de chapelure
1 pincée de poivre de Cayenne
sel.

Faites fondre le beurre dans un plat à gratin.

Épluchez les bananes et disposez-les côte à côte dans ce plat, salées et épicées d'une bonne pincée de poivre de Cayenne.

Saupoudrez le tout du fromage râpé et de la chapelure.

Mettez à four chaud 15 minutes environ.

FILETS DE SOLE AUX BANANES

Pour 4 personnes   Préparation : 1 h
                                       Cuisson : 1 h

Ingrédients

12 filets de sole (ou de merlan de taille moyenne)
3 bananes
1 orange
1 petite noix de coco
2 cuillères à soupe de beurre
500 g de petites pommes de terre nouvelles
3 carottes
500 g de petits pois frais
ketchup
farine
sel
poivre.

Écossez les petits pois. Épluchez de petites pommes de terre nouvelles que vous ferez cuire presque complètement à l'eau salée, puis que vous égoutterez et réserverez au chaud.

Coupez les carottes en gros tronçons. Faites-les cuire à l'eau salée avec les petits pois. La cuisson terminée, égouttez-les.

Percez une petite noix de coco; recueillez-en le jus puis brisez-la. Détachez la chair de l'écorce, détaillez-la en petits bâtonnets.

Divisez chaque banane épluchée en trois tronçons, puis coupez chaque tronçon en quatre dans le sens de la longueur.

Placez les filets de sole sur une planche farinée. Posez à une extrémité trois morceaux de bananes. Roulez le filet autour, et fixez le tout avec un cure-dent, ou bien attachez-le avec un fil.

Faites chauffer une bassine de friture. Plongez les rouleaux de poisson jusqu'à ce qu'ils soient bien dorés. Retirez-les et conservez-les au chaud.

Plongez ensuite dans la friture les pommes de terre et les bâtonnets de noix de coco. Dès qu'ils sont dorés, retirez-les et conservez-les au chaud.

Dans une poêle faites réchauffer les carottes et les petits pois avec 2 cuillerées de beurre.

Placez les rouleaux de poisson sur le plat de service, entourés des légumes, et servez chaud avec une sauce de 3 cuillerées à soupe de ketchup délayées dans le jus de la noix de coco et celui de l'orange.

POULET AUX BANANES VERTES

Pour 4 personnes

Préparation : 20 minutes
Cuisson : 45 minutes

Ingrédients

1 poulet d'1,5 kg
12 échalotes
100 g de petit salé
8 bananes vertes
1 gros bouquet de persil
1 pincée de poivre de Cayenne
3 cuillères à soupe d'huile d'arachide
sel.

Coupez le poulet en 8 morceaux. Épluchez les échalotes, coupez le petit salé en lardons.

Versez l'huile d'arachide dans une cocotte. Faites d'abord dorer les lardons puis les morceaux de poulet avant d'y ajouter les échalotes et la moitié d'un verre d'eau. Saupoudrez d'une bonne pincée de poivre de Cayenne, salez et couvrez la cocotte. Laissez cuire à feu très doux 45 minutes.

Pelez les bananes vertes. Divisez-les en quatre dans le sens de la longueur. Hachez le persil. 10 minutes avant la fin de la cuisson, mettez les bananes dans la cocotte avec le poulet. Rectifiez au besoin l'assaisonnement.

Servez sur un plat très chaud, et saupoudrez de persil haché.

HACHIS DE PORC A LA MODE DE MANAGUA

Pour 4 personnes

Préparation : 45 minutes
Cuisson : 3 h

Ingrédients

800 g de filet de porc bien maigre
6 grosses bananes vertes
3 oignons
2 gousses d'ail
1 branche de sauge
1 feuille de laurier
5 clous de girofle
2 grosses tomates
1 bouquet de persil
1 piment rouge
1 verre d'huile d'olive
1 verre de vin blanc sec
1 cuillère à soupe de vinaigre
2 œufs
3 cuillères à soupe de beurre
sel poivre.

Dans un faitout mettez le filet de porc, un oignon piqué des clous de girofle, la sauge et la feuille de laurier. Recouvrez largement d'eau bouillante, couvrez et laissez bouillir 2 heures 30.

Pendant ce temps, hachez le persil; épluchez les gousses d'ail et les oignons que vous couperez en rondelles. Épépinez les tomates, coupez-les en quartiers.

Versez un verre d'huile d'olive dand une cocotte; faites revenir les oignons. Quand ils ont pris couleur, ajoutez les tomates, l'ail et le persil ainsi que le piment rouge. Laissez cuire jusqu'au moment où toutes les tomates seront fondues. Passez le tout à la moulinette, et versez dans la cocotte.

Égouttez la viande, hachez-la grossièrement. Remettez-la dans la sauce avec le verre de vin blanc et la cuillerée de vinaigre. Salez, poivrez, couvrez la cocotte et laissez mijoter à feu doux 30 minutes.

Épluchez les bananes vertes. Faites-les revenir à la poêle dans du beurre. Dix minutes avant de servir, cassez les œufs dans la cocotte et mélangez bien.

Servez dans un plat chaud entouré des bananes frites.

SELLE DE CHEVREUIL AUX BANANES

Pour 6 personnes

Réalisation : 4 jours
Préparation : 10 minutes
Cuisson : selon le poids de la viande (on compte en général 40 minutes)

Ingrédients

1 selle de chevreuil
100 g de lard gras
6 bananes
2 cuillères à soupe de beurre
2 l de marinade*
1 boîte de marrons entiers, au naturel
sel
poivre.

Dénervez la selle de chevreuil (ou demandez à votre boucher de le faire). Piquez-la de lard gras, frottez-la de sel et de poivre, puis faites mariner 4 jours dans une marinade crue en retournant matin et soir.

Sortez ensuite la selle, épongez-la soigneusement.

Dans un plat allant au four, mettez le beurre, le sel et le poivre. Posez la selle et enfournez à feu vif pour bien la saisir. Arrosez toutes les 5 minutes avec le jus rendu.

Servez avec des marrons entiers au naturel, et les bananes dorées au beurre à la poêle.

* Marinade crue : 1 litre de bon vin rouge, 1 oignon coupé en rondelles, 1 feuille de laurier, un bouquet de thym, 1 cuillère de poivre en grains, un petit bouquet de persil, un petit verre de vinaigre. Mettez ces ingrédients dans un grand saladier avec la viande. Arrosez du vin, versez un peu d'huile sur la surface pour la préserver de l'air.

271

ACRATS DE BANANES

Pour 6 personnes

Préparation : 30 minutes
Cuisson : 10 minutes

Ingrédients

6 bananes
100 g de sucre en poudre
250 g de farine
1 œuf
1/2 verre d'eau environ
1/2 verre de lait environ
1 pincée de cannelle
1 pincée de muscade
1 petite pincée de sel.

Mettez la farine dans une terrine; cassez l'œuf, travaillez la pâte en y incorporant l'eau et le lait. La pâte ne doit pas être trop liquide.

Écrasez la pulpe des bananes à la fourchette; réduisez-la en une purée que vous incorporerez à la pâte en y ajoutant 4 cuillerées à soupe de sucre en poudre, et que vous parfumerez de cannelle en poudre et de muscade râpée. Mélangez bien.

Faites chauffer une bassine de friture. Versez des cuillerées de pâte l'une après l'autre dans l'huile très chaude. Quand les acrats sont bien dorés, égouttez-les sur du papier absorbant avant de les disposer sur le plat de service. Saupoudrez-les de sucre en poudre et servez.

SOUFFLÉ DE BANANES

Pour 4 à 6 personnes

Préparation : 30 minutes
Cuisson : 45 minutes

Ingrédients

4 bananes
1 citron
3 cuillères à soupe de sucre
1 cuillère à soupe de farine
1 cuillère à soupe de rhum
1/4 de litre de lait
4 œufs.

Épluchez les bananes. Coupez-les en rondelles, mettez-les dans une terrine, arrosées du jus de citron pressé, écrasez-les à la fourchette ou au batteur électrique. Incorporez ensuite 2 cuillerées de sucre en poudre, la cuillerée de rhum, et la cuillerée de farine. Mélangez bien et délayez avec 2 cuillerées à soupe de lait froid.

Faites bouillir le lait. Dans une casserole versez la purée de bananes, et laissez-la cuire une dizaine de minutes. Incorporez le lait bouillant en remuant sans cesse, et laissez refroidir.

Séparez ensuite les jaunes des blancs d'œufs. Battez ces derniers en neige ferme. Quand la préparation est froide, ajoutez les jaunes d'œufs puis les blancs montés en neige.

Beurrez un moule à soufflé. Versez la préparation. Saupoudrez de sucre en poudre et faites cuire à four moyen 45 minutes.

GÂTEAU DE BANANES

Pour 6 personnes

Préparation : 30 minutes
Cuisson : 30 minutes

Ingrédients

12 bananes mûres
3 œufs
100 g de raisins de Corinthe
2 cuillères à soupe de beurre
1 cuillère à soupe de farine
1 pincée de cannelle en poudre
1 verre de rhum
100 g de sucre en poudre.

Mettez dans un bol les raisins; arrosez-les du verre de rhum et laissez-les gonfler 1 heure.

Épluchez les bananes. Écrasez-les à la fourchette ou au mixer électrique. Ajoutez le beurre et la farine, puis les œufs, que vous incorporerez un à un à la pâte. Pour terminer versez 5 cuillerées à soupe en poudre et les raisin macérés.

Beurrez un moule à pudding; versez la préparation. Mêlez une pincée de cannelle en poudre à 1 cuillerée à soupe de sucre. Saupoudrez le gâteau.

Mettez à four chaud 30 minutes.

PAIN DE BANANES

Pour 6 personnes

Préparation : 1 h
Cuisson : 1 h

Ingrédients

6 bananes
250 g de farine
250 g de sucre en poudre
125 g de beurre
100 g de cerneaux de noix
2 œufs
1 sachet de levure chimique
1 pointe de bicarbonate de soude
1 pincée de sel.

Mettez dans une terrine du beurre ramoli; versez le sucre en poudre, travaillez énergiquement à la spatule pour obtenir une pâte à consistance de crème.

Battez les œufs en omelette et incorporez-les à cette préparation.

D'autre part épluchez les bananes, réduisez-les en purée à la fourchette ou au mixer électrique. Ajoutez à la pulpe de banane, la farine, la levure chimique, le bicarbonate de soude et une pincée de sel. Lorsque le mélange de banane et de farine est bien homogène, incorporez-le au sucre et aux œufs battus avec le beurre. Hachez finement les cerneaux de noix, ajoutez-les à la pâte.

Beurrez un moule à cake. Cuisez à four moyen 1 heure environ.

BANANES EN BEIGNETS

Pour 4 personnes

Préparation : 40 minutes
Cuisson : 20 minutes

Ingrédients

8 bananes
1 verre de rhum
1 œuf
200 g de farine
100 g de sucre en poudre
1 cuillère à soupe d'huile d'arachide
1/2 cuillère à soupe de vanille en poudre
1 pincée de cannelle.

Dans une terrine versez la farine. Cassez l'œuf, versez l'huile et délayez à la spatule en ajoutant peu à peu un verre d'eau jusqu'à obtenir une pâte bien lisse assez épaisse.

Épluchez les bananes. Fendez-les en deux dans le sens de la longueur et placez-les dans un plat creux, saupoudrées de sucre en poudre, avant de les arroser du verre de rhum. Laissez-les prendre goût 30 minutes.

Faites chauffer une bassine de friture. Plongez les demi-bananes dans la pâte à frire, puis dans la friture bien chaude. Quand les beignets sont bien dorés, égouttez-les sur du papier absorbant.

Mêlez la vanille au sucre. Placez les beignets dans le plat de service, saupoudrez-les de sucre aromatisé et servez chaud.

BANANES AU FOUR

Pour 4 personnes

Préparation : 15 minutes
Cuisson : 30 minutes

Ingrédients

8 bananes

100 g de sucre en poudre
1 pincée de vanille en poudre
2 cuillères à soupe de beurre
1/2 verre d'eau.

Dans une terrine travaillez ensemble le sucre en poudre, le beurre ramolli et une pincée de vanille en poudre.

Épluchez les bananes. Fendez-les aux 3/4 dans le sens de la longueur sans toutefois séparer les deux moitiés. Garnissez l'intérieur de chaque banane avec le mélange de sucre et de beurre.

Beurrez un plat à gratin. Placez les bananes côte à côte, mouillez d'1/2 verre d'eau et saupoudrez de sucre en poudre.

Couvrez le plat d'une feuille de papier aluminium, et portez à four doux 30 minutes.

BANANES AU VIN ROUGE

Pour 4 personnes

Préparation : 5 minutes
Cuisson : 15 minutes
Réfrigération : 1 h

Ingrédients

8 bananes
3/4 de litre d'un bon vin rouge
250 g de sucre en poudre
1 bâtonnet de cannelle.

Dans une casserole versez le vin rouge, aromatisé du sucre et du bâtonnet de cannelle. Faites chauffer sans laisser bouillir.

Épluchez les bananes. Pochez-les dans le vin très chaud.

Mettez les bananes ainsi pochées dans un saladier, recouvertes du vin et faites-les glacer 1 heure au réfrigérateur avant de servir.

GÂTEAU DE BANANES A L'ARROW-ROOT

Pour 4 personnes

Préparation : 10 minutes
Cuisson : 20 minutes environ

Ingrédients

8 bananes mûres
80 g d'arrow-root
1 cuillère à soupe de beurre
4 cuillères à soupe de sucre en poudre
1 gousse de vanille
1 verre de lait de coco (à défaut, de crème fraîche liquide)

Épluchez les bananes. Écrasez la chair avec une fourchette et versez cette purée dans un saladier; incorporez l'arrow-root en tournant constamment pour bien mélanger ces ingrédients.

Beurrez généreusement un plat à gratin; versez la préparation et placez la gousse de vanille à l'intérieur. Portez à four moyen jusqu'à ce que se forme une croûte dorée.

Sortez le plat du four. Otez la croûte qui recouvre le plat et saupoudrez du sucre en poudre, arrosez du verre de lait de coco ou à défaut d'autant de crème fraîche.

BANANE FOURRÉE AUX PETITS SUISSES

Pour 1 personne

Préparation : 15 minutes
Cuisson : 5 minutes
Réfrigération : 1 h

Ingrédients

1 grosse banane bien mûre
2 petits suisses
2 cuillères à soupe de sucre en poudre
1/2 cuillère à café de rhum.

Faites bouillir une casserole d'eau; pochez la banane 5 minutes, laissez-la tiédir, puis fendez-la en deux dans le sens de la longueur. Détachez la pulpe sans abîmer la peau. Écrasez ensuite cette pulpe à la fourchette et incorporez les petits suisses et le sucre en poudre. Travaillez bien cette préparation à la fourchette ou au fouet; parfumez ensuite du rhum.

Garnissez la peau de la banane avec ce mélange. Remettez les deux moitiés de banane l'une sur l'autre, enveloppez de papier d'aluminium et mettez 1 heure au réfrigérateur.

DATTES

POULET AUX DATTES

Pour 4 personnes

Préparation : 30 minutes
Cuisson : 45 minutes

Ingrédients

1 poulet
12 dattes
2 cuillères à soupe de farine
1 cuillère à café de curry
1 verre d'huile d'arachide
1 oignon
2 poivrons rouges
1 verre de vin blanc sec
1 cuillère à soupe de coulis de tomates
50 grammes d'amandes
sel
poivre.

Coupez le poulet en 8 morceaux. Mélangez dans une assiette 1 cuillerée de farine et le curry. Faites chauffer l'huile dans une cocotte, farinez les morceaux de poulet et faites-les dorer une dizaine de minutes.

Hachez l'oignon et coupez les poivrons en lanières.

Sortez le poulet de la cocotte dès qu'il est doré et gardez-le au chaud. Faites revenir les oignons dans la graisse de cuisson, ajoutez les poivrons, mouillez du verre de vin blanc, salez, poivrez, et laissez mijoter la sauce à feu doux jusqu'à ce que les poivrons soient tendres.

Dénoyautez les dattes.

Délayez dans la sauce la cuillerée de sauce tomates et remettez le poulet à cuire avec les dattes. Faites mijoter 30 minutes.

Délayez la farine restante dans 1/2 verre d'eau. Faites griller les amandes à la poêle avec un peu d'huile.

Sortez le poulet et les dattes de la cocotte, liez la sauce avec de la farine délayée.

Servez le poulet sur un plat nappé de sa sauce, et décorez le plat avec les amandes grillées. Servez avec un riz blanc.

GALETTE DE DATTES

Pour 6 personnes

Préparation : 45 minutes
Cuisson : 30 minutes

Ingrédients

300 grammes de dattes
125 grammes d'amandes
150 grammes de sucre en poudre
45 grammes de fécule
2 cuillères à soupe de beurre
1 cuillère à café de vanille en poudre
4 œufs.

Dénoyautez et hachez finement les dattes. Réduisez les amandes en poudre. Séparez les jaunes des blancs des œufs. Versez les jaunes dans une terrine avec le sucre et la vanille en poudre. Travaillez cette préparation jusqu'à ce qu'elle ait une consistance de crème épaisse. Incorporez alors le beurre ramolli, le hachis de dattes et les amandes.

Battez les blancs d'œufs en neige ferme, ajoutez-les à la préparation très doucement, ainsi que la fécule de pommes de terre.

Étalez la pâte dans un moule à tarte beurré. Portez à four chaud 30 minutes.

BEIGNETS DE DATTES A LA SEMOULE

Pour 8 personnes

Préparation 1 h
Cuisson : 30 minutes

Ingrédients

1 kg de dattes dénoyautées
1 kg de semoule
1 écorce d'orange
1 pointe de cannelle en poudre
1/4 de litre d'huile d'arachide
1 cuillère à café de bicarbonate de soude
1 tasse de miel liquide.

Hachez finement les dattes ainsi que l'écorce d'orange, ajoutez la cannelle, mélangez bien. Faites tiédir l'huile dans une petite casserole. Versez la semoule dans une terrine et faites-la s'imbiber de l'huile tiédie; mélangez bien à l'aide d'une fourchette; mouillez d'un 1/2 verre d'eau tiède, ajoutez le bicarbonate de soude. Travaillez cette préparation jusqu'à ce qu'elle ait la consistance d'une pâte molle.

Étalez la pâte sur une planche à pâtisserie jusqu'à une épaisseur de 1 centimètre. Divisez-la en bandes de 8 centimètres de largeur.

Posez le hachis de dattes sur la moitié de la largeur de ces bandes de pâte, repliez et appuyez fortement pour enfermer la farce.

Découpez la pâte en losanges de 3 centimètres de côté. Faites chauffer une bassine de friture. Plongez les beignets dans l'huile chaude. Dès qu'ils sont dorés, égouttez-les sur du papier absorbant.

Servez les beignets arrosés de miel liquide.

GRENADES

TARTE DE MOUTON AU JUS DE GRENADE

Pour 4 personnes

Préparation : 45 minutes
Cuisson : 50 minutes

Ingrédients

500 grammes de tranches de gigot
600 grammes de pâte à pain
1 verre de jus de grenade*
1 oignon
2 gousses d'ail
1 poignée de pignons de pin
6 cuillères à soupe d'huile d'olive.

Recueillez les graines de 4 ou 5 belles grenades. Mettez-les dans un presse-fruits. Exprimez suffisamment de jus pour emplir un verre à eau.

Passez à la machine à hacher la viande de mouton sans os. Le mieux est d'utiliser des tranches de gigot. Hachez finement l'oignon et l'ail .

Dans une poêle versez 2 cuillerées à soupe d'huile d'olive. Faites brunir l'oignon et l'ail hachés, mettez la viande de mouton et la poignée de pignons de pin; versez le verre de jus de grenade et autant d'eau. Salez et poivrez. Remuez à la cuillère de bois et laissez réduire le jus de moitié à feu doux.

Pendant ce temps, étalez la pâte à pain que vous aurez achetée chez le boulanger. Huilez une grande plaque. Posez la pâte dessus. Elle doit avoir une épaisseur de 3 ou 4 centimètres. Arrosez-la de 2 cuillerées d'huile d'olive. Garnissez du hachis de mouton, mettez à four chaud. Laissez cuire jusqu'à ce que la pâte soit bien dorée. Coupez alors en carrés de 10 centimètres de côté et servez bien chaud.

* A défaut de jus de grenade, délayez 3 cuillerées à soupe de gelée de groseilles dans un demi-verre d'eau, et le jus d'un citron et demi. Utilisez comme il est indiqué dans la recette.

NOIX DE COCO

LAIT DE COCO

Le lait de coco entre dans de nombreuses préparations. On l'obtient en perçant la noix pour en recueillir le jus, puis on brise la coque et on râpe la pulpe.

Mettez dans une terrine la pulpe, mouillée du jus recueilli et de 2 ou 3 cuillerées à soupe d'eau.

Versez cette pulpe dans un presse-fruits ou dans un torchon que vous tordrez fortement pour en exprimer tout le liquide : c'est le lait de coco.

ROUGAIL DE COCO

Préparation : 15 minutes
Cuisson : 5 minutes

Ingrédients

1 noix de coco
500 grammes d'arachides (environ)
5 cuillères à soupe de sucre en poudre.

Coupez la noix de coco en deux. Détachez la pulpe de l'écorce puis râpez cette pulpe. Pesez le même poids d'arachide. Passez-les à la moulinette.

Mettez une poêle sur le feu; quand elle commence à être chaude, jetez-y la noix de coco râpée. Tournez à la spatule jusqu'à ce qu'elle commence à prendre couleur.

À ce moment ajoutez les arachides râpées, remuez énergiquement pendant 2 minutes, puis saupoudrez du sucre en poudre. Mélangez bien et retirez du feu.

Servez comme accompagnement de viandes grillées.

POISSON CRU MARINÉ A LA TAHITIENNE

Pour 4 personnes

Temps de réalisation : 12 h
Préparation : 30 minutes
Pas de cuisson

Ingrédients

4 filets de daurade (ou lieu ou turbot)
    de 200 grammes chacun
12 citrons verts
1 tomate bien mûre
2 oignons
2 gousses d'ail
1 laitue
2 cuillerées de soupe de jus de coco
sel
poivre blanc.

Détaillez le poisson en dés en prenant soin d'ôter les arêtes. Pressez les citrons verts pour en recueillir le jus. Épluchez les oignons, hachez-les grossièrement et écrasez les gousses d'ail à la fourchette; ajoutez-les aux oignons.

Placez les dés de poisson dans un plat creux, arrosés du jus des citrons. Retournez-les une fois ou deux, puis recouvrez du hachis d'oignon et d'ail. Salez et poivrez au poivre blanc fraîchement moulu. Couvrez le plat et laissez mariner au frais durant 5 heures.

Sortez le poisson du plat; essorez-le légèrement en pressant avec les doigts.

Lavez et triez les feuilles de la laitue. Coupez la tomate en tranches.

Garnissez le fond de 4 bols de feuilles de laitue; remplissez chaque bol de dés de poisson, arrosez de 2 cuillerées à soupe de jus de coco. Décorez avec les rondelles de tomates.

BAR A LA NOIX DE COCO

Pour 4 personnes

Préparation : 2 h
Cuisson : 30 minutes

Ingrédients

1 bar de 1,2 kg
1 noix de coco
2 citrons
1 bouteille de ketchup
(ou une mayonnaise à votre choix).

Pour le court-bouillon :
2 verres de vin blanc sec
2 cuillères à soupe de vinaigre
2 oignons coupés en quatre
1 gousse d'ail
1 feuille de laurier
1 bouquet de thym
1 bouquet de persil
1 carotte coupée en rondelles
1 petite poignée de gros sel
1 cuillère à café de poivre en grains.

Préparez le court-bouillon avec les ingrédients ci-dessus indiqués. Portez à ébullition 30 minutes, puis réduisez le feu jusqu'au seul frémissement. Mettez le poisson dans le court-bouillon; faites-le cuire 10 minutes et laissez-le se refroidir dans son eau de cuisson.

Percez la noix de coco et recueillez son jus avant de la briser pour en détacher la pulpe que vous passerez à la râpe.

Sortez le poisson du court-bouillon, ôtez-lui les filets que vous disposerez sur le plat de service, arrosés du jus d'un des citrons et du lait de coco.

Décorez avec les tranches du citron restant, et mettez au réfrigérateur 1 heure. Servez le poisson frais avec la sauce ketchup en saucière ou une mayonnaise selon votre goût.

POULET AU LAIT DE COCO

Pour 4 personnes

Préparation : 30 minutes
Cuisson : 45 minutes

Ingrédients

1 poulet
1/4 de litre de lait de coco
3 oignons blancs
6 petits oignons rouges
3 gousses d'ail
1 cuillère à café de gingembre en poudre
1 cuillère à café de cannelle en poudre
1 cuillère à soupe de cardamome
2 cuillères à soupe de coriande en poudre
2 cuillères à soupe de grains de cumin
2 cuillères à soupe de grains de pavots
6 clous de girofle
1 petit bouquet de persil
1 cuillère d'huile d'arachide
sel
poivre.

Coupez le poulet en 8 morceaux. Préparez 1/4 de litre de lait de coco. Épluchez les oignons blancs, coupez-les en rondelles. Hachez finement les petits oignons rouges et les gousses d'ail.

Dans une cocotte faites dorer à l'huile d'arachide les rondelles d'oignons, le hachis d'ail et des petits oignons rouges. Lorsqu'ils ont pris une belle couleur, ajoutez toutes les épices, mélangez bien et mouillez d'une tasse d'eau, couvrez et laissez mijoter à feu doux.

Après 15 minutes de cuisson, ajoutez les morceaux de poulet et le persil. Laissez cuire 5 minutes, puis versez le lait de coco, salez et poivrez. Couvrez la cocotte et laissez cuire à feu doux jusqu'à ce que la chair du poulet se détache facilement.

Placez alors les morceaux de poulet sur le plat de service et servez le jus à part en saucière.

SATÉ D'INDONÉSIE

Pour 8 personnes

Préparation : 1 h
Cuisson : 35 minutes pour la sauce; 10 minutes pour la viande.

Ingrédients

800 grammes de filet de porc
800 grammes de contre-filet de bœuf
600 grammes de riz
2 cuillères à soupe de curry
2 concombres
6 tomates
2 noix de coco
1 ananas frais
150 grammes de cacahuètes grillées
2 citrons
1/2 verre d'huile d'arachide
3 oignons
2 gousses d'ail
100 grammes de gingembre frais
1 pot d'achards de légumes (condiment)
sucre en poudre
sel
poivre

Préparez un lait de coco avec l'une des noix. Pilez les cacahuètes grillées. Épluchez et hachez 2 des oignons, écrasez les gousses d'ail.

Mettez à chauffer l'huile dans une casserole à fond épais. Faites-y dorer les oignons. Lorsqu'ils ont pris couleur, ajoutez l'ail écrasé et le curry. Salez et poivrez. Mouillez avec le lait de coco, ajoutez la moitié des cacahuètes râpées et portez à ébullition. Couvrez et laissez mijoter à feu très doux 35 minutes.

Pendant que la sauce cuit, percez et recueillez le jus de la noix de coco qui reste avant de la briser pour en détacher la pulpe que vous diviserez en bâtonnets.

Pelez les concombres. Coupez-les en très fines lamelles. Salez et saupoudrez d'une cuillerée à café de sucre en poudre. Pelez et coupez le gingembre en tranches fines; ajoutez-le aux concombres arrosés du jus de citron. Égrenez les tomates et divisez-les en petits dés. Salez, poivrez et saupoudrez d'une cuillerée à café de sucre en poudre, et arrosez du jus de l'autre citron. Épluchez l'oignon qui reste, et coupez-le en anneaux que vous parsèmerez sur les tomates. Commencez la cuisson du riz à la créole.

Passez la viande à la machine à jambon ou coupez-la en tranches extrêmement fines que vous diviserez en carrés de 3 centimètres de côté.

Préparez une brochette de bœuf et une brochette de porc par personne.

Pelez et divisez l'ananas en tranches.

Mettez sur de petites assiettes la pulpe de la noix de coco, râpée, qui a servi à la préparation du lait. Disposez le restant des cacahuètes, les achards de légumes. N'oubliez pas les chutney (choisissez-en quelques-uns dans la rubrique qui leur est consacrée).

Faites griller les brochettes. Égouttez le riz, mettez-le dans un plat.

Présentez les brochettes à part, saupoudrées d'une pincée de cacahuètes.

Vérifiez l'assaisonnement de la sauce, ajoutez le jus de la noix de coco que vous avez réservé, et servez en saucière.

Chaque convive prendra du riz, des achards, de la rougail de tomates et de concombres, il se servira de brochettes, et arrosera son assiette avec la sauce.

Ce plat se déguste tout en croquant des morceaux de noix de coco et des tranches d'ananas.

Comme boissons, offrez des jus de fruits glacés ou du vin rosé sec très frais.

BŒUF AU LAIT DE COCO

Pour 6 à 8 personnes   Préparation : 15 minutes
                                        Cuisson : 25 minutes

Ingrédients

1,2 kg de rond de tranche grasse ou de rumsteak
5 gros oignons
1/4 de litre de lait de coco
1 pointe de piment en poudre
4 clous de girofle écrasés ou moulus
3 cuillères à soupe d'huile d'arachide
1 cuillère à café de cannelle en poudre
1 cuillère à café de poivre noir moulu
1 cuillère à café de cardamome
250 grammes de riz
sel.

Dans un bol mélangez bien toutes les épices délayées avec un peu d'eau pour obtenir une pâte. Préparez le lait de coco, épluchez les oignons et coupez-les en rondelles.

Détaillez la viande en tranches de 1 centimètre d'épaisseur. Commencez la cuisson du riz blanc.

Mettez à chauffer l'huile dans la cocotte, faites dorer les oignons, ajoutez la pâte d'épices, puis donnez deux tours rapides aux tranches de viande, mouillez avec le lait de coco et salez.

Laissez cuire à feu doux, la cocotte à demi-couverte, jusqu'à ce que la sauce soit réduite de moitié.

Servez la viande sur un lit de riz, nappée de la sauce.

BEIGNETS DE NOIX DE COCO

Pour 6 à 8 personnes

Préparation 30 minutes
Cuisson : 10 minutes

Ingrédients

1/4 de noix de coco
500 grammes de farine
1/4 de litre de lait
1 cuillère à café de vanille en poudre
250 grammes de sucre en poudre
125 grammes de beurre ramolli
5 œufs
1/2 cuillère à café de levure chimique
3 cuillères à soupe de sucre roux.

Râpez le 1/4 de la pulpe d'une grosse noix de coco. Versez dans une terrine la farine, le sucre en poudre et la vanille. Mélangez bien, puis incorporez la pulpe de la noix de coco râpée.

Creusez un puits dans le mélange, cassez les œufs entiers, ajoutez le beurre ramolli et la levure chimique. Travaillez la pâte en incorporant un peu de lait jusqu'à obtenir une pâte homogène.

Farinez une planche à pâtisserie. Étalez la pâte au rouleau jusqu'à une épaisseur de 5 millimètres. Découpez des carrés de pâte de 5 centimètres.

Faites chauffer une bassine de friture. Plongez les beignets dans l'huile bien chaude. Quand ils sont dorés, égouttez-les sur du papier absorbant.

Servez les beignets saupoudrés de sucre roux.

ENTREMETS A LA NOIX DE COCO

Pour 6 personnes

Préparation : 30 minutes
Cuisson : 30 minutes

Ingrédients

1 noix de coco (voir lait de coco p. 284.)
1/2 litre de lait
100 grammes de mie de pain
4 œufs
1 gousse de vanille
2 cuillères à soupe de beurre
10 morceaux de sucre.

Préparez un verre de lait de coco; conservez la pulpe râpée. Mettez dans une casserole la mie de pain, 8 morceaux de sucre, ajoutez le lait, 1 ou 2 cuillerées de lait de coco et 1 gousse de vanille. Portez à ébullition.

Dès que le lait commence à monter, arrêtez la cuisson, ôtez la vanille, et passez au batteur électrique. Remettez sur le feu; dès que l'ébullition recommence, cessez la cuisson et incorporez le beurre, la noix de coco râpée (réservez-en 2 cuillerées); battez les œufs en omelette et versez-les lentement dans la préparation en mélangeant bien.

Mettez les 2 morceaux de sucre restants et 2 cuillerées à café d'eau dans un moule à flan. Posez-le sur le feu. Dès que le sucre commence à se caraméliser, tournez-le en tous sens pour enduire de caramel le fond et les parois du moule.

Versez la crème dans le moule et faites cuire 30 minutes au bain-marie à four doux. Laissez tiédir avant de mettre au réfrigérateur.

L'entremets refroidi, démoulez-le, et saupoudrez-le de la noix de coco râpée que vous avez réservée à cet effet.

GÂTEAUX DE COCO

Pour 8 personnes

Préparation : 25 minutes
Cuisson : 30 minutes

Ingrédients

1 grosse noix de coco
12 œufs
3 cuillères à soupe de beurre
250 grammes de sucre en poudre.

Coupez en deux une grosse noix de coco. Détachez la pulpe et râpez-la. Mettez cette pulpe dans une terrine, ajoutez le sucre en poudre, mélangez bien, et incorporez le beurre ramolli.

Séparez les jaunes de 9 œufs, ajoutez-les à la pâte ainsi que 3 œufs entiers.

Travaillez cette préparation pour obtenir un mélange homogène.

Beurrez de petits moules à gâteau et versez environ 1 centimètre 1/2 de la préparation dans chaque moule.

Portez-les à four doux 30 minutes. Démoulez à chaud et servez.

CRÈME RENVERSÉE AU LAIT DE COCO

Pour 4 à 6 personnes

Préparation : 30 minutes
Cuisson : 30 minutes

Ingrédients

4 noix de coco
150 grammes de sucre en poudre
6 œufs.

Préparez 1/2 litre de lait de coco. Mettez-le dans une casserole, ajoutez le sucre et faites fondre en remuant à feu doux presque jusqu'à ébullition.

Battez les œufs en omelette dans un saladier. Incorporez le lait de coco très chaud mais non bouillant.

Caramélisez un moule; versez la crème, couvrez d'une feuille d'aluminium, beurrée, et faites cuire au bain-marie à four moyen 30 minutes environ.

Laissez refroidir avant de servir.

GELÉE DE NOIX DE COCO

Pour 6 personnes

Temps de réalisation : 3 h au moins
Préparation : 30 minutes
Pas de cuisson

Ingrédients

2 tasses de lait + le jus d'une noix de coco
250 grammes de sucre
1 sachet de gelée nature.

Préparez un lait de coco comme indiqué, pour obtenir la valeur de 2 tasses à thé. Préparez la gelée avec trois tasses d'eau et environ la moitié du sachet de gelée que vous ferez dissoudre à feu doux. Lorsque la gélatine est fondue, ajoutez 250 grammes de sucre en remuant constamment à la cuillère de bois jusqu'à ce que le sucre soit entièrement fondu. Écumez la mousse qui s'est formée et passez la gelée au travers d'une étamine. Ajoutez le lait de coco et remettez dans la casserole en portant vivement à ébullition 1 minute.

Mouillez un moule à l'eau glacée, et versez le mélange. Laissez tiédir puis faites prendre au réfrigérateur. Au moment de servir démoulez la gelée et coupez-la en gros dés.

MANGUES ET PAPAYES

DORADE AUX MANGUES ET AUX CITRONS VERTS

Pour 4 personnes

Préparation : 15 minutes
Cuisson : 40 à 50 minutes

Ingrédients

1 dorade de 1,5 kg,
préparée pour la cuisson
5 citrons verts
2 mangues
1 cuillerée à soupe de graines
de fenouil (ou aneth)
sel
poivre.

Chauffez le four un quart d'heure avant la cuisson. Garnissez l'intérieur de la dorade avec le fenouil et un citron vert coupé en tranches. Salez et poivrez.

Enveloppez entièrement le poisson dans une feuille de papier d'aluminium et mettez au four 30 à 40 minutes.

Coupez les citrons verts qui restent en tranches. Divisez les mangues en quartiers.

Servez la dorade entourée des rondelles de citron et des quartiers de mangues.

CARI DE PAPAYE

Pour 4 personnes

Préparation : 15 minutes
Cuisson : 20 à 30 minutes

Ingrédients

2 papayes vertes
4 pommes de terre
1 cuillère à café de cucurma
1 pincée de cannelle en poudre
1 pincée de cardamome en poudre
3 clous de girofle écrasés
1 pincée de cumin
1 cuillère à café de coriandre en poudre ou pilé
1 cuillère à café de gingembre en poudre
1 piment vert
1 verre de lait
1 cuillère à soupe de sucre
2 cuillères à soupe d'huile d'arachide
sel
poivre.

Épluchez les papayes et coupez-les en dés ainsi que les pommes de terre.

Faites chauffer l'huile dans une casserole et sauter les pommes de terre avec le cucurma, le girofle et la cardamome. Dès que les pommes de terre ont pris couleur, ajoutez les papayes et les autres épices, laissez dorer quelques instants puis versez de l'eau jusqu'à mi-hauteur.

Couvrez et laissez cuire à feu doux 10 minutes puis ajoutez le lait et le sucre. Couvrez à nouveau et terminez la cuisson en 10 minutes encore environ. Servez avec des bols de riz blanc.

GRATIN DE PAPAYES

Pour 6 personnes

Préparation : 30 minutes
Cuisson : 20 à 25 minutes

Ingrédients

3 papayes vertes
3 cuillères à soupe de farine de manioc
2 cuillères à soupe de beurre
3 cuillères à soupe de fromage de gruyère râpé
2 cuillères à soupe de chapelure
2 œufs
1/4 de litre de lait
sel
poivre.

Lavez et épluchez les papayes, coupez-les en deux et ôtez les graines et les filaments puis faites-les dégorger 20 minutes à l'eau fraîche.

Faites bouillir une grande casserole d'eau et pochez les papayes 5 minutes. Égouttez les fruits avant de le passer au moulin à légumes.

Mettez la purée obtenue dans une terrine; ajoutez la farine de manioc, les œufs battus en omelette, et 2 cuillerées à soupe de fromage de gruyère râpé. Salez et poivrez, mélangez bien.

Beurrez un plat à gratin, versez la préparation, saupoudrez du reste de gruyère râpé puis de la chapelure. Pour terminer parsemez le plat de petites noisettes de beurre avant de porter à four chaud 20 ou 25 minutes.

GLACE A LA MANGUE

Pour 4 personnes

Préparation : 15 minutes
Réfrigération : 3 h

Ingrédients

4 mangues bien mûres
1 boîte de lait concentré non sucré
4 cuillères à soupe de sucre glace.

Ouvrez les mangues. Otez les noyaux et videz la chair à l'aide d'une petite cuillère.

Mettez la pulpe dans un mixer électrique avec le sucre et réduisez en purée. Versez ce mélange dans une terrine, incorporez le lait.

Versez dans une sorbetière que vous mettrez dans le compartiment « freezer » de votre réfrigérateur (si vous n'avez pas de sorbetière électrique, tous les 1/4 d'heure, battez la glace à la fourchette pour qu'elle prenne d'une façon homogène.

DESSERT POLYNÉSIEN

Pour 6 personnes

Préparation : 20 minutes
Cuisson : 20 à 25 minutes

Ingrédients

1 papaye
1/2 ananas
1 tasse de farine d'arrow-root
1 pointe de vanille en poudre
1 grand verre de lait de coco
2 cuillères à soupe de sucre en poudre.

Lavez et épluchez la papaye bien mûre. Coupez la chair en dés et passez-la au moulin à légumes ou au mixer pour obtenir un bol de purée de fruit.

Otez l'écorce de l'ananas ainsi que la partie dure du centre. Hachez la pulpe.

Dans une terrine, versez le bol de purée de papaye et 1/2 bol de chair d'ananas hachée; ajoutez une tasse de farine d'arrow-root et la vanille en poudre.

Beurrez un plat à gratin, emplissez-le de la préparation et portez à four moyen 10 minutes, puis augmentez la chaleur et cuisez 15 minutes encore. Lorsque une croûte dorée se forme sur le plat, sortez-le du four, soulevez la croûte à l'aide d'un couteau, saupoudrez l'intérieur de 2 cuillerées de sucre, et versez le verre de lait de coco*. Laissez tiédir et servez.

* Voir la préparation du lait de coco page 284; à défaut utilisez la même quantité de crème fraîche un peu liquide.

CONSERVER LES FRUITS

L'homme a toujours cherché à conserver les fruits cueillis à la belle saison, pour s'en nourrir lors des saisons plus rudes.

Le procédé le plus simple et le plus ancien est la dessiccation par l'action du soleil, qui se produit parfois naturellement sur l'arbre. Ce mode de séchage est encore en usage, même à grande échelle, dans les régions où le climat le permet, principalement autour de la Méditerranée. Dans les régions moins favorisées, le séchage se fait artificiellement en étuve.

Les Romains qui appréciaient les fruits dans leur cuisine, connaissaient presque tous les procédés que nous employons de nos jours.

Nous devons ces connaissances à Marcus Gabius Apicius. Ce patricien romain très riche dans sa jeunesse, se fit remarquer par sa débauche insensée, mais surtout par ses recherches gastronomiques. Ses festins étaient si nombreux, qu'il se trouva un jour ruiné et mit fin à ses jours. Mais il avait écrit un traité de cuisine en dix volumes qui fut miraculeusement conservé, et qui est un document unique de l'art culinaire au temps de Tibère.

Grâce à Apicius nous savons que les Romains conservaient les raisins à l'abri de l'air dans du son, les pêches et les figues dans le miel.

Ils trempaient les pommes dans de l'eau bouillie, rafraîchissaient les fruits dans la glace des montagnes. Les Romains faisaient de la confiture avec le moût de raisin, (le « raisiné » dont Parmentier encourageait l'usage dans les campagnes, et qui était encore utilisé en Provence il n'y a pas si longtemps).

Longtemps le sucre fut une denrée rare et chère; son usage s'est répandu en Europe à partir des grandes conquêtes coloniales, ainsi que celui de confire les fruits et d'en faire de la confiture.

La culture de la betterave, sous Napoléon, mit le sucre à la portée de tous.

Il fallut attendre la fin du XIXe siècle et les découvertes de Pasteur pour que la pratique de la stérilisation des fruits, soit en boîtes de fer-blanc, soit en bocaux de verre, apparaisse dans la vie quotidienne.

La congélation est le dernier en date des modes de préservation.

D'abord réservé aux professionnels utilisant les chambres froides pour la vente de produits surgelés, le congélateur de ménage a fait (depuis les années 50) son entrée dans les foyers.

La congélation a l'avantage de n'altérer en rien les fruits, et permet de les mettre en réserve à la saison qui leur est le plus propice, pour les consommer plus tard, aussi frais qu'au moment de leur cueillette.

Pour qui en a le temps, faire ses propres conserves de fruits est un des aspects les plus satisfaisants de l'art de vivre chez soi. De surcroît cela procure la certitude d'avoir des produits naturels, sans agents de conservation ni colorants, dont l'usage dans le commerce fait l'objet de bien des controverses.

POUR CONSERVER LES MÛRES :
Exprimez le jus des mûres. Faites-le cuire, puis mélangez-le avec du vin. Versez le tout dans un vase de verre rempli à moitié de mûres intactes. Vous conserverez longtemps vos fruits.   (Apicius – Livre I – « *Le Diligent* »)

POUR CONSERVER LES PÊCHES :
Choisissez les meilleures. Placez-les dans de l'eau salée. Le lendemain sortez-les de l'eau. Éplongez-les soigneusement, et placez-les dans un vase. Répandez sur vos fruits du sel, du vinaigre et de la sarriette du jardin.
                    (Apicius – Livre I – « *Le Diligent* »)

Sans connaître la stérilisation, les Romains utilisaient l'eau bouillie pour conserver les fruits. De même ils plongeaient les pommes dans de l'eau bouillante avant de les suspendre pour les conserver.

COMMENT CONSERVER LES RAISINS :

« Cueillez sur la vigne des raisins dont aucun grain n'aura souffert. Faites réduire de l'eau de pluie par ébullition au 1/3 de son volume ; versez-la dans un vase où vous placerez les raisins. Enduisez l'extérieur du vase de poix. Lutez avec du plâtre. Placez le vase dans un lieu frais où le soleil n'a pas accès. Et quand vous le voudrez, vous trouverez des raisins frais. »   (Apicius – Livre I – *« Le Diligent »*)

POUR CONSERVER LES PRUNES, CERISES, POMMES, COINGS ET FIGUES :

Cueillez ces fruits délicatement en conservant les queues. Placez-les dans du miel en prenant garde qu'ils ne se touchent.
(Apicius – Livre I – *« Le Diligent »*)

LES FRUITS SÉCHÉS

MATÉRIEL :
   des clayettes à fond grillagé,
   une étuve à construire soi-même éventuellement,
   une mousseline.

La dessiccation est sûrement le premier procédé connu pour conserver les fruits.

De nos jours les fruits séchés se trouvent facilement dans le commerce, et peu d'amateurs emploient ce procédé pour conserver l'excédent de leur jardin.

Dans les régions ensoleillées, il suffit d'exposer les fruits au soleil durant quelques jours, ou de les faire sécher dans une pièce sèche et aérée, où la température est assez élevée : un grenier par exemple.

Dans les autres régions, l'opération est plus complexe. Les bricoleurs pourront se construire une étuve en forme d'armoire, en panneaux de bois aggloméré de 25 à 30 mm aux dimensions des clayettes utilisées. Il faudra prévoir des trous de ventilation à la base et au sommet, et des chevilles ou des crémaillères pour poser les clayettes. On placera à l'intérieur un radiateur électrique soufflant, à thermostat, pour pouvoir le régler à une température constante au degré voulu, à l'aide d'un thermomètre.

Pour de petites quantités, on peut suspendre les clayettes au-dessus d'une chaudière de chauffage central, si celle-ci est placée dans un lieu sec. On peut utiliser, à la rigueur, une armoire à sécher le linge.

Il est impératif que les fruits à sécher soient parfaitement sains et complètement mûrs.

PROCÉDÉS DE DESSICCATION

FRUITS A PÉPINS

Préparez une bassine d'eau froide salée à 12 grammes par litre. Pelez les pommes. Otez-en le cœur et les pépins à l'aide d'un vide-pommes. Coupez les fruits en rondelles d'1/2 centimètre d'épaisseur, que vous mettrez à dégorger dans l'eau salée au fur et à mesure de leur préparation.

Procédez de même pour les poires, mais en les coupant en quartiers, de façon à pouvoir ôter le cœur et les pépins.

Laissez les fruits dans l'eau salée 1/4 d'heure, puis égouttez-les et séchez-les avec un torchon ou du papier absorbant. Rangez les rondelles ou les quartiers côte à côte, en évitant qu'ils se touchent, dans les clayettes dont le fond sera garni d'une mousseline.

Placez les clayettes dans l'étuve, réglez la température à 50° jusqu'à ce que les fruits commencent à se racornir. Accélérez la dessiccation en augmentant la température que vous porterez à 65°.

Pour reconnaître la bonne dessiccation des fruits, prenez 3 ou 4 tranches en main et comprimez-les. Ils doivent reprendre leur forme sans se briser. Il n'est pas possible d'indiquer un temps précis. Le temps varie en fonction des fruits et de leur degré d'humidité. Mais de façon générale, il faut compter entre 24 et 36 heures.

FRUITS A NOYAUX

Ouvrez en deux les abricots ou les reines-claudes. Otez les noyaux des abricots, ne dénoyautez pas les prunes. Trempez dans la même solution salée que les fruits à pépins.

Disposez les fruits sur les clayettes, la partie à vif au-dessus. Mettez à l'étuve à la même température que les fruits à pépins. Lorsque la peau des fruits commence à se rider, poussez la température à 65°. Vous reconnaîtrez le point satisfaisant de dessiccation, lorsque pressés entre les doigts, plus aucune goutte de jus ne s'en échappe. La pulpe du fruit sera alors sèche mais demeurera souple.

FIGUES SÈCHES :

Procédez de même façon, mais sans ouvrir les fruits.

Après dessiccation en étuve, les fruits devront rester 12 heures à la température ambiante.

Aplatissez-les avant de les placer dans des récipients hermétiques pour les protéger de l'humidité.

DESSICCATION DES FRUITS AU SOLEIL

Les fruits seront cueillis par temps sec, après le lever du soleil pour éliminer la rosée. Fendez en deux et dénoyautez les prunes. Trempez-les rapidement dans une bassine d'eau bouillante (ceci est inutile pour les figues et les abricots). Puis placez-les sur des claies de roseau et exposez-les en plein soleil. Rentrez-les le soir à l'abri, pour les remettre au soleil le lendemain après les avoir retournés. Il faudra renouveler cette exposition, 8 jours pour les prunes et les abricots, 5 jours pour les figues.

RAISINS SECS A L'ANCIENNE

Ingrédients

5 kg de raisins
2 kg de cendre de bois

Procurez-vous des raisins noirs ou blancs, d'une variété à peau épaisse. Les grains doivent être en forme d'olive et ne pas être trop serrés les uns contre les autres. Inspectez attentivement chaque grappe et éliminez aux ciseaux tous les grains qui ne sont pas parfaitement sains.

Versez la cendre de bois dans un petit sac de toile, mettez-le dans une grande bassine avec 5 litres d'eau. Faites bouillir 1 h 30 puis laissez refroidir. Otez le sac de cendres et filtrez l'eau avant de la versez dans une marmite. Faite bouillir, trempez une grappe, la peau des raisins doit se rider très vite. Si cela ne se produit pas faites encore bouillir quelques instants pour concentrer la préparation.

Lorsque l'essai sera concluant, plongez une à une les grappes de raisin dans l'eau de cendres pendant 1 minute environ.

Rincez les raisins sous le robinet d'eau froide avant de les attacher à une ficelle tendue dans une pièce chaude sèche et aérée, sinon tendez des fils dans l'étuve que vous avez fabriquée, et faites sécher à 40° au départ, augmentez ensuite de 10°.

Les raisins sont prêts lorsque la peau est ridée, la pulpe souple, le jus entièrement évaporé. L'opération peut demander plus de 24 heures. La température ne doit pas être trop forte au début afin de ne pas faire éclater les fruits.

Laissez reposer une journée à température ambiante, puis conservez dans des boîtes de métal bien fermées, à l'abri de l'humidité.

LES CONFITURES

Les confitures tirent partie des propriétés du sucre pour conserver les fruits, et de la pectine (du grec *pektos* : coagulé), substance organique qui est présente dans tous les fruits en plus ou moins grande quantité, et qui permet aux confitures et aux gelées de « prendre ».

Suivant leur teneur en pectine, il faut ajouter aux fruits plus ou moins de sucre pour réussir les confitures, et les cuire plus ou moins longtemps.

PROPORTION DE SUCRE A EMPLOYER

Fruits riches en pectine : Pommes, coings, airelles, groseilles, groseilles à maquereau, mirabelles, quetsches, mandarines, prunes rondes, oranges, citrons, pample-mousses	Poids égal de sucre plus 1/5
Fruits à teneur moyenne : Abricots, pêches, mûres, framboises	Poids égal de sucre
Fruits pauvres en pectine : Cerises, fraises, poires, figues, raisins.	Poids égal de sucre moins 1/5, en ajoutant 1 cuillerée à soupe de jus de citron par kilo de fruits.

Pour compenser le manque de pectine, on peut en ajouter aux fruits qui en manquent, en les associant à d'autres fruits qui en sont riches. Les pommes et les groseilles ainsi que le jus de citron sont généralement à la base de ces confitures de fruits mélangés.

On trouve également dans le commerce de la pectine pure, en général extraite de la pomme, que l'on ajoute aux fruits pour aider la confiture à prendre.

Il faut remarquer qu'en ce cas on doit mettre une plus grande quantité de sucre, mais que le temps de cuisson est considérablement réduit. En conséquence, la saveur des confitures ainsi réalisées est légèrement différente de celles préparées sans apport de pectine.

ON DIVISE LES CONFITURES EN TROIS GRANDES FAMILLES :

● *La confiture* proprement dite qui consiste à faire cuire sucre et fruits jusqu'au degré voulu. Les fruits sont entiers ou coupés en morceaux. Ce terme s'applique à tous les fruits sauf aux agrumes.

● *Les marmelades* : les Français désignent par ce terme les confitures de fruits coupés en morceaux ou en mélange.

Les Anglo-Saxons ne désignent par ce nom que les confitures d'agrumes : oranges, citrons, etc. qu'elles soient sous forme de marmelade épaisse dans laquelle on utilise tout le fruit ou sous forme de gelée dans laquelle on trouve de fines tranches de fruits ou des bâtonnets d'écorce cuite.

En raison de l'épaisseur de la peau des agrumes, les marmelades sont plus longues à cuire que les confitures.

● *Les gelées* : seul le jus du fruit est cuit avec le sucre. Les gelées sont préparées avec des fruits riches en pectine, tels que les coings, les pommes, les groseilles et les agrumes.

COMMENT FAIRE LES CONFITURES

MATÉRIEL :

1 grande bassine d'au moins 10 l de contenance
1 écumoire
1 cuillère de bois à long manche
1 louche
1 balance
1 thermomètre à haute température ou un pèse-sirop
Des pots de verre ou de grès.

Le récipient idéal pour cuire les confitures reste encore l'ancienne bassine de cuivre étamé, orgueil de nos grand-mères.

Mais les grands faitouts en acier inoxydable sont parfaitement convenables. Par contre les récipients en aluminium sont à déconseiller, car ce métal réagit à l'acidité des fruits et les noircit.

Si vous utilisez les autocuiseurs, conformez-vous aux indications du fabricant.

Quel que soit le récipient utilisé, il ne faut jamais laisser la confiture dans le métal plus de temps qu'il n'est nécessaire pour la cuire (et la mettre en pot).

Une précaution utile : beurrez le fond et les parois de votre bassine à confiture. Cela évite aux fruits de « s'attraper », et la confiture écume moins.

PRÉPARATION :

Avant de commencer la cuisson de la confiture, il convient de préparer les fruits convenablement.

Les fruits à pépins seront pelés, coupés en quartiers, le cœur et les pépins enlevés. Pour leur éviter de noircir, ils seront mis dans de l'eau citronnée jusqu'au moment de les cuire.

Les fruits à noyaux seront lavés, pelés et dénoyautés.

Les fruits rouges seront lavés à l'eau salée, pour faire sortir les insectes et les vers qui peuvent s'y trouver, puis équeutés ou égrainés.

La qualité du sucre importe peu. Le sucre cristallisé est plus économique si l'on fait de grandes quantités de confitures.

CUISSON :

La cuisson d'une confiture demande une certaine surveillance, car on doit l'interrompre à un moment précis qu'il est difficile de déterminer. Une confiture est à point lorsqu'elle est « au petit perlé », ce qui se reconnaît en trempant une écumoire et en l'inclinant. Les dernières gouttes qui s'en détachent forment « une perle » et tardent à tomber, ou en saisissant une de ces gouttes entre deux doigts et en les écartant. Ceux-ci se collent, le sucre formant un filet.

La cuisson « au petit perlé » se vérifie à 104° centigrade avec un thermomètre à haute température, et à 35° Baumé au pèse-sirop (glucomètre). Ces dernières mesures sont plus précises, mais nécessitent l'achat d'un de ces appareils. Dès que le point de cuisson est atteint, il faut arrêter le feu.

Le glucomètre ou pèse-sirop est un appareil qui, plongé dans un liquide sucré, mesure sa densité en degrés. Il porte le nom de son inventeur : le chimiste Baumé.

Laissez refroidir la confiture une dizaine de minutes avant de mettre en pots.

MISE EN POTS :

Les pots de verre ou de grès sont les plus appropriés. Il faut les laver et les sécher soigneusement avant de les remplir jusqu'à un centimètre du bord.

Il est prudent de faire tiédir les pots avant de les remplir, en versant une petite cuillerée de confiture pour réchauffer le verre. Sans cette précaution le verre risque de se briser sous l'action de la chaleur.

Pour couvrir les pots, il suffit de nettoyer les bords avec une éponge humide, et d'y poser un disque de cellophane.

On peut aussi couler sur la confiture refroidie une pellicule de paraffine d'1/2 centimètre d'épaisseur.

Pour réutiliser les pots de verre du commerce qui ont une fermeture à vis ou à ergot, il suffit d'enlever et de nettoyer avec soin la rondelle de carton gras qui se trouve à l'intérieur du couvercle, de la replacer et de fermer le pot, à chaud, sinon la confiture risquera de moisir.

MÉTHODE ANCIENNE :

Pour fermer les pots, découpez des disques de papier blanc au diamètre du pot. Trempez-les dans une assiette remplie d'eau-de-vie. Posez le papier sur la confiture. Fermez le pot avec du papier Kraft, lié avec une ficelle fine.

Conservez les confitures dans un lieu sec, à l'abri de la lumière du jour.

Que l'on fasse des confitures, des marmelades ou des gelées, il est important de respecter les proportions de sucre et le temps de cuisson. Un excès de sucre et une cuisson trop longue donnent un mauvais aspect à la confiture et provoquent sa cristallisation. Un manque de cuisson ou de sucre donne de l'acidité; la confiture « prend mal » et moisit.

COMMENT RECUEILLIR LE JUS DES FRUITS POUR FAIRE DES GELÉES

FRUITS A PÉPINS :

Lavez et coupez en quartiers les fruits tels que pommes et coings. Mettez-les dans une bassine recouverts d'eau. Faites bouillir 45 minutes, puis versez la pulpe des fruits dans un grand carré d'étamine, noué aux 4 coins. Suspendez-le au-dessus d'un grand récipient. Laissez le jus s'écouler sans presser durant 24 heures.

FRUITS ROUGES :

Lavez, équeutez et égrenez les fruits. Faites-les chauffer à feu doux dans une bassine à confiture jusqu'à ce qu'ils éclatent. Aidez-les en pressant avec une écumoire. Versez la pulpe des fruits dans un carré d'étamine, noué aux 4 coins ou cousu en sac, et procédez comme pour les fruits à pépins.

AGRUMES :

Exprimez le jus des fruits au presse-citron, puis filtrez-le.

QUELQUES CONSEILS

Une fois couverts, il convient d'étiqueter les pots de confitures avec mention du contenu et de la date, puis de les conserver dans un lieu sec à l'abri de la lumière et où, si possible, la température ne varie pas trop.

Pour vérifier le degré de cuisson de la confiture sans appareil :
Le temps de cuisson étant respecté, versez une cuillerée de confiture sur une assiette froide. Si, lorsqu'elle est entièrement refroidie, la confiture se ride quand vous la poussez du doigt, la cuisson est satisfaisante. N'oubliez pas d'interrompre la cuisson durant l'essai, quitte à la poursuivre si celui-ci n'est pas concluant.

En choisissant la dimension de votre bassine, il faut tenir compte qu'en bouillant la confiture augmente considérablement de volume. Prévoyez donc un récipient assez grand pour que la quantité de confiture que vous désirez faire au départ ne le remplisse qu'à mi-hauteur, sinon la confiture débordera en cuisant.

LE RAISINÉ

Préparation : 2 h
Cuisson : selon les fruits

Ingrédients

5 l de jus de raisin
500 g de pommes
500 g de poires à chair tendre.

Versez le jus de raisin dans une grande bassine. Faites réduire de moitié à feu doux.

Pendant ce temps épluchez les pommes et les poires. Fendez-les en quartiers pour leur ôter cœurs et pépins, coupez-les en gros dés.

Écumez fréquemment le jus de raisin. Lorsqu'il est à point, ajoutez les pommes et les poires. Remuez souvent le raisiné à la cuillère de bois, pour qu'il n'attache ni aux bords ni au fond de la bassine. Continuez la cuisson jusqu'à ce que les fruits soient tendres.

Otez du feu. Laissez tiédir 10 minutes et mettez en pots.

En refroidissant le raisiné prend la consistance d'une gelée de couleur très foncée.

CONFITURE DE GRIOTTES ET GROSEILLES

Réalisation : 24 h

Préparation : 2 h
Cuisson : 2 h

Ingrédients

1 kg de cerises « Griottes »
1,750 kg de sucre environ
1,5 kg de groseilles
1 grand poêlon de terre vernissée
1 bassine à confiture
1 tamis de nylon.

Pour cette confiture, il faut préparer et cuire séparément les deux sortes de fruits le premier jour, et les réunir en fin de cuisson le lendemain.

1° Dénoyauter les griottes en recueillant leur jus dans un saladier.

Versez 750 g de sucre dans un grand poêlon de terre vernissée, mouillez d'un verre d'eau, faites fondre à feu doux, puis amenez à ébullition avant d'y ajouter les cerises et leur jus. Laissez cuire 5 minutes, puis couvrez et laissez macérer jusqu'au lendemain*.

2° Égrenez les groseilles dans une bassine à confiture. Faites-les éclater à feu doux, sans sucre, écrasez-les légèrement avec une écumoire.

Posez un tamis de nylon au-dessus d'un saladier. Versez la pulpe de groseilles et laissez le jus s'écouler sans presser jusqu'au lendemain.

Le moment venu, pesez le jus recueilli, 1 kg environ et ajoutez-lui son poids de sucre. Laissez fondre à feu doux en remuant à la cuillère de bois, écumez, amenez à ébullition et laissez cuire ainsi 30 minutes environ.

Pendant ce temps, faites réchauffer les griottes dans leur poêlon. Dès que l'ébullition se produit, laissez cuire 2 minutes. Sortez les fruits à l'aide de l'écumoire. Laissez réduire le sirop jusqu'au petit perlé (35° Baumé ou 104° centigrade), avant d'y ajouter la gelée de groseilles.

Laissez prendre goût 2 minutes avant de cesser la cuisson. Attendez 10 minutes et mettez en pots.

* Si vous avez utilisé un récipient de métal, transvasez les cerises dans une terrine.

CONFITURE AUX ABRICOTS ENTIERS

Préparation : 30 minutes
Cuisson : 45 minutes

Ingrédients

*1 kg d'abricots
750 g de sucre.*

Prenez des abricots bien mûrs et sains, ayant autant que possible le même degré de maturité.

Ouvrez-les en deux, ôtez les noyaux, pesez les fruits dénoyautés.

Mettez dans une bassine à confiture 750 g de sucre par kilo d'abricots, versez 2 verres d'eau par kilo de fruit, laissez fondre le sucre en tournant le sirop à la cuillère de bois. Lorsque le sucre est fondu, portez au feu, jusqu'à l'ébullition, et versez les abricots. Dès la reprise de l'ébullition, réduisez la chaleur et laissez mijoter à très petit feu 15 minutes. Retirez du feu, couvrez et attendez le lendemain.

Le lendemain remettez au feu. Dès que l'ébullition se produit, comptez 30 minutes de cuisson à très petits bouillons.

Prélevez une goutte de confiture; saisissez-la entre le pouce et l'index. Si ceux-ci restent collés, la cuisson est satisfaisante. Laissez refroidir avant de mettre en pots.

CONFITURE D'ABRICOTS

Préparation : 2 h 30
Cuisson : 45 minutes à 1 h

Ingrédients

1 kg de fruits
750 g de sucre.

Achetez de beaux abricots bien mûrs, ayant si possible le même degré de maturité.

Pesez une grande terrine. Ouvrez les abricots en deux. Otez les noyaux, réservez-en quelques-uns. Coupez les abricots une nouvelle fois en deux, versez-les dans la terrine. Pesez à nouveau, déduisez le poids du récipient, ajoutez 750 g de sucre cristallisé par kilo de fruits dénoyautés. Secouez-les bien pour qu'ils s'imprègnent parfaitement de sucre. Laissez macérer 2 heures en les faisant sauter de temps à autre.

Cassez une dizaine de noyaux d'abricots par kg de fruits. Retirez-en l'amande. Trempez celle-ci quelques instants dans l'eau chaude pour lui ôter plus facilement la peau brune qui la recouvre.

Jetez les abricots dans la bassine à confiture, ajoutez les noyaux, mettez au feu et faites cuire 45 minutes environ en tournant constamment à la cuillère de bois. Écumez si nécessaire.

Lorsque la confiture est cuite, laissez-la refroidir jusqu'au lendemain. Otez les noyaux. Mettez en pots en n'oubliant pas d'ajouter quelques amandes.

CONFITURE DE PRUNES (Mirabelles, quetsches, reines-claudes)

Préparation : 30 minutes
Cuisson : 1 h 30

Ingrédients

Pour 1 kg de prunes mûres
1/2 kg de sucre cristallisé.

Ouvrez les prunes en deux pour les débarrasser du noyau. Dans une bassine à confiture, faites fondre 500 g de sucre avec deux verres d'eau froide. Quand le sucre est fondu, portez à ébullition durant 2 minutes avant d'ajouter les fruits. Remuez à la cuillère de bois. Laissez cuire 30 minutes sans cesser de tourner. Faites refroidir avant de mettre en pots.

CONFITURE DE CITRONS

Réalisation : 48 h

Préparation : 20 minutes
Cuisson : 1 h 30

Ingrédients

12 citrons
2,5 kg de sucre.

Faites dégorger les citrons entiers pendant 24 heures dans un récipient, recouverts d'eau froide.

Égouttez-les.

Portez à ébullition 4 litres d'eau. Plongez-y les citrons une vingtaine de minutes. Sortez-les, remettez-les dans un récipient recouverts de 4 litres d'eau fraîche. Laissez reposer encore 24 heures.

Coupez les citrons en fines tranches. Jetez-les dans une bassine avec le sucre. Faites cuire à feu doux 1 heure. Laissez tiédir avant de mettre en pots.

CONFITURE D'ORANGES

Réalisation : 12 h

Préparation : 15 minutes
Cuisson : 45 minutes

Ingrédients
Proportion pour 1 kg d'oranges :

1,5 kg de sucre
*1 citron.**

Lavez les oranges et le citron. Versez 1 litre d'eau dans la bassine à confiture. Mettez les fruits entiers, portez à ébullition 1 minute, puis retirez-les de l'eau. Versez-les dans un grand saladier, recouvrez-les de l'eau du bouillon. Laissez infuser 12 heures.

Sortez et égouttez les oranges et le citron, versez l'eau dans la bassine à confiture avec le sucre. Portez à ébullition.

Coupez les fruits en quartiers, débarrassez-les de leurs pépins avant de les passer à la moulinette. Versez la pulpe recueillie dans le liquide bouillant. Laissez cuire après avoir réduit le feu, 1 heure 15 environ en remuant de temps en temps à la cuillère de bois et en écumant si nécessaire.

* Si vous en trouvez, il est bon d'ajouter une orange amère à la confiture.

MARMELADE DE TOUS FRUITS

Préparation : 30 minutes
Cuisson : 2 h environ

Ingrédients

2 oranges
2 pamplemousses
2 citrons
2 pomme de reinette
2 poires
2,7 kg de sucre.

Pelez les pommes et les poires. Coupez-les en morceaux sans ôter les pépins.

Lavez les agrumes à l'eau chaude. Essuyez-les avant de prélever les zestes à l'aide d'un épluche-légumes. Taillez ces zestes en fins bâtonnets. Mettez-les dans une casserole avec 1/2 litre d'eau.

Détachez la peau blanche qui recouvre les agrumes. Coupez-la en petits morceaux ainsi que les fruits. Ajoutez les poires et les pommes, versez le tout dans une seconde casserole avec 2 litres d'eau.

Faites cuire séparément les zestes et les fruits pendant 1 heure 30. La cuisson terminée, posez une passoire sur une bassine à confiture et passez les fruits pour recueillir l'eau de cuisson.

Retirez les peaux blanches, les parties dures et les pépins. Écrasez à la moulinette la pulpe des fruits que vous verserez dans la bassine ainsi que les zestes et leur eau de cuisson. Ajoutez le sucre, portez à ébullition en remuant souvent à l'aide d'une cuillère de bois.

Cessez la cuisson lorsqu'elle atteint « le grand lissé », 30° Baumé. Laissez refroidir 10 minutes avant de mettre en pots.

CONFITURE D'ORANGES ET DE MÉRÉVI

Préparation : 30 minutes
Cuisson : 45 minutes

Ingrédients
Proportion pour 1 kg de mérévi (pastèque blanche)

750 g de sucre, d'une part
1 zeste de citron
1 kg d'oranges
1 autre kg de sucre, d'autre part.

Il faut cuire séparément la pastèque et les oranges.

Coupez la pastèque. Débarrassez-la de ses graines et de l'écorce, puis coupez-la en carrés d'1/2 centimètre d'épaisseur et de 3 centimètres de côté. Mettez ces morceaux dans une marmite de terre avec les 750 g de sucre. Secouez bien, puis laissez macérer 3 heures au frais.

Enlevez la peau des oranges. Séparez sans les abîmer les tranches. Faites-les tremper 5 minutes dans de l'eau chaude, puis à l'aide d'un couteau pointu, éliminez tous les pépins.

Pour un kilo de quartiers d'oranges ainsi préparé, il faut un poids égal de sucre. Versez le sucre dans un récipient. Mouillez de 2 verres d'eau, laissez-le fondre, puis portez à ébullition et jettez les tranches d'oranges dans le sirop.

En même temps dans un grand récipient (assez grand pour contenir les deux confitures), mettez la pastèque et le sucre, et faites aussi bouillir. Cuisez chaque confiture durant 50 minutes. Mettez les oranges avec la pastèque, ajoutez le zeste du citron, et laissez encore cuire 10 minutes en remuant bien.

Poulet aux bananes vertes

Faisan aux raisins

CONFITURE DE PASTÈQUE BLANCHE

Préparation : 30 minutes
Cuisson : 1 h

Ingrédients

1 kg de pastèque
750 g de sucre.

Prenez une pastèque à chair blanche qui n'est utilisable qu'en confiture. Divisez-la en tranches fines débarrassées de l'écorce et des graines. Coupez encore en morceaux.

Versez-les dans une grande terrine avec 750 g de sucre par kg de fruits. Agitez la terrine pour bien mélanger sucre et morceaux de pastèque. Couvrez et laissez reposer au frais 2 ou 3 heures.

Mettez la pastèque et le jus rendu dans la bassine à confiture. Ajoutez un citron, coupé en tranches, par kg de fruits. Faites cuire 1 heure. Lorsque le sirop fait glu, c'est-à-dire qu'en saisissant une goutte de confiture entre le pouce et l'index ceux-ci restent collés la cuisson est suffisante.

Laissez tiédir avant de mettre en pots. Attendez pour couvrir ces derniers que la confiture soit entièrement refroidie.

CONFITURE DE POTIRON AUX ABRICOTS SECS

Réalisation : 24 h.

Préparation : 15 minutes
Cuisson : 1 h

Ingrédients

1 kg d'abricots secs
3 kg de potiron épluché et coupé en dés
3 kg de sucre
1 cuillère à café de cannelle en poudre.

24 h avant de préparer la confiture lavez les abricots secs. Mettez-les dans un grand récipient, versez 2 l d'eau bouillante, laissez-les gonfler jusqu'au lendemain.

Au moment de commencer la cuisson épluchez et coupez en dés le potiron. Égouttez le jus des abricots dans la marmite de cuisson, ajoutez les morceaux de potiron, réservez les abricots. Faites bouillir 1/2 heure, puis passez le potiron au moulin à légumes pour obtenir une purée.

Ajoutez alors le sucre et portez à ébullition à feu doux en remuant à la cuillère de bois. Écumez au besoin.

Ajoutez les abricots et parfumez avec de la cannelle en poudre. Remettez au feu et faites encore bouillir 1/2 heure.

Mettez en pots immédiatement.

CONFITURE DE MELON

Préparation : 20 minutes
Cuisson : 2 h

Ingrédients
Pour 1 kg de pulpe de melon

750 g de sucre
1 l de vinaigre
1 bâtonnet de cannelle
12 clous de girofle

Coupez en tranches des melons de l'espèce Cantaloup. Otez l'écorce et les graines ainsi que la partie un peu trop mûre au centre du fruit. Ne conservez que la chair ferme. Coupez le melon en gros dés.

Dans un récipient émaillé, versez 1 litre de vinaigre par kilo de chair. Portez à ébullition, puis jetez les dés de fruit dans le vinaigre bouillant ; réduisez la chaleur et laissez cuire à feu doux jusqu'à ce que le melon soit cuit mais assez ferme.

Sortez les dés de melon à l'aide d'une écumoire ; égouttez-les dans un tamis.

Versez 750 g de sucre en poudre par kilo de fruit dans le vinaigre et 1/2 litre d'eau par litre de vinaigre mis en début de cuisson. Faites réduire à feu moyen. Lorsque après avoir trempé une écumoire dans le liquide, en soufflant sur une de ses faces, des bulles se formeront sur l'autre face, la cuisson du sirop sera suffisante.

Placez les dés de melon dans des pots avec un fragment de cannelle et quelques clous de girofle. Versez le sirop très chaud sur les fruits, jusqu'à les recouvrir. Laissez refroidir avant de fermer les pots.

CONFITURE DE POMMES ET CITRONS

Préparation : 20 minutes
Cuisson : 80 minutes

Ingrédients

2 kg de pommes de reinette
3 citrons
1 bâtonnet d'écorce de cannelle
3,5 kg de sucre roux.

Pelez les pommes. Gardez-en les peaux. Coupez les fruits en quartiers, ôtez les pépins. Réservez-les avec les pelures. Mettez-les dans une étamine que vous attacherez pour en faire un petit paquet.

Pesez la bassine à confiture. Jetez-y les pommes et le paquet de peaux et de pépins. Versez de l'eau froide jusqu'à effleurer les fruits. Ajoutez le zeste des citrons, prélevé à l'aide d'un épluche-légumes, et la cannelle. Posez sur le feu. Laissez cuire 40 minutes environ.

Enlevez alors l'étamine contenant les peaux et les pépins. Pesez à nouveau la bassine et son contenu. Déduisez le poids du récipient, ajoutez le même poids de sucre que de pommes cuites. Remettez au feu et laissez bouillir à petit feu 40 minutes en écumant souvent.

La cuisson terminée, ôtez la cannelle, laissez refroidir avant de mettre en pots. Attendez que la confiture soit complètement froide pour la couvrir.

GELÉE DE POMMES

Préparation : 15 minutes
Cuisson : 1 h 30 environ

Ingrédients

1 kg de pommes de reinette

1 gousse de vanille
1 pointe de cannelle en poudre

Lavez et coupez en tranches fines des pommes bien mûres et non tachées.

Mettez-les dans une bassine à confiture de cuivre, ou à défaut dans un grand faitout émaillé.

Versez 1 litre 1/2 d'eau. Faites cuire à petit feu 1 heure environ. Posez une étamine sur une passoire; versez les pommes; pressez légèrement pour bien en exprimer le jus. Mesurez à l'aide d'un verre gradué la quantité de jus obtenu.

Ajoutez 750 g de sucre par litre de jus recueilli.

Aromatisez avec cannelle et vanille.

Remettez au feu et laissez cuire jusqu'à ce que le sirop fasse nappe*. Otez la vanille et mettez en pots. Laissez refroidir avant de les couvrir.

CONFITURE DE FIGUES

Préparation : 5 minutes
Cuisson : 2 h 30 environ

Ingrédients

1 kg de figues grises dites « Marseillaises »
1 kg de sucre.

Dans la bassine à confiture faites fondre le sucre dans 1 litre 1/2 d'eau froide, puis portez à ébullition.

Lorsque le sirop fait la perle, c'est-à-dire lorsque la dernière goutte d'une cuillère trempée dans le sirop reste attachée longtemps en ayant la forme d'une perle, ajoutez les figues.

Faites cuire 2 heures à petits bouillons. Laissez tiédir, puis à l'aide d'une écumoire, prenez les figues entières, mettez-les en pots sans les briser. Recouvrez-les de sirop.

Laissez refroidir complètement avant de couvrir.

---

* Le sirop fait nappe lorsqu'une goutte versée sur une assiette froide conserve sa forme et ne s'étale pas.

LES FRUITS CONFITS

1 grande bassine à confiture
1 grande terrine
des grilles allant au four
1 pèse-sirop.

Ce mode de conservation est généralement réservé aux confiseurs professionnels car il est très long et délicat. Mais il est à la portée d'un amateur prêt à y sacrifier un peu de temps.

Les fruits confits sont délicieux dégustés tels quels, ou entrant dans la garniture de gâteaux, glaces etc...

Les fruits confits peuvent être conservés dans un bocal avec le sirop de leur préparation, glacés ou roulés dans du sucre cristallisé. La manière de confire reste la même, seul change le mode de présentation.

DENSITE DU SIROP – CUISSON DU SUCRE

La densité d'un sirop, c'est-à-dire la quantité de sucre par rapport au volume de liquide dans lequel il est dissous, se mesure au pèse-sirop.

Lorsque cette concentration est obtenue par cuisson, le sucre cuisant à une température élevée, le pèse-sirop ne suffit plus au-delà d'un certain degré, et un thermomètre à haute température est nécessaire.

Un pèse-sirop est assez semblable à un thermomètre. Il est en général vendu dans un tube de métal. On verse le sirop, même bouillant, dans ce tube, on plonge le pèse-sirop dans le tube, où il s'enfonce plus ou moins selon la densité du liquide. Des graduations en degrés Baumé (du nom de son inventeur) permettent de lire le degré de concentration du sucre. Sans pèse-sirop, on peut réussir une approximation du degré voulu en consultant le tableau qui suit.

La dénomination des degrés de cuisson du sucre est assez pittoresque. Elle fait partie du langage classique de la cuisine, et s'explique par les tests eux-mêmes. Le contrôle de la cuisson se fait lentement avec les doigts trempés dans de l'eau froide pour ne pas se brûler. Il faut une certaine expérience pour le réussir. Au-delà d'une certaine température, il est plus prudent d'utiliser un pèse-sirop ou un thermomètre à haute température. On remarquera que la cuisson est très rapide, et qu'il faudra en tenir compte.

TABLEAU D'ÉQUIVALENCE DE LA DENSITÉ DU SUCRE POUR SIROP, CONFITURE ET CONFISERIE

NOM	CONTRÔLE AU DOIGT POUR CONFITURE ET CONFISERIE	SIROPS sucre par litre	DEGRÉS Densité Baumé	Température centigrade
Nappé	Le sucre s'étale (nappe) sur une écumoire trempée dans le sirop, après l'avoir égouttée.	500 g	20°	100°
Petit lissé	Prendre une goutte de sirop entre le pouce et l'index. Un petit filet se forme qui se brise aussitôt.	625 g	25°	102°
Grand lissé	Même opération. Le filet s'allonge et se brise moins rapidement.	750 g	30°	103°
Perlé	Même opération. Le filet s'allonge, se brise et forme une « goutte » en forme de « perle » sur le doigt.	800 g	33°	105°
Filet	Même opération. Le filet de sucre s'étire sans se briser.	875 g	35°	106°
Petit soufflé	Tremper une écumoire dans le sirop. Souffler dans les trous, des bulles se forment et crèvent.	900 g	37°	108°
Grand soufflé	Même opération. Les bulles ne crèvent pas aussitôt et grossissent.	950 g	38°	112°
Petit boulé	Tremper les doigts dans l'eau. Saisir une goutte. Il se forme une boule.	975 g	39°	115°
Grand boulé	Même opération. La boule est plus ferme et plus grosse.	1 kg	41°	121°
Petit cassé	Même opération. Le sucre n'est plus malléable et casse. Il colle aux dents si on le croque.			125°
Grand cassé	Même opération. Le sucre casse et ne colle plus aux dents.			145°
Caramel	Le sucre brunit. Cessez la cuisson sinon il noircira et sera inutilisable.	densité obtenue à froid ou à chaud pour jus de fruits et sirops		150°

N. B. : Au-delà du Petit boulé, le pèse-sirop ne supporte plus la température du sucre.
Utilisez un thermomètre. Au cours de la cuisson du sucre, nettoyer les parois du récipient avec un tampon de linge mouillé, sinon les projections de sucre se caramélisent et gâtent le sucre qui cuit.
Un sirop mesuré à chaud augmente de densité d'environ 3° en refroidissant.

ABRICOTS CONFITS

Préparez un sirop à 30° Baumé, soit 750 grammes de sucre par litre d'eau. Fendez les abricots à demi, le long du sillon pour enlever le noyau. Jetez-les dans une grande casserole remplie d'eau froide. Mettez la casserole à chauffer sur feu très doux. Dès que l'eau frémit enlevez-la. Sortez les fruits à l'aide d'une écumoire avec beaucoup de précaution pour ne pas les abîmer, et mettez-les à raffermir 30 minutes dans une eau très froide.

Sortez les abricots. Égouttez-les, séchez-les dans un torchon ou sur du papier absorbant, et disposez-les dans une terrine dans laquelle vous verserez assez de sirop pour recouvrir les fruits. Laissez macérer les abricots 12 heures.

Le lendemain, mettez fruits et sirop dans une casserole et faites chauffer à feu doux. Dès que l'ébullition se produit, enlevez la casserole, sortez les abricots et replacez-les dans la terrine en les recouvrant à nouveau de leur sirop. Laissez reposer encore 12 heures. Recommencez cette opération 7 fois à 12 heures d'intervalle.

Si vous voulez conserver les abricots confits au sirop, lors de la dernière opération sortez-les du sirop, faites réduire celui-ci jusqu'à peser 35° Baumé au pèse-sirop, remettez les abricots, donnez-leur un bouillon, laissez-les refroidir, et rangez-les dans un bocal avec leur sirop.

Pour les glacer, après la 8e opération, posez-les sur la grille d'un four, recouverte d'une toile métallique. Faites-les sécher à four tiède (50° centigrade) porte ouverte. Cependant, faites réduire le sirop jusqu'au « petit boulé », c'est-à-dire 38° au pèse-sirop, à une température de 110° centigrade. Arrêtez aussitôt la cuisson du sirop. Piquez un à un les abricots sur une fourchette et trempez-les 3 ou 4 fois dans le sirop, puis remettez-les sur la grille, enfournez à four tiède, porte ouverte, jusqu'à obtention d'une pellicule de sucre, glacée et transparente.

Si vous le préférez, après le trempage dans le sirop, roulez les abricots dans du sucre cristallisé. Conservez les fruits ainsi confits, rangés côte à côte sans qu'ils se touchent sur des feuilles de papier blanc, en intercalant une feuille entre chaque couche. Gardez-les à l'abri de toute humidité.

329

REINES-CLAUDES CONFITES

Choisissez des fruits bien sains ayant presque atteint leur maturité, mais néanmoins encore fermes. Piquez-les plusieurs fois tour à tour avec une épingle. Mettez-les au fur et à mesure dans une grande casserole à demi remplie d'eau froide. Faites chauffer à feu très doux. Dès que les fruits remontent à la surface, sortez-les avec une écumoire et mettez-les à raffermir 1/4 d'heure à l'eau froide.

Pendant ce temps préparez un sirop à 30° Beaumé (750 grammes de sucre pour 1 litre d'eau). Remettez les prunes dans une casserole avec de l'eau froide, portez lentement à ébullition. Dès que celle-ci se produit, sortez les fruits, égouttez-les, séchez-les, rangez-les dans une terrine, recouverts du sirop. Procédez ensuite comme pour les abricots.

POIRES CONFITES

Choisissez des poires d'une variété à chair ferme. Préparez un grand récipient d'eau citronnée. Pelez les poires, coupez-les en quatre en enlevant le cœur et les pépins. Plongez-les dans l'eau citronnée au fur et à mesure de leur préparation pour leur éviter de noicir.

Mettez les poires dans une casserole recouvertes d'eau froide. Portez lentement à ébullition, laissez-les s'attendrir jusqu'à pouvoir les transpercer avec une fourchette (environ 10 minutes). Cessez aussitôt la cuisson. Mettez les fruits à rafraîchir dans de l'eau froide pendant 3 heures. Cependant préparez un sirop à 22° Baumé (560 grammes de sucre pour 1 litre d'eau). Égouttez et séchez les poires. Rangez-les dans une terrine, portez le sirop à ébullition et versez-le bouillant sur les poires. Laissez macérer 12 heures.

Le lendemain, séparez les poires du sirop. Faites bouillir le sirop 2 minutes et versez-le bouillant sur les fruits. Répétez cette opération 7 fois à 12 heures d'intervalle. Le dernier jour, le sirop doit peser 35° Baumé. A cette dernière opération, mettez les poires dans le sirop et laissez-les cuire 1 minute avant de retirer du feu. Procédez ensuite comme pour les abricots.

ÉCORCES D'ORANGES CONFITES

Incisez en croix 1 kg d'oranges à peau épaisse, et retirez les écorces. Lavez-les bien avant de les mettre à l'eau froide dans une casserole. Portez lentement à ébullition jusqu'à ce qu'elles soient bien tendres. Cessez alors la cuisson et mettez-les à rafraîchir dans un récipient d'eau froide.

Préparez un sirop 20° Baumé (625 grammes de sucre par litre d'eau). Égouttez et séchez les écorces, posez-les dans une terrine et recouvrez-les largement de sirop. Laissez ainsi macérer 12 heures. Le lendemain faites réduire à la cuisson le sirop jusqu'à 25°. Remettez les écorces dans la terrine et recouvrez-les de sirop. Procédez ainsi tous les 2 jours, en faisant à chaque fois bouillir le sirop 2 minutes. Procédez ainsi 8 fois. A la dernière opération le sirop doit peser 35° Baumé. Conservez les écorces dans un bocal avec leur sirop, ou faites-les glacer comme les abricots.

LA STÉRILISATION

MATÉRIEL :

1 stérilisateur ou un grand récipient
Bocaux de verre à fermeture hermétique

La stérilisation consiste à mettre les fruits en boîtes ou en bocaux clos hermétiquement, et à les soumettre à une température appropriée pour détruire les bactéries, qui causent leur détérioration.

Connu seulement depuis la fin du XIXe siècle, ce procédé est devenu le mode de conservation le plus répandu dans l'industrie alimentaire comme chez les particuliers.

Vous trouverez chez tous les quincailliers des bocaux à conserves. Suivant les fabricants, le couvercle est maintenu par un dispositif à ressort ou à vis, l'étanchéité est assurée par une rondelle de caoutchouc.

Les fruits à conserver entiers doivent être absolument sains et lavés à l'eau fraîche, salée ou citronnée, avant leur mise en bocal. Il faut enlever toutes les parties abîmées des gros fruits, qui sont conservés en morceaux.

Les bocaux doivent être absolument intacts, sans fêlure ni ébréchure, les rondelles de caoutchouc ne doivent pas être réutilisées, car elles perdent leur élasticité après avoir été soumises à la chaleur d'une première stérilisation. Il faut faire bouillir les rondelles de caoutchouc neuves, une dizaine de minutes avant de les ajuster sur les couvercles.

Ne remplissez pas les bocaux jusqu'au bord, mais réservez un espace vide de 2 centimètres environ sous le couvercle.

Il est préférable d'utiliser un stérilisateur pour traiter les bocaux. Cet appareil très simple et peu onéreux permet de conserver les fruits, mais aussi les viandes et les légumes, avec un contrôle rigoureux des températures nécessaires à chaque denrée.

Un stérilisateur est un grand récipient de tôle galvanisée, muni à l'intérieur de crochets pour maintenir les bocaux en place, et dont le couvercle est équipé d'un thermomètre permettant de contrôler et de régler la température. A défaut, vous pouvez utiliser un grand faitout ou une lessiveuse. Garnissez le fond d'une couche de paille ou de chiffons, et intercalez entre les bocaux des tampons de même matériau pour qu'ils ne se heurtent pas, et pour assurer la circulation de l'eau.

Il vous faudra surveiller la stérilisation à l'aide d'un thermomètre à haute température. A titre indicatif, l'eau frémit aux environs de 80° centigrade, ce qui est suffisant pour les fruits.

STÉRILISATION

Fruits rouges : 10 minutes à 74° centigrade
Fruits à noyaux et Pommes : 15 minutes à 83° centigrade
Poire à cuire au sirop : 30 minutes à 88° centigrade

Vous pouvez mettre les fruits en bocal de 3 façons :

— au naturel sans eau pour les fruits fermes comme les pommes, les pêches et les abricots non dénoyautés.

— au naturel avec de l'eau pour les cerises et les gros fruits dénoyautés; ainsi ils ne se déforment pas et gardent leur couleur.

— enfin, les fruits rouges se conservent généralement au sirop, ce qui leur garde leur forme et leur couleur, et permet de les utiliser tels quels, dès leur sortie du bocal.

Pour ce dernier mode de conservation, préparez un sirop à 15° Baumé, soit 375 grammes de sucre par litre d'eau. Faites fondre le sucre à feu doux, puis portez à ébullition durant 1 minute. Laissez refroidir avant l'emploi. Pour ces deux derniers modes de conservation, disposez les fruits dans les bocaux avant de verser l'eau ou le sirop jusqu'à effleurer la surface des fruits.

CONSERVE DE PÊCHES AU POIVRE VERT

Préparation : 15 minutes
Cuisson : 40 minutes

Ingrédients
Pour 1 bocal d'1 litre

4 pêches
8 gros pruneaux d'Agen
1 petite boîte de poivre vert
150 grammes de sucre en poudre
1 bouteille de vin de Madiran.

Plongez les pêches bien saines et mûres à point, 1 minute dans de l'eau bouillante. Otez la peau, conservez-les entières.

Essuyez sans les laver les pruneaux d'Agen. Dans un bocal à conserve mettez les pêches, garnissez les interstices des pruneaux. Ajoutez 20 grains de poivre vert et le sucre, mouillez avec le vin de Madiran jusqu'à ras bord. Refermez le bocal.

Si vous préparez plusieurs bocaux, mettez-les dans un stérilisateur. Couvrez-les d'eau froide et faites bouillir 40 minutes. Laissez refroidir dans le stérilisateur avant de sortir les bocaux.

Si vous ne faites qu'un bocal, enveloppez celui-ci dans un torchon, mettez-le dans un faitout, couvrez d'eau froide et stérilisez de la même façon.

LA CONGÉLATION

MATÉRIEL :

1 congélateur ou un compartiment de réfrigérateur 4 étoiles
1 rouleau de papier aluminium
Des sacs de plastique de toutes dimensions
Des barquettes et des plateaux d'aluminium léger.

La congélation chez soi est le plus récent des moyens de conservation. Pourtant le froid a été utilisé depuis la plus haute Antiquité pour préserver les denrées.

A Rome on faisait des glacières en creusant des trous dans la terre que l'on garnissait de paille. On entreposait alors la glace recueillie en hiver, que l'on transportait bien isolée, par blocs, découpés dans les glaciers des montagnes.

Il a fallu attendre le milieu du XIXᵉ siècle pour que l'on sache fabriquer la glace artificiellement.

Le principe de la congélation fut découvert plus récemment.

La congélation permet de conserver des fruits frais ou déjà cuits, soit tels quels, soit au sucre ou au sirop. Les fruits de consistance ferme seront congelés dans des sacs de plastique. Les fruits de consistance plus molle seront mis dans des barquettes d'aluminium.

Les fruits se conservent mieux avec du sucre ou du sirop qui préserve leur forme et leur couleur.

CONGÉLATION DES FRUITS A PÉPINS

Préparez un grand récipient d'eau citronnée. Pelez et divisez les pommes ou les poires en quartiers pour enlever les pépins. Mettez-les au fur et à mesure de leur préparation dans l'eau citronnée pour leur éviter de noircir. Les pommes peuvent donc

335

être conservées entières, sinon on peut en extraire le cœur et les pépins avec un vide-pommes.

Placez les fruits dans un sac de plastique posé sur un plateau d'aluminium. Les fruits doivent être bien séparés les uns des autres. Fermez le sac avec un lien et congelez sur le plateau. Une fois la congélation terminée, enlevez le sac de son support, vous pourrez ainsi stocker les fruits plus aisément.

CONGÉLATION DES FRUITS A NOYAUX

Pêches et abricots seront lavés, ouverts en deux et dénoyautés. On les plongera aussi dans de l'eau citronnée, puis ils seront séchés et congelés exactement comme les pommes.

Prunes et cerises seront congelées comme les fruits rouges en raison de leur fragilité.

CONGÉLATION DES FRUITS ROUGES ET DES BAIES

C'est la congélation au sucre ou au sirop qui leur convient le mieux. De cette manière, leur forme et leur couleur seront préservées.

Dénoyautez les cerises et les prunes après les avoir lavées. Équeutez les fraises, les framboises, les mûres, etc.

Rangez les fruits sur un plateau d'aluminium. Saupoudrez-les d'1/5 de leur poids de sucre. Secouez bien de façon à ce que les fruits s'enrobent parfaitement de sucre. Enveloppez le plateau dans un sac de plastique, congelez.

On peut aussi congeler les fruits au sirop, en préparant un sirop à 25° Baumé (625 grammes de sucre par litre d'eau), auquel vous ajouterez le jus d'un citron par litre d'eau. Placez les fruits bien préparés dans des barquettes d'aluminium sans les remplir jusqu'au bord. Versez le sirop lentement sur les fruits, celui-ci doit juste recouvrir les fruits. Couvrez à l'aide d'une feuille d'aluminium, et congelez. Ainsi préparés les fruits ne se collent pas entre eux.

Le temps moyen de conservation des fruits congelés est de 9 mois au maximum.

336

LES CONDIMENTS

Les condiments rehaussent le goût des plats. La moutarde et les cornichons sont les plus communs.

Les gelées d'airelles et de groseilles accompagnent très bien les gibiers.

Les fruits accomodés en condiment apportent sur la table une touche originale et raffinée.

Certaines de ces recettes nous viennent de la cuisine exotique, d'autres sont d'anciennes recettes de notre terroir, un peu délaissées.

Les cerises et les prunes se conservent à l'aigre-doux (sucre et vinaigre), et accompagnent les rôtis.

Les Chutney ou Chatni, sont des mélanges de fruits et d'aromates très relevés, qui font partie de la cuisine traditionnelle indienne et malaise. Ce sont les Anglais qui les ont fait connaître en Europe.

L'usage de conserver les fruits, comme les citrons dans de l'huile aromatisée, est propre à la cuisine orientale.

Salée, sucrée, pimentée, la saveur des condiments à base de fruits est très variée et leur préparation amusante.

FRUITS AU VINAIGRE

MATÉRIEL :

1 grand poêlon de terre vernissée ou un bassine d'acier inoxydable
1 cuillère de bois
1 louche
1 grand seau ou une bassine de plastique
des pots de verre.

AIRELLES AU VINAIGRE

Durée de conservation : 6 mois   Préparation : 15 minutes
Cuisson : 25 minutes environ

Ingrédients

1 litre de vinaigre de vin
1 kilo de sucre
750 grammes d'airelles
1 feuille de laurier
3 branches de thym
5 clous de girofle
1 pointe de noix muscade.

Versez dans un poêlon de terre vernissée le sucre et le vinaigre. Faites fondre; mettez à feu vif et portez à ébullition. Laissez bouillir 5 minutes, puis ajoutez les airelles.

Au bout de 2 minutes de cuisson, retirez les fruits à l'aide d'une écumoire, et versez-les dans de petits pots à confiture.

Mettez dans la casserole le laurier, le thym, les clous de girofle et la pointe de muscade. Faites réduire la cuisson de moitié, puis versez le sirop sur les airelles.

Couvrez les pots refroidis. Conservez au sec.

Servez les airelles au vinaigre comme condiment en accompagnement des viandes froides.

CERISES AU VINAIGRE

Durée de conservation : 6 mois

Temps de réalisation : 24 h
Préparation : 20 minutes
Cuisson : 10 minutes

Ingrédients

1 kg de cerises de Montmorency
1 litre de vinaigre de vin
500 grammes de sucre roux
1 bâtonnet d'écorce de cannelle
6 clous de girofle
6 baies de genièvre
1 zeste de citron.

Dans un poêlon de terre vernissée, versez le sucre et le vinaigre de vin. Aromatisez avec la cannelle, les baies de genièvre, les clous de girofle et le zeste de citron. Portez à ébullition, puis couvrez et laissez prendre goût 24 heures.

Otez les queues des cerises ; essuyez les fruits très soigneusement. Disposez-les dans un bocal, recouvrez du vinaigre aromatisé. Fermez hermétiquement. Laissez reposer dans l'obscurité 1 mois.

Ces cerises accompagnent très bien les volailles et les viandes froides.

QUETSCHES AU VINAIGRE

Durée de conservation : 6 mois

Temps de réalisation : 3 jours
Préparation : 15 minutes
Cuisson : 40 minutes

Ingrédients

6 douzaines de quetsches (environ 1,2 kg)
1 kg de sucre en poudre
1/2 litre de vinaigre de vin
1 bâtonnet de cannelle
20 clous de girofle.

Lavez les quetsches; séchez-les; piquez-les une dizaine de fois avec une épingle. Coupez la queue à 1/2 centimètre du fruit, et mettez-les dans une terrine.

Versez le sucre et le vinaigre dans une bassine à confiture. Faites fondre.

Enfermez dans un petit morceau de mousseline la cannelle brisée en morceaux et les clous de girofle. Mettez ce nouet dans le sirop et portez lentement à ébullition. Donnez deux tours de bouillon, puis versez bouillant sur les prunes. Laissez macérer 12 heures.

Le lendemain, égouttez les quetsches. Versez le sirop dans la bassine, mettez les fruits dans la terrine, redonnez un bouillon au sirop, puis reversez-le sur les prunes. Laissez macérer encore 12 heures.

Le 3e jour, répétez cette opération.

Le 4e jour, mettez les quetsches et le sirop dans la bassine. Portez au feu. Au premier bouillon, sortez les prunes à l'aide d'une écumoire, et mettez-les dans un bocal de verre. Faites réduire le sirop jusqu'à ce qu'il pèse 30° au pèse-sirop et retirez du feu.

Laissez tiédir, et versez sur les quetsches. Attendez que le sirop soit complètement refroidi pour fermer le bocal. Gardez dans un lieu sec.

POIRES AU VINAIGRE

Durée de conservation : 6 mois   Préparation : 15 minutes
Cuisson : 1 heure

Ingrédients

1,5 kg de poires (Curé ou Passe-Crassane)
700 grammes de sucre
1 litre de vinaigre de cidre.

Épluchez les poires, divisez-les en deux. Versez le sucre dans un grand poêlon de terre vernissée, arrosez du vinaigre, laissez fondre, puis ajoutez les poires.

Portez à ébullition à feu doux. Couvrez le récipient et laissez cuire 1 heure à petit feu. Vérifiez que les fruits soient cuits mais restent fermes.

Sortez les poires sans les briser. Disposez-les dans des bocaux de verre, arrosez-les de leur jus. Bouchez et conservez au frais.

PÊCHES AU VINAIGRE

Durée de conservation : 6 mois   Préparation : 15 minutes
                                    Cuisson : 20 minutes

Ingrédients

2,5 kg de pêches jaunes
1 cuillère à soupe de clous de girofle
1 cuillère à soupe de baies d'Inde
1 cuillère à soupe de 4 épices
1 morceau de rhizome de gingembre (long de 5 cm)
1/2 citron
1 kg de sucre
2 verres de vinaigre.

Trempez les pêches une minute dans de l'eau bouillante. Pelez, ouvrez, dénoyautez et coupez les fruits en tranches d'1 centimètre d'épaisseur.

Râpez la racine de gingembre. Mettez toutes les épices dans une mousseline nouée avec un fil.

Versez le sucre dans un grand poêlon de terre vernissée, arrosez du vinaigre, laissez fondre et portez à ébullition à feu doux. Dès que celle-ci se produit, mettez les pêches et les épices. Laissez prendre goût 5 minutes à feu doux en remuant souvent.

Après ce temps, sortez les pêches avec une écumoire. Disposez-les dans un bocal. Faites réduire le sirop jusqu'à 30° Baumé au pèse-sirop. Otez les épices; versez le sirop sur les pêches jusqu'à ce qu'il les couvre. Fermez et rangez au sec.

NOIX AU VINAIGRE

Temps de réalisation : 15 jours
Préparation : 15 minutes
Pas de cuisson

Ingrédients

500 grammes de noix vertes
1 litre de vinaigre d'alcool
2 poignées de gros sel
estragon, ail ou échalotes à votre convenance.

Prenez des noix vertes dont la coque n'est pas encore formée. Piquez-les avec une aiguille à tricoter métallique pour les transpercer.

Mettez les noix dans une grande terrine saupoudrées d'une poignée de gros sel, et couvrez largement d'eau.

Laissez macérer une semaine, puis égouttez les noix et jetez la saumure. Remettez les noix dans la terrine, ajoutez une poignée de gros sel, recouvrez d'eau, et laissez macérer encore une semaine.

Les noix sont encore vertes. Sortez-les, disposez-les sur des clayettes dans un lieu sec et bien aéré. Attendez qu'elles noircissent pour les ranger dans des bocaux. Ajoutez une branche d'estragon ou bien 4 ou 5 gousses d'ail ou d'échalotes selon votre goût. Couvrez de vinaigre, bouchez hermétiquement. Attendez 3 semaines avant de consommer.

CANTALOUP AU VINAIGRE

Préparation : 30 minutes
Cuisson : 1 heure en tout

Ingrédients

1 melon cantaloup de 1,2 kg environ
ou ce poids légèrement supérieur de petits melons
1 litre de vinaigre
750 grammes de sucre
12 clous de girofle
1 bâtonnet de cannelle.

Prenez un cantaloup d'1,2 kg environ ou 2 petits d'un poids supérieur pour compenser la perte due aux écorces. Coupez le melon en quatre. Débarrassez-les des graines et de sa peau, puis divisez-le en gros dés de 3 centimètres de côté.

Mettez le melon dans un poêlon de terre vernissée, arrosez-le de vinaigre de vin, faites cuire à feu doux jusqu'à ce que les morceaux de melon se laissent facilement traverser par une fourchette. Lorsqu'ils vous paraissent à point, arrêtez la cuisson, sortez-les avec soin et mettez-les dans un bocal de grès.

Versez le sucre dans le poêlon. Faites-le fondre puis remettez au feu. Laissez cuire à feu doux au « petit perlé » 37° au pèse-sirop. Arrêtez la cuisson et laissez tiédir.

Pendant ce temps mettez dans un petit carré de gaze les clous de girofle, la cannelle brisée en fragments. Nouez la gaze avec un fil, et posez-la sur le melon. Versez le sirop tiède sur le melon. Retirez la gaze.

Laissez refroidir complètement. Couvrez comme une confiture ordinaire.

CHUTNEYS

CHUTNEY DE MANGUES

Temps de réalisation : 24 h.
Préparation : 15 minutes
Cuisson : 30 minutes

Ingrédients

750 grammes de manuges vertes
250 grammes de sucre en poudre
2 cuillères à soupe de sel fin
1 verre de vinaigre
45 grammes de gingembre frais
4 gousses d'ail
1 cuillère à café de chili en poudre
1 pincée de cannelle en poudre
1 poignée de raisins secs
10 dattes.

Pelez, dénoyautez et coupez les mangues en petits dés. Mettez-les dans une terrine saupoudrés de sel. Couvrez d'eau et laissez dégorger au frais, 12 heures.

Le lendemain, épluchez et écrasez les morceaux de gingembre et les gousses d'ail. Hachez les dattes.

Versez le sucre dans une grande casserole en acier inoxydable ou un poêlon en terre vernissée. Mouillez d'un verre de vinaigre; faites fondre, portez à ébullition, puis cessez la cuisson.

Égouttez les mangues; mettez-les dans la casserole avec tous les épices et ingrédients, sauf la cannelle.

Portez de nouveau à ébullition à feu très doux en remuant sans cesse. Quand la préparation commence à épaissir, saupoudrez d'une pincée de cannelle en poudre, mélangez bien et cessez la cuisson.

Laissez tiédir. Mettez en pots comme de la confiture.

CHUTNEY DE CITRONS

Temps de réalisation : 24 h.
Préparation : 15 minutes
Cuisson : 45 minutes

Ingrédients

3 citrons
1 cuillère à soupe de sel fin
3 petits oignons
1 grand verre de vinaigre de cidre (30 cl)
1 cuillère à café de 4 épices
2 cuillères à soupe de graines de moutarde.
225 grammes de sucre en poudre
1 poignée de raisins secs.

Hachez les citrons lavés et essuyés après en avoir ôté les pépins. Mettez-les dans une terrine, saupoudrés de sel. Couvrez et laissez dégorger 12 heures.

Le lendemain, épluchez et hachez grossièrement les oignons. Versez le sucre dans un grand poêlon en terre vernissée, mouillez de vinaigre, faites fondre, puis ajoutez les citrons et toutes les épices.

Portez à feu moyen, puis à ébullition, réduisez le feu et faites mijoter à feu très doux.

Vérifiez que les citrons soient bien tendres, sinon continuez encore la cuisson. Laissez tiédir 10 minutes avant de mettre en pots hermétiquement clos, comme une confiture.

Servez avec le poisson.

CHUTNEY TUTTI-FRUTTI

Préparation : 40 minutes
Cuisson : 45 minutes environ

Ingrédients

250 grammes d'oignons
250 grammes de prunes violettes
250 grammes de poires
250 grammes de pommes
250 grammes de tomates
10 dattes sèches
1/2 cuillère à café de 4 épices
1/2 cuillère à café de moutarde en poudre
250 grammes de cassonade
1 grand verre de vinaigre (30 cl)
1 cuillère à soupe de sel fin.

Épluchez et hachez grossièrement les oignons. Pelez, dénoyautez et égrenez les fruits et les tomates. Coupez-les en très petits morceaux.

Dans une casserole en acier inoxydable ou un grand poêlon de terre vernissée, versez la cassonade, mouillez avec le vinaigre. Faites dissoudre et ajoutez tous les ingrédients, puis portez à feu doux, en remuant sans cesse.

Quand le mélange commence à épaissir, vérifiez que les fruits soient tendres. Cessez la cuisson, et laissez tiédir 5 minutes avant de mettre en pots comme une confiture.

Conservez à l'abri de l'humidité.

CHUTNEY A LA NOIX DE COCO

Préparation : 30 minutes
Pas de cuisson

Ingrédients

*1 noix de coco fraîche
1 citron
1 piment vert
1 gousse d'ail
12 feuilles de menthe fraîche.*

Ouvrez la noix de coco. Détachez la pulpe, râpez-en la valeur d'une tasse. Lavez et hachez finement dans une terrine, mouillez avec le jus de citron. Salez légèrement. Laissez prendre goût 1/4 d'heure au frais avant de servir.

N.B. : Ce chutney est à consommer immédiatement et ne se conserve pas.

BOISSONS AUX FRUITS

Presser des fruits et en boire le jus immédiatement après, c'est la manière la plus simple de « boire les fruits ».

On préserve ainsi toutes les propriétés du fruit frais, et dans certains cas on peut en faire de véritables cures.

On peut préparer des jus de fruits à la saison propice, et les conserver en flacons stérilisés pour les consommer bien plus tard, hors saison.

En leur ajoutant une proportion convenable de sucre, on prépare des sirops, toujours appréciés des enfants.

L'avantage que l'on a, à réaliser soi-même ses jus de fruits ou ses sirops, c'est la certitude que ceux-ci ne contiennent aucun agent chimique.

Jus de fruits et sirops sont des boissons non alcoolisées, mais les fruits servent aussi à la préparation de liqueurs et d'apéritifs très faciles à réaliser.

Enfin, si le vin et le cidre proviennent de jus de fruits fermentés, il est possible avec un matériel rudimentaire de faire des « vins », à partir de jus de fruits, tels que le vin de cerises, le vin de groseilles, ou les vins de fruits séchés qui sont négligés en France, mais qui connaissent un certain succès dans de nombreux pays.

MATÉRIEL NÉCESSAIRE

L'important est d'extraire le jus de fruits. Pour cela, il faut disposer d'un petit pressoir de ménage, ou éventuellement d'un presse-agrumes, et d'une petite centrifugeuse électrique.

On peut facilement se construire un presse-fruits très efficace en forme de pince.

Prenez deux planches de 80 cm de long, 15 cm de large et de 15 mm d'épaisseur. Réunissez-les par une charnière à l'une de leurs extrémités. Vissez à l'extérieur 2 tasseaux de 20 x 20 mm et 90 cm de long qui serviront de poignées.

Mettez la pulpe des fruits dans un sac de toile suspendu au-dessus d'un récipient. Engagez le sac entre les planches et serrez. L'effet de levier donne une grande force pour écraser les fruits et en tirer le jus.

Outre le presse-fruits, il faut avoir :

    1 tamis de nylon
    1 carré d'étamine
    1 écumoire
    1 cuillère de bois à long manche
    1 pèse-sirop
    1 louche
    1 entonnoir
    de la paraffine en pain ou de la cire à cacheter.

Les jus de fruits devant être stérilisés, il faut se procurer des bouteilles à parois assez épaisses (les bouteilles de champagne sont parfaites). Pour les boucher il faudra acheter chez un caviste un petit appareil à cet effet (d'un prix très modique), des bouchons de liège, neufs, et des muselets de fer qui se fixent autour du goulot et se croisent sur le bouchon pour le maintenir.

Ne remplissez les bouteilles que jusqu'à 5 cm du bord du goulot. Faites gonfler les bouchons 10 minutes avant de les mettre en place. Fixez les muselets autour du goulot. Mettez les bouteilles dans le stérilisateur, à défaut dans un grand récipient. Il faut dans ce cas garnir le fond de paille ou de chiffons. Placez les bouteilles debout en les calant entre elles avec des chiffons. Remplissez le stérilisateur avec de l'eau, jusqu'à effleurer la base des bouchons (il ne faut pas les recouvrir). Stérilisez 20 minutes à 88° centigrade (si vous n'avez pas de thermomètre, l'eau doit seulement frémir et non bouillir durant le temps de stérilisation).

Après la stérilisation, faites fondre de la paraffine en pain ou de la cire à cacheter dans une casserole. Plongez-y le haut des bouteilles pour les clore hermétiquement.

Conservez les bouteilles couchées, dans un lieu frais. Une fois la bouteille entamée, vous pouvez encore garder le jus de fruits 2 ou 3 jours au réfrigérateur.

N.B. Il est important de rappeler que tous les fruits doivent être absolument sains et parfaitement mûrs.
Tous les fruits doivent être abondamment lavés à l'eau froide avant d'être préparés.
Les bouteilles employées doivent être absolument propres.

JUS DE FRUITS

JUS DE POMMES ET DE POIRES

Prenez des pommes ou des poires fraîchement cueillies. Une fois bien lavées, coupez-les en morceaux. Il faut avoir un petit pressoir à vis pour en extraire le jus (le rendement en jus est de 50 % environ).

Passez le liquide obtenu à travers une étamine; mettez en bouteilles et stérilisez 20 minutes à 88°.

JUS DE FRUITS ROUGES ET DE BAIES

Proportion :

25 g de sucre par litre de jus.

On peut obtenir environ 600 grammes de jus à partir d'1 kilo de fruits.

Après avoir lavé, égrené ou équeuté les fruits, faites-les éclater en les faisant chauffer à feu doux dans une bassine à confitures.

Écrasez-les à l'aide de l'écumoire comme pour les gelées.

Mettez la pulpe dans un sac de toile suspendu au-dessus d'un récipient. Exprimez le jus à l'aide du presse-fruits décrit précédemment.

Le jus des fruits rouges étant souvent très épais, étendez-le à raison d'1/4 d'eau bouillante (sucrée à 10°) par litre. Filtrez le liquide obtenu avant de le mettre en bouteilles et de le stériliser 20 minutes à 88°.

Les mélanges de fruits sont très agréables : framboises, groseilles, cassis et mûres par exemple, dans les proportions que vous préférez.

Le jus de cerise se prépare de la même façon.

Dénoyautez les fruits, ou écrasez pulpe et noyaux avant de les presser.

Jarret de porc aux pommes et au foin

La tarte des demoiselles Tatin

JUS D'AGRUMES

Proportion :

150 g de sucre par litre de jus de fruits

Exprimez le jus de fruits soit avec un appareil destiné à cet usage, soit en les coupant grossièrement en morceaux que vous mettrez dans un sac de toile, et en utilisant le presse-fruits dont la construction est expliquée précédemment.

Mesurez le liquide obtenu et versez-le dans un récipient en acier inoxydable ou en émail. Ajoutez 150 g de sucre par litre de jus obtenu, et faites-le fondre en remuant à la cuillère de bois.

Filtrez le jus. Mettez en bouteilles et stérilisez 20 minutes à 88°.

SIROPS

Le matériel utilisé est le même que pour les jus de fruits.

SIROP DE CERISES

Temps de réalisation : 24 h

Ingrédients

1 l de jus de cerises*
1,7 kg de sucre.

Prenez des cerises acides (Griottes ou Montmorency). Lavez-les et équeutez-les. Mettez-les dans une bassine. Broyez les cerises et leurs noyaux au pilon de bois.

Laissez macérer la pulpe 24 heures au frais avant de la presser (voir jus de fruits).

Filtrer le jus obtenu au tamis fin. Pesez et ajoutez 1,7 kg de sucre par litre de jus. Versez dans une bassine à confiture; portez à ébullition rapidement en tournant sans cesse à la cuillère de bois.

Laissez bouillir 1 minute. Écumez. Laissez tiédir avant de mettre en bouteilles. Bouchez et conservez au frais les bouteilles couchées.

SIROP DE GROSEILLES ET FRAMBOISES

Ingrédients

75 cl de jus de groseilles
25 cl de jus de framboises
1,7 kg de sucre.

Pesez les groseilles. Ajoutez leur le 1/4 de leur poids de framboises.

---

* Le rendement est d'environ 50 %. Un kilo de cerises donnant environ 1/2 litre de jus.

Lavez, égrenez et équeutez les fruits. Mettez-les dans une bassine. Écrasez la pulpe au pilon. Laissez macérez 24 heures au frais.

Procédez ensuite comme pour le sirop de cerises.

Le sirop de cassis se prépare de la même façon avec 1 litre de jus du même fruit.

SIROP DE GROSEILLES

Ingrédients

1 l de jus de groseilles fraîches
1,5 kg de sucre.

Égrenez et pressez suffisamment de groseilles pour obtenir 1 litre de jus, soit au presse-fruits soit par torsion en les écrasant dans un torchon.

Mettez ce jus dans un récipient de grès ou de métal émaillé.

Laissez-le fermenter toute une journée et toute une nuit.

Le lendemain, versez le jus dans une bassine à confiture avec le sucre. Portez à ébullition en écumant souvent.

Quand le sirop fait la perle (32° au pèse-sirop), c'est-à-dire qu'après avoir égoutté l'écumoire, les dernières gouttes prennent la forme d'une perle et y restent attachées plus longuement, arrêtez la cuisson.

Laissez refroidir et mettez en bouteilles.

SIROP DE FRAMBOISES

Ingrédients

2 kg de framboises
1,5 kg de sucre.

Écrasez les framboises dans un grand récipient. Ajoutez 1/2 litre d'eau et faites bouillir 10 minutes.

Posez un torchon au-dessus d'une terrine, mettez-y les framboises et laissez égoutter sans presser durant 12 heures.

Pour 1 litre de jus obtenu, ajoutez 1,5 kg de sucre en poudre. Mettez ce sirop dans une bassine; faites cuire en écumant jusqu'à ce que le sirop fasse la perle (32° au pèse-sirop). A ce moment cessez la cuisson. Laissez refroidir et mettez en bouteilles.

SIROP D'ORGEAT

Ingrédients

500 g d'amandes douces
150 g d'amandes amères
3 kg de sucre en poudre
1/2 verre d'eau de fleur d'oranger.

Faites bouillir les amandes douces et amères dans une grande casserole. Laissez gonfler 2 minutes, puis versez-les dans une passoire et ôtez la peau brune qui les recouvre.

Mettez les amandes ainsi épluchées dans un mortier. Écrasez-les finement, en ajoutant peu à peu 1/2 litre d'eau jusqu'à obtention d'une purée assez liquide.

Versez cette préparation dans un faitout; ajoutez le sucre, la fleur d'oranger et encore 1 litre d'eau. Mettez ce faitout dans un autre récipient plus grand, à demi rempli d'eau bouillante.

Faites chauffer le sirop au bain-marie en tournant à la cuillère de bois, jusqu'à ce que le sucre soit entièrement fondu.

Filtrez ensuite le sirop au-dessus d'une terrine à travers un linge blanc. Couvrez et laissez refroidir avant de mettre en bouteilles.

Conservez au réfrigérateur pour éviter la fermentation.

SIROP DE CITRON OU D'ORANGE

Temps de réalisation : 2 h

Ingrédients

1 l de jus de fruits
1,1 kg de sucre.

Lavez les fruits avant d'en prélever le zeste à l'aide d'un épluche-légumes. Mettez-les dans une casserole, saupoudrés de 100 grammes de sucre en poudre. Mouillez de 2 verres d'eau. Portez à ébullition à feu doux, puis laissez macérer 2 heures dans une terrine.

Pendant ce temps, mettez 1 kilo de sucre dans une casserole. Mouillez d'1 litre d'eau. Faites réduire à feu doux jusqu'à ce que le sirop pèse 36° Baumé (au pèse-sirop). Laissez refroidir.

Exprimez le jus des fruits.

Versez le sirop de sucre et l'eau de macération des zestes sur le jus des fruits. Filtrez et mettez en bouteilles que vous conserverez couchées, en un lieu frais.

On peut améliorer le sirop d'orange en lui ajoutant le jus de 2 citrons.

GRENADINE

Ingrédients

(environ 12 grenades par litre)
1 l de jus de fruits
750 g de sucre.

Égrenez des grenades bien mûres en ayant soin de ne laisser aucune parcelle de la peau blanche qui les entoure.

Mettez les graines dans un sac de toile, et exprimez le jus à l'aide du presse-fruits décrit précédemment.

Filtrez; mesurez, et versez dans une bassine à confiture. Ajoutez 750 grammes de sucre par litre de liquide.

Portez à ébullition; écumez et laissez bouillir 10 minutes à feu doux.

Laissez tiédir avant de mettre en bouteilles que vous conserverez couchées, en un lieu frais.

Pour conserver les jus de fruits et les sirops, il ne faut pas que la température ambiante excède 10 à 15°.
Une bonne cave doit avoir une température de 7°.

VINS DE FRUITS

Peu courants en France, ils sont très recherchés en Angleterre, en Allemagne et aux États-Unis.

Il vous faut :
— 1 ou 2 grands pots de grès de 15 à 20 litres de contenance.
— 1 grande bonbonne munie d'un bouchon comportant une valve à air (il s'agit d'un tube de verre recourbé en forme de siphon, dans lequel on met un peu de coton pour permettre aux gaz de fermentation de s'échapper, et empêcher insectes et impuretés de pénétrer à l'intérieur.
— ou 1 bouchon hydraulique (que l'on trouve chez tous les cavistes).

La fermentation doit se faire dans un local où règne une température de 20 à 25° centigrade, et dure de 10 à 20 jours selon les fruits employés.
La fermentation est terminée quand le vin ne produit plus de mousse, et lorsque aucune bulle ne peut passer à travers la valve hydraulique.
Les fruits employés doivent être très sains, bien mûrs, et parfaitement propres, ainsi que les récipients servant à la fabrication.

LA SANGRIA

Ingrédients

2 litres de vin rouge
90 grammes de sucre
3 citrons
1/2 orange
2 pêches
1 poire
1 bâtonnet de cannelle.

Versez deux litres de vin rouge (fort en alcool — les vins d'Afrique du Nord conviennent parfaitement) dans une grande casserole émaillée, ajoutez le sucre, la cannelle.

Lavez les citrons et la moitié d'orange. Coupez-les en tranches sans les peler. Mettez-les dans le vin. Portez à ébullition à feu vif, puis laissez cuire à feu doux 5 minutes.

Hors du feu ajoutez les pêches et la poire, pelées en dés. Laissez refroidir, puis mettez au réfrigérateur.

Servez avec de l'eau gazeuse et des glaçons.

VIN D'ORANGE

Réalisation : 1 semaine
Préparation : 10 minutes
Cuisson : 20 minutes environ

Ingrédients

1 kg d'oranges
1 litre de bourgogne aligoté
250 grammes de sucre en poudre
3 verres à liqueur d'eau-de-vie de marc.

Lavez les oranges; coupez-les avec leur peau en quartiers que vous verserez dans un bocal de 2 litres avec le vin.

Bouchez le bocal et laissez macérer au frais et au sec durant 1 semaine.

Quand la macération sera terminée, versez fruits et vin dans une casserole émaillée, ajoutez le sucre en poudre; faites chauffer à feu doux. Dès que la surface du vin commence à blanchir, sortez du feu; ajoutez l'eau-de-vie et mélangez bien.

Filtrez le vin d'orange. Mettez-le en bouteilles soigneusement bouchées. Laissez reposer encore une semaine avant de consommer.

VIN AUX FRAISES DES BOIS

Préparation : 1 h 10

Ingrédients

1 kg de fraises des bois bien mûres
2 litres de bon vin vieux
1 verre d'eau-de-vie de marc.

Équeutez les fraises des bois. Enfermez-les dans un sac d'étamine.

Versez le vin et l'eau-de-vie dans un pot de grès.

Plongez le sac de fraises dans le liquide. Laissez prendre goût 1 heure.

Retirez les fraises; égouttez bien le sac sans le presser.

Mettez le vin en bouteilles ordinaires. Sucrez légèrement selon votre goût.

VIN DE GROSEILLES

Ingrédients

Pour 4 litres environ de vin
pour 1 litre de jus de groseilles

1 kg de sucre cristallisé
2 litres d'eau distillée.

Égrenez environ 2 kilos de groseilles bien mûres dans un seau de plastique. Écrasez les fruits au pilon. Laissez reposer 24 heures au frais, puis passez la pulpe au presse-fruits.

Mesurez 1 litre de jus que vous verserez dans un grand pot de grès. Ajoutez 1 litre d'eau distillée.

Versez le sucre dans une casserole; ajoutez le reste de l'eau distillée; faites fondre le sucre à feu doux en remuant constamment. Laissez le sirop refroidir avant de l'ajouter au jus.

Mélangez bien. Versez le tout dans une bonbonne en laissant

un vide d'au moins 10 centimètres. Fermez avec un bouchon muni d'une valve hydraulique. Laissez le vin se faire pendant 3 mois et demi.

Siphonnez le vin dans le pot de grès. Lavez et rincez la bonbonne avant d'y verser le vin. Bouchez avec un bouchon ordinaire, et laissez vieillir 2 mois avant de mettre en bouteilles.

VIN DE CERISES

Ingrédients

5 kg de cerises
500 grammes de sucre cristallisé
1/2 litre d'eau distillée
3 grammes de levure de boulanger
1 pincée de cannelle en poudre
1 pincée de noix muscade râpée
1/4 litre d'eau-de-vie à 45°.

Lavez et dénoyautez les cerises. Mettez-les dans un seau de plastique. Écrasez-les au pilon; laissez-les 24 heures au frais avant d'en extraire le jus à l'aide d'un presse-fruits.

Versez ce jus dans une bonbonne. Délayez la levure dans l'eau distillée tiède; ajoutez au jus des cerises avec tous les ingrédients.

Fixez un bouchon à valve hydraulique sur la bonbonne, et laissez fermenter au moins 2 semaines. Vérifiez si la fermentation a cessé avant de siphonner le vin dans un pot de grès.

Lavez et rincez la bonbonne avant d'y verser le vin. Bouchez avec un bouchon ordinaire. Laissez vieillir 3 mois avant de mettre en bouteilles.

Ce vin s'améliore si vous cachetez les bouteilles à la cire, et laissez vieillir une année.

VIN DE PRUNES

Ingrédients
Pour 5 litres de vin

10 kg de prunes de Damas
5 grammes de levure de boulanger

Lavez et dénoyautez les prunes. Réservez la moitié des noyaux. Mettez les fruits dans un seau de plastique et broyez la pulpe au pilon.

Cassez les noyaux. Épluchez les amandes ainsi recueillies, et ajoutez-les à la pulpe.

Versez cette préparation dans la bonbonne en laissant au moins 10 centimètres de vide. Ajoutez la levure délayée dans une tasse d'eau tiède. Ajustez le bouchon à valve hydraulique.

Laissez fermenter environ 10 jours. Vérifiez que la fermentation soit terminée avant de siphonner le jus dans un grand pot de grès.

Sortez la pulpe de la bonbonne. Mettez-la dans un sac de toile, suspendu au-dessus du pot de grès. Exprimez tout le jus à l'aide d'un presse-fruits.

Lavez avec soin la bonbonne. Remettez le vin dedans. Bouchez et laissez vieillir 45 jours avant de mettre en bouteilles.

VIN DE FRUITS SECS

Ingrédients
Pour 10 litres de vin

425 grammes de figues sèches
700 grammes de pommes séchées
400 grammes de raisins secs
10 grammes d'acide tartrique
1,5 gramme de tanin
7 grammes de levure de boulanger
180 grammes de sucre

Hachez tous les fruits. Mettez-les dans un grand pot de grès. Faites bouillir 2 litres 1/2 d'eau que vous verserez sur les fruits. Brassez avec un bâton propre et laissez reposer 1 heure.

Versez ensuite le liquide dans une bonbonne. Répétez 4 fois l'opération pour obtenir 10 litres de liquide. Délayez la levure de boulanger dans 1/2 tasse d'eau tiède; ajoutez au vin avec tous les ingrédients.

Ajustez le bouchon à valve hydraulique sur la bonbonne.

Attendez la fin de la fermentation; mettez en bouteilles et buvez rapidement. Cette boisson ne se conserve pas très longtemps.

VIN CUIT

Réalisation : 1 mois
Préparation : 1 h
Cuisson : 3 h environ

Ingrédients

5 litres de jus de raisin frais
1/2 litre d'eau-de-vie.

Le vin cuit est la spécialité du village de Palette situé à quelques kilomètres d'Aix-en-Provence, ma ville natale, aussi je vous recommande la recette de ce délicieux apéritif.

Pressez au presse-fruits suffisamment de raisins bien mûrs, sains et bien sucrés pour obtenir 5 litres de jus de raisin frais.

Mettez ce jus dans une bassine de cuivre étamé. Portez à ébullition et faites réduire du tiers.

Versez le liquide obtenu dans un grand pot de grès. Laissez-le refroidir complètement, puis ajoutez 1/2 litre d'eau-de-vie de marc. Mettez le vin cuit dans une bonbonne de verre; laissez décanter 1 mois.

Passé ce temps, filtrez et mettez en bouteilles. Conservez en cave quelque temps avant de consommer.

RATAFIA AUX DEUX FRUITS ROUGES

Réalisation : 10 jours
Préparation : 1 h

Ingrédients

6 kg de cerises environ
2 kg de framboises
2 litres d'eau-de-vie
650 grammes de sucre
1 bâtonnet d'écorce de cannelle
1 gousse de vanille
10 grains de coriandre.

Équeutez et dénoyautez les cerises; ôtez les queues des framboises. Écrasez les fruits dans un grand saladier, puis versez pulpe et jus dans un grand pot de verre ou de grès. Laissez reposer 3 jours en remuant de temps à autre.

Puis, passez le jus à travers une étamine, et pressez la pulpe des fruits en tordant celle-ci pour exprimer tout le jus qu'elle peut contenir.

Pour obtenir 5 litres de ratafia, ajoutez 2 litres d'une bonne eau-de-vie à 3 litres de jus de fruits, 650 grammes de sucre, 1 bâtonnet d'écorce de cannelle, une gousse de vanille et 10 grains de coriandre.

Versez dans un grand bocal, bouchez, puis laissez infuser une semaine. Tous les jours, remuez votre préparation avec une cuillère de bois, rebouchez ensuite le bocal.

Après 8 jours de macération, filtrez et mettez en bouteilles. Couchez-les dans votre cave.

RATAFIA DE GRENADES

Préparation : 30 minutes

Ingrédients

2 ou 3 kg de grenades
500 grammes de sucre

3 litres de bonne eau-de-vie
1 bâtonnet de cannelle.

Pressez suffisamment de grains de grenades pour obtenir 1 litre de jus.

Versez-le dans un grand bocal ou une bonbonne, avec le sucre, l'eau-de-vie, la cannelle. Fermez hermétiquement le bocal, et laissez infuser 40 jours en un lieu tiède.

Filtrez et mettez en bouteilles.

COUPES GLACÉES AU CHAMPAGNE

Ingrédients

2 poires
2 pêches
6 abricots
4 oranges
1 petit ananas frais
1 poignée de framboises
1 bouteille de Champagne brut
1 bouteille de vin du Rhin
1 kg de glace pilée
1 verre de sirop de framboises.

Prenez un grand saladier. Otez les noyaux des abricots; lavez et pelez les pêches et les poires. Coupez tous ces fruits en fines lamelles; mettez-les dans le saladier. Épluchez l'ananas; divisez-le en tranches puis en dés, ajoutez-le dans le saladier. Pelez a vif deux oranges; coupez-les en tranches débarrassées de leurs pépins avant de les joindre aux autres fruits. Équeutez les framboises. Ajoutez-les pour finir dans le saladier.

Exprimez le jus de 2 oranges. Versez-le sur les fruits avec le sirop de framboises, la bouteille de vin du Rhin et la bouteille de Champagne brut. Sucrez à votre goût mais plutôt légèrement.

Mettez 2 heures au réfrigérateur. Présentez le saladier dans un plat creux entouré de glace pilée.

LIQUEURS

LIQUEUR D'ABRICOT OU DE PÊCHE

Ingrédients

1/2 kg d'abricots bien mûrs (ou de pêches)
1 cuillère à café de 4 épices en poudre
1/2 kg de sucre en poudre
1 litre de vin blanc sec
65 centilitres de Gin.

Lavez et dénoyautez les abricots. Cassez les noyaux pour en recueillir les amandes que vous éplucherez.

Mettez les abricots dans un grand poêlon de terre vernissée avec le sucre, le vin et les 4 épices. Portez à ébullition à feu doux en remuant sans cesse. Arrêtez la cuisson au premier bouillon.

Ajoutez le Gin et mettez dans un grand bocal avec les amandes. Fermez le bocal; laissez macérer une semaine.

Filtrez la liqueur au travers d'une mousseline ou d'un tamis fin, posé sur une grande terrine.

Mettez en bouteilles bien bouchées. Laissez reposer au moins 1 mois.

Procédez de la même manière pour les pêches.

LE CASSIS DE BOURGOGNE

Ingrédients

250 grammes de cassis
250 grammes de sucre
1 litre de vin de Mâcon blanc
3 verres à liqueur d'eau-de-vie.

Dans une terrine égrenez des cassis bien mûrs, écrasez-les puis mettez-les dans un bocal. Versez 1 litre de bon vin de Mâcon blanc, bouchez hermétiquement le bocal, laissez macérer au frais une semaine entière.

Lorsque la macération est terminée, filtrez le jus en pressant énergiquement la pulpe.

Mettez le liquide recueilli dans une casserole émaillée, ajoutez le sucre, faites chauffer à feu doux la casserole en tournant avec une cuillère de bois pour bien faire fondre le sucre.

Dès que le liquide blanchit en surface, retirez du feu, laissez refroidir. Ajoutez l'eau-de-vie de marc, mélangez bien.

Mettez en bouteilles, laissez reposer quelques jours en cave avant de consommer.

EAU-DE-VIE DE COINGS

Ingrédients

6 à 8 coings bien mûrs
500 grammes de sucre
1/2 litre d'eau-de-vie de marc.

Râpez à la râpe à fromage 6 à 8 coings.

Passez au presse-fruits ou mettez dans un torchon la pulpe des coings. Tordez énergiquement pour en exprimer tout le jus.

Pour 1 litre de jus de coings obtenu, ajoutez 1/2 litre d'eau-de-vie de marc et 500 grammes de sucre.

Mettez dans un bocal clos hermétiquement; laissez macérer 30 jours. Filtrez la liqueur obtenue et mettez en bouteilles.

LIQUEUR DE COINGS

Ingrédients

1,5 kg de coings
350 grammes de sucre en poudre
1 litre d'eau-de-vie à 60°.

Seule la peau des fruits est nécessaire. Gardez donc une pelure assez épaisse, la pulpe des fruits servira à un autre usage.

Dans un bocal mettez les pelures à macérer, recouvertes d'eau-de-vie, pendant 45 jours.

Après macération faites fondre le sucre dans un demi-litre d'eau. Faites bouillir ce sirop 5 minutes puis laissez refroidir.

Filtrez l'eau-de-vie des coings au travers d'une étamine fine. Mélangez au sirop et mettez en flacons.

LIQUEUR DE FRAMBOISES

Ingrédients

1,5 kg de framboises
1 kg de sucre en poudre
1 litre d'une bonne eau-de-vie de marc.

Otez les queues et triez les framboises avec le plus grand soin. Éliminez sans hésiter tous les fruits abîmés qui pourraient compromettre la réussite de cette préparation.

Dans un grand bocal de 2 litres environ, disposez une couche de framboises, saupoudrez largement de sucre, placez une autre couche de framboises, sucrez et ainsi de suite, jusqu'à ce qu'il n'y ait plus de fruits. Laissez macérer au frais, une nuit.

Achetez chez un quincaillier un petit morceau de grillage qu'on emploie pour les garde-manger. Découpez un cercle assez grand pour entrer dans le bocal; lavez-le et posez-le légèrement sur les fruits sans les tasser, afin de les maintenir au fond du bocal. Versez 1 litre ou plus de bonne eau-de-vie de marc, jusqu'à couvrir largement les fruits.

Bouchez le bocal hermétiquement. Laissez macérer 2 mois au frais dans un lieu non humide. Les 2 mois écoulés, passez les fruits, recueillez l'alcool, pressez les fruits pour bien en exprimer tout le jus. Mettez la liqueur en bouteilles soigneusement bouchées. Laissez reposer quelques jours avant de consommer.

LIQUEUR DE FRUITS ROUGES

Ingrédients

Pour 3 litres environ

1 kg de mûres
250 grammes de groseilles
250 grammes de framboises
750 grammes de sucre par litre de jus de fruit
2 litres d'eau-de-vie à fruits.

Les fruits lavés et équeutés, faites-les éclater dans un poêlon de terre vernissée, puis mettez-les dans un sac de toile et exprimez le jus avec le presse-fruits décrit plus haut.

Mesurez ce jus et ajoutez 750 grammes de sucre et 2 litres d'eau-de-vie à fruits par litre de jus de fruits.

Mettez dans un bocal et laissez macérer 21 jours en remuant chaque jour pour que le sucre se dissolve bien.

Cette période de temps écoulée, filtrez et mettez en flacons. Laissez reposer encore 15 jours avant de consommer.

LIQUEURS DE MÉNAGE HOLLANDAISES

BOERENJONGENS : (Jeunes Paysans)

Ingrédients

75 centilitres d'eau-de-vie
250 grammes de sucre
500 grammes de raisins de Smyrne
1 bâtonnet d'écorce de cannelle.

Faites fondre dans une casserole le sucre en poudre dans 1/4 de litre d'eau. Lavez les raisins, égouttez-les, versez-les dans la casserole. Faites cuire 10 minutes à feu très doux sans laisser caraméliser. Mettez cette préparation dans un bocal; versez l'eau-de-vie.

Fermez hermétiquement le bocal. Laissez reposer 2 semaines avant de servir.

LIQUEURS DE MÉNAGE HOLLANDAISES

BOERENMEIJES : (Jeunes Paysannes)

Ingrédients

75 centilitres d'eau-de-vie
300 grammes de sucre en poudre
250 grammes d'abricots secs
1 citron.

Prélevez le zeste du citron à l'aide d'un épluche-légumes, en prenant le moins de peau blanche possible. Brisez-le, mettez-le dans un bocal avec le sucre. Lavez les abricots secs. Mettez-les dans le bocal avec 4 verres d'eau. Fermez, et laissez les fruits gonfler durant 48 heures.

Ajoutez l'eau-de-vie dans le bocal. Bouchez hermétiquement, laissez reposer 2 semaines avant de consommer.

CURAÇAO DE MÉNAGE

Ingrédients

2 kg d'oranges
1 litre de rhum
350 grammes de sucre en poudre.

Pelez les oranges et faites sécher les écorces à four doux jusqu'à ce qu'elles deviennent cassantes. Mettez-les dans un bocal recouvertes de rhum. Laissez macérer 45 jours.

La macération terminée, faites fondre le sucre dans 1/2 litre d'eau. Amenez à ébullition, cuisez 5 minutes et laissez refroidir.

Filtrez les rhum au travers d'une étamine fine. Mélangez au sirop et mettez en flacons.

Ce curaçao de ménage sera précieux pour parfumer la pâtisserie.

LIQUEUR DE GENIÈVRE

Ingrédients

1 litre de bonne eau-de-vie
1/2 verre de baies de genièvre mûres
1/2 verre de baies de genièvre vertes
500 grammes de sucre.

Cueillez dans les garrigues 1/2 poignée de baies de genièvre vertes et autant de baies bien mûres. Mettez-les à infuser dans un flacon avec 1 litre de bonne eau-de-vie. Laissez prendre goût 15 jours.

Faites fondre le sucre dans la même quantité d'eau (1/2 litre). Portez ce sirop à ébullition durant 5 minutes, laissez refroidir.

Filtrez l'alcool dans lequel les baies de genièvre ont macéré. Mélangez-le au sirop, refiltrez et mettez en bouteilles que vous boucherez soigneusement.

Laissez reposer quelques jours avant de consommer.

LIQUEUR DE NOIX VERTES

Ingrédients

24 noix vertes
2 litres d'une bonne eau-de-vie
1/2 noix muscade râpée
20 clous de girofle
500 grammes de sucre en poudre.

Cueillez 24 noix vertes à la Saint-Jean, date traditionnelle qui se place sur le calendrier à l'équinoxe du printemps, à la fin du mois de juin.

Pilez les noix. Mettez-les dans un grand bocal, recouvrez-les de 2 litres d'une bonne eau-de-vie. Aromatisez avec les clous de girofle et la demi-noix muscade râpée. Fermez le bocal hermétiquement. Laissez infuser 1 mois.

La macération terminée, passez la liqueur au-dessus d'une terrine. Ajoutez le sucre en poudre, remuez bien pour faire fondre le sucre. Remettez dans le bocal bien fermé. Laissez encore reposer une dizaine de jours.

Décantez et mettez en bouteilles. Conservez en cave ou dans un lieu non chauffé.

LIQUEUR DE PRUNELLES

Ingrédients

500 grammes de prunelles bien mûres
250 grammes de sucre de canne
1 litre d'eau-de-vie à fruits
1 gousse de vanille.

Écrasez dans un mortier les prunelles et leurs noyaux. Mettez la pulpe dans un bocal de verre avec la vanille et le sucre de canne en poudre. Versez l'eau-de-vie à fruits. Bouchez hermétiquement et laissez macérer 45 jours avant de filtrer la liqueur et de la mettre en flacons bien bouchés.

Laissez reposer encore 15 jours avant de consommer.

FRUITS A L'ALCOOL

LA CONFITURE DE VIEUX GARÇON

Préparation : 30 minutes
Pas de cuisson

Ingrédients

500 grammes de fraises des bois
à défaut, des « fraises des 4 saisons »
500 grammes de cerises anglaises
250 grammes de framboises
250 grammes de groseilles
600 grammes de sucre en poudre
75 centilitres d'eau-de-vie de marc.

Équeutez les fraises. Si possible ne les lavez pas. Équeutez également les cerises et les framboises. Égrenez les groseilles, bien mûres de préférence.

Emplissez un bocal en mettant une couche de cerises, une couche de sucre, une couche de framboises, une couche de sucre, et ainsi de suite en alternant sucre et fruits jusqu'à ce qu'il n'en reste plus.

Laissez macérer au frais toute une nuit. Achetez chez le quincaillier un petit morceau de grillage tel qu'on l'utilise pour les garde-manger. Découpez un cercle assez grand pour qu'il entre en forçant légèrement, dans le bocal. Lavez-le bien, puis posez-le sur les fruits sans les comprimer afin de les maintenir au fond du bocal. Versez ensuite l'eau-de-vie de marc de façon à recouvrir entièrement les fruits. Bouchez hermétiquement le bocal.

Laissez cette « confiture » se faire pendant 2 mois avant d'enlever le grillage et de la consommer.

Ceci est la recette qui convient aux fruits rouges mais peut également convenir aux pêches, abricots, poires, prunes.

COCKTAIL D'ABRICOTS ET DE PÊCHES

Préparation : 45 minutes
Pas de cuisson

Ingrédients

2 kg d'abricots
1 kg de pêches jaunes
1 kg de sucre roux
1 bâtonnet de cannelle
2 gousses de vanille
1 litre d'eau-de-vie blanche.

Prenez des abricots bien mûrs, ouvrez-les en deux et ôtez-en les noyaux. Réservez-en une douzaine que vous casserez pour en prendre les amandes. Divisez les pêches en deux et dénoyautez-les. Placez les fruits dans un bocal par couches alternées en saupoudrant largement de sucre roux entre chaque étage de fruits. Ajoutez les noyaux d'abricots, un bâtonnet de cannelle et la vanille. Laissez infuser une nuit. Le lendemain versez un litre d'une bonne eau-de-vie dans le bocal. Fermez hermétiquement. Laissez reposer 60 jours avant de consommer.

CERISES A L'EAU-DE-VIE

Réalisation : 15 jours
Préparation : 1 h
Pas de cuisson

Ingrédients

deux fois 500 grammes de cerises
1 litre d'alcool à 80°
1 bâton de cannelle
10 grains de coriandre
1 gousse de vanille
250 grammes de sucre.

374

Pesez 500 grammes de cerises non dénoyautées. Écrasez-les grossièrement au pilon dans un mortier. Mettez cette pulpe de fruit dans un grand bocal, ajoutez la cannelle, le coriandre et la vanille. Versez sur le tout un bon alcool à 80°. Bouchez le bocal avec soin; laissez macérer 15 jours.

La macération terminée, passez la pulpe de fruit. Recueillez l'alcool, pressez bien les cerises pour exprimer tout le suc et l'alcool qu'elles contiennent.

Coupez les queues de 500 grammes de cerises à 1 centimètre du fruit. Mettez-les dans un bocal en les saupoudrant au fur et à mesure de sucre en poudre. Versez l'alcool de cerise dans le bocal. Fermez hermétiquement. Laissez reposer 30 jours avant de consommer.

CERISES A L'EAU-DE-VIE (autre recette)

Réalisation : 24 h
Préparation : 20 minutes
Pas de cuisson

Ingrédients

2 kg de cerises anglaises
1/2 litre de kirsch
1/2 litre de marc de raisin
1,5 kg de sucre en poudre
2 gousse de vanille
6 clous de girofle.

Coupez les queues des cerises saines et pas trop mûres au ras du fruit. Versez-les dans un grand bocal en les saupoudrant de sucre; ajoutez la vanille et les clous de girofle. Laissez infuser une nuit.

Le lendemain, versez le kirsch et le marc de raisin pour recouvrir les fruits. Posez sur les cerises un cercle de grillage à garde-manger assez grand pour les maintenir immergées dans l'alcool. Bouchez le bocal hermétiquement. Laissez prendre goût 2 mois.

LES PÂTES A PATISSERIE

Matériel :
1 planche à pâtisserie
1 rouleau
1 spatule de bois
1 terrine
Proportions données pour 4 à 6 personnes.

PÂTE BRISÉE

Préparation : 15 minutes
Cuisson : 20 minutes (four
chaud; thermostat 8)

Ingrédients

250 g de farine tamisée
125 g de beurre
1 pincée de sel.

Mettez la farine dans une terrine. Incorporez le beurre coupé en petits morceaux. Pétrir la pâte avec les doigts qui devient une grosse boule friable. Faites fondre le sel dans un demi-verre d'eau. Incorporez petit à petit l'eau à la pâte en pétrissant toujours légèrement avec les doigts, jusqu'à ce que la pâte devienne souple et s'étale facilement. Formez une boule. Laissez reposer 2 heures dans la terrine couverte d'un torchon avant de l'employer.

PÂTE A CRÊPES

Préparation : 10 minutes

Ingrédients

250 g de farine
1 pincée de sel
3 œufs
1/2 l de lait
1 cuillerée d'huile d'arachide.

Mettez la farine et le sel dans une terrine. Incorporez les œufs puis le lait en travaillant la pâte à l'aide d'un fouet, puis l'huile. La pâte doit avoir la consistance d'une crème. Mélangez bien. Laissez reposer une heure avant de l'utiliser. Vous pouvez ajouter à la pâte, selon votre goût, 1 cuillerée à soupe de rhum, de fleur d'oranger ou de cognac.

PÂTE A CHOU

Préparation : 10 minutes
Cuisson : 15 minutes

Ingrédients

250 g de farine
180 g de beurre
1/2 l d'eau
8 œufs
1 pincée de sel
1 cuillère à café de sucre en poudre
à prévoir : 1 poche à douille.

Mettez le beurre dans une casserole assez profonde avec une pincée de sel et le sucre en poudre. Versez l'eau, portez à ébullition. Quand tous les ingrédients sont fondus, ôtez la casserole du feu.

En une seule fois versez la farine, remettez au feu et travaillez la pâte énergiquement à la spatule jusqu'à ce que la pâte forme une boule et ne colle plus aux bords de la casserole.

Otez à nouveau du feu, incorporez un à un les œufs, en prenant soin que le premier soit bien absorbé par la pâte avant d'en ajouter un second; travaillez constamment la pâte à la spatule.

Lorsque la pâte est bien homogène mettez-la dans une poche à douille.

Beurrez une plaque. Formez des morceaux de pâte du volume d'un gros doigt (pour les choux, formez des tas de pâte de la grosseur d'une noix).

Mettez au four (thermostat 6) pendant 15 minutes.

Lorsque les gâteaux sont cuits, fendez-les en deux sur le côté et garnissez-les de la garniture de votre choix. Saupoudrez le dessus de sucre glacé ou glacez-les avec une crème à glacer.

PÂTE A BEIGNETS

Préparation : 15 minutes

Ingrédients

200 g de farine
1 pincée de sel
1 cuillerée à soupe de sucre en poudre
1 cuillerée à soupe d'huile d'arachide
3 verres d'eau tiède
3 œufs.

Versez la farine dans une terrine. Creusez une fontaine. Ajoutez le sel et le sucre. Versez l'huile et deux des œufs entiers. Réservez le blanc du troisième. Ajoutez de l'eau tiède peu à peu en mélangeant à la cuillère de bois en tournant rapidement pour éviter la formation de grumeaux. Laissez reposer une heure au moment de l'utiliser. Battez le blanc que vous avez réservé en neige ferme et incorporez-le à la pâte.

Selon votre goût, cette pâte peut être parfumée d'une petite cuillerée de rhum ou d'eau de fleur d'oranger.

PATE FEUILLETÉE

Préparation : 2 h
Cuisson : 30 minutes (à four
chaud : thermostat 9)

Ingrédients

250 g de farine
150 g de beurre
1 pincée de sel.

Placez la farine sur la planche à pâtisserie, creusez une fontaine. Jetez une pincée de sel, puis ajoutez peu à peu un verre d'eau en pétrissant avec les doigts jusqu'à former une grosse boule que vous recouvrirez d'un linge et laisserez reposer 2 heures.

Pendant ce temps, placez le beurre dans un endroit tiède pour qu'il se ramollisse. Travaillez-le à la fourchette pour qu'il devienne malléable. Farinez la planche à pâtisserie. Posez la boule de pâte. Abaissez-la au rouleau jusqu'à former un centimètre d'épaisseur. Étalez le beurre sur la pâte. Repliez-la vers le centre pour emprisonner le beurre. Recouvrez à nouveau du linge. Laissez reposer 20 minutes.

Abaissez de nouveau la pâte au rouleau pour former un rectangle. Pliez-la en trois. Attendez encore 20 minutes. Répétez cette opération encore deux fois. Prenez soin en abaissant la pâte de l'étaler chaque fois en sens inverse de la fois précédente.

Attendez encore une heure avant de l'utiliser.

PÂTE SABLÉE

Préparation : 15 minutes
Cuisson : 20 minutes

Ingrédients

200 g de farine
100 g de beurre
2 œufs
100 g de sucre en poudre
1 pincée de sel.

Faites ramollir le beurre dans un lieu tiède. Travaillez-le à la fourchette. Séparez les jaunes des œufs. Versez la farine dans une terrine, creusez une fontaine, ajoutez le sel, le sucre puis le beurre en pétrissant énergiquement avec les doigts, puis incorporez les jaunes d'œufs.

Travaillez bien la pâte. Formez une boule et laissez reposer 1 heure sous un linge en un lieu frais avant de l'utiliser.

PÂTE A PAIN ET PAIN

Préparation : 2 h 15
Cuisson : 30 à 40 minutes

Ingrédients

500 g de farine
100 g de levure de boulanger
1/4 de l d'eau
1/2 cuillerée à café de sel
1 œuf battu.

Mettez la farine et le sel dans une terrine; versez l'eau peu à peu en pétrissant. Incorporez la levure.

Farinez une planche à pâtisserie, pétrissez la pâte en tous sens 10 minutes au moins. Formez une boule.

Farinez la terrine, mettez la boule de pâte à l'intérieur, couvrez et laissez lever 1 heure en un lieu tiède.

Reprenez la pâte, pétrissez-la à nouveau 1 ou 2 minutes.

Huilez un moule rond avant d'y placer la boule de pâte. Laissez reposer 1 heure encore.

Faites chauffer le four (thermostat 8) durant 10 minutes.

Entaillez le dessus de la pâte en croix; dorez au pinceau avec l'œuf battu. Enfournez le pain et cuisez 30 à 40 minutes.

En Auvergne il est de coutume d'ajouter des morceaux de pommes, des raisins secs ou des noix dans la pâte à pain avant de la cuire.

Table des plats

FRUITS A NOYAUX

FRUITS A PÉPINS ET A GRAINES

FRUITS ROUGES, BAIES ET RAISINS

FRUITS A COQUES ET A BOGUES

FRUITS EXOTIQUES

CONSERVES DE FRUITS

LES PÂTES A PATISSERIES

Illustrations

A la carte, par ordre alphabétique...

VIANDES

BŒUF

DESSERTS

CONSERVES DE FRUITS

FRUITS SÉCHÉS

CONFITURES

Cet ouvrage a été composé par EUROCOMposition SA-Paris,
et imprimé par l'imprimerie Berger-Levrault,
pour le compte des Éditions RAMSAY.

Achevé d'imprimer le 25 octobre 1978
Dépôt légal 4ᵉ trimestre 1978